财智睿读

# 产业结构服务化对区域人力资本提升的影响研究

泥 霓◎著

Impacts of Industrial Structure Servitization on Regional Human Capital Improvement

中国财经出版传媒集团
经济科学出版社
Economic Science Press
·北京·

**图书在版编目（CIP）数据**

产业结构服务化对区域人力资本提升的影响研究 / 泥霓著. -- 北京 : 经济科学出版社，2024.7. -- ISBN 978-7-5218-6156-3

Ⅰ. F269.24；F249.21

中国国家版本馆 CIP 数据核字第 20244HD900 号

责任编辑：于　源　姜思伊　侯雅琦
责任校对：李　建
责任印制：范　艳

**产业结构服务化对区域人力资本提升的影响研究**
CHANYE JIEGOU FUWUHUA DUI QUYU RENLI ZIBEN TISHENG DE YINGXIANG YANJIU
泥　霓　著
经济科学出版社出版、发行　新华书店经销
社址：北京市海淀区阜成路甲 28 号　邮编：100142
总编部电话：010－88191217　发行部电话：010－88191522
网址：www.esp.com.cn
电子邮箱：esp@esp.com.cn
天猫网店：经济科学出版社旗舰店
网址：http://jjkxcbs.tmall.com
北京季蜂印刷有限公司印装
710×1000　16 开　16 印张　231000 字
2024 年 7 月第 1 版　2024 年 7 月第 1 次印刷
ISBN 978－7－5218－6156－3　定价：66.00 元

# 前言

PREFACE

习近平总书记在党的二十大报告指出："必须坚持科技是第一生产力、人才是第一资源、创新是第一动力，深入实施科教兴国战略、人才强国战略、创新驱动发展战略，开辟发展新领域新赛道，不断塑造发展新动能新优势。"① 人力资本是高质量发展的重要支撑，是实现创新驱动的关键所在。在产业转型升级过程中提升人力资本，引导人力资本合理集聚，是收获"人力资本红利"的重要手段。

发达国家的发展经验表明，产业转型升级的必然趋势是产业结构服务化。当前中国各省服务业规模扩张特征显著，但内部结构存在差异，表明各省产业结构所处发展阶段具有较大不同。近5年来理论界就服务业与制造业发展趋势展开的热烈讨论与中国产业政策的制定密切相关，体现产业结构服务化特征及其影响课题值得深入研究。从经济现实看，产业结构服务化与人力资本发展不协调问题在中国长期存在，特别是产业体系在空间范围的拓展引致跨区域劳动力往来频繁，由此形成的空间溢出效应对人力资本产生或促进或抑制的多种作用。叠加于此之上的，受国际政治经济形势、第四次技术革命，以及新冠疫情的冲击，各国强化制造业实力的政策基调构成了本书新的背景因素，这加剧了中国服务业发展对区域人力资本提升产生的复杂影响：数字化、智能化、网络化生产方式推动产业转型升级，先进制造业与

① 习近平：《高举中国特色社会主义伟大旗帜 为全面建设社会主义现代化国家而团结奋斗——在中国共产党第二十次全国代表大会上的报告》，新华社，2022年10月25日。

现代服务业“两业融合”对劳动技能与劳动素养提出新的更高的要求，是区域人力资本提升的重要契机；而机器换人、制造业回流则加剧了中国省域间服务业内部结构的分化特征，产业结构发展水平在空间的不均质驱动人力资本无序流动，产业结构与人力资本的错配矛盾进一步凸显。

虽然先行工业化国家的发展历程佐证了产业结构服务化的人力资本积累效应，但作为转型中的发展中大国，理论争鸣、经济现实和政策导向表明，中国情境下服务化趋势对区域人力资本提升的影响具有复杂性和不确定性，需要系统深入地阐释分析。本书研究的主线与核心，即展现中国产业结构服务化对区域人力资本提升影响的现状，揭示现状背后的经济学原因，指出当前产业发展与人力资本提升可能存在的问题并提出政策启示。这既是对“十四五”规划纲要“形成人力资本提升和产业转型升级良性循环”等政策纲领的理论回应，也是现阶段学界和政界探究人力资本提升之道所必然关注的领域，对于从宏观层面激发区域人力资本红利，形成合理的人力资本空间分布格局，促进产业结构与人力资本的协调发展具有重要的理论意义和现实意义。

立足于对既有文献与理论基础的梳理与述评，本书主要的研究内容和研究结论包括以下几个方面。

第一，分析产业结构服务化、人力资本的概念特征；选取产业结构服务化测度方法、改进人力资本测度方法。

研究认为，对人力资本概念的使用与测度应考虑具体经济环境对人力资本形成的影响。据此，在收入体现人力资本价值的研究思路下，纳入区域经济发展水平变量改进人力资本测度方法；对服务化特征的识别，可以从生产性服务业的发展趋势上加以考察，当生产性服务业迅速发展，产业结构服务化与产业结构优化同步。据此，选取向量夹角法测度产业结构服务化水平，辅之以测度生产性服务业发展水平以及生产性服务业与制造业协同集聚水平，呈现产业结构服务化质的发展趋向。

第二，构建产业结构服务化对区域人力资本提升影响的理论研究框架，在框架指导下进行理论分析，基于理论分析系统构建产业结构服务化对区域人力资本提升的理论模型。

研究提出，将产业发展的生命周期划分为工业化初期阶段、工业化加速发展阶段和工业化后期阶段，将人力资本划分为一般人力资本和特殊人力资本。(1) 从产业发展的长期趋势看，产业结构服务化对区域内部人力资本提升的影响通过生产端、消费端的工资溢价效应、技能偏向型技术变化效应，以及消费需求带动效应三种方式显著促进了人力资本量的增长和质的提升，扩大了对创新型人力资本、技能型人力资本等特殊人力资本的需求。当服务业占据绝对优势，产业结构服务化能否对人力资本产生正向促进作用，取决于服务业内部结构的动态调整方向。生产性服务业的迅速发展能够显著促进人力资本的积累，可视为产业结构服务化促进区域内部人力资本提升的传导机制。(2) 产业结构服务化对周边地区人力资本产生了多种效应交织的复杂影响。当两地区分别处于产业发展的不同阶段，发达地区产业结构服务化通过产业转移对人力资本产生的空间溢出效应包括示范效应和侵蚀效应；当地区间经济发展差距逐渐收敛，发达地区产业结构服务化对人力资本产生的空间溢出效应包括虹吸效应和示范效应。(3) 对理论模型的数理推导提出了五项待检验假说，即产业结构服务化提升了人力资本水平，促进人力资本的经济增长效应发挥（H1）；产业结构服务化促进生产性服务业发展，进而提升人力资本（H2）；发达地区产业结构服务化对周边地区人力资本产生虹吸效应（H3）；发达地区产业结构服务化对周边地区人力资本产生示范效应（H4）；产业结构服务化通过产业转移对人力资本产生空间溢出效应（H5）。

第三，分别衡量全国层面、省域层面产业结构服务化、人力资本量的扩张特征以及质的提升水平，展示中国产业结构服务化与人力资本发展的现实证据。

研究发现：(1) 全国层面产业结构服务化趋势显著，生产性服务业的比重不断攀升；全国层面人均人力资本稳定增长，人力资本结构向更高层次演进，消费性服务业人力资本占人力资本总量的比重显著低于生产性服务业和公共服务业。(2) 省域间产业结构服务化水平差距较小，但生产性服务业与制造业协同集聚水平差距较大，体现部分省份服务业扩张并未实现产业结构的优化。当以人力资本总量指标、考虑了人均人力资本和人力资本结构的人力资本综合评价值指标表征人力资本，各省人力资本持续增长，其中西部省份增长势头强劲，但省域间人力资本水平仍存在差异；代表省市吸纳高等教育人力资本能力最弱的行业均为消费性服务业，地区间各类服务业配置新增高等教育人力资本的能力优势存在明显不同。

第四，基于省级数据、地级市数据，采用 PVAR 方法、动态面板数据模型、面板门槛模型、SpVAR 方法、SLX 模型实证研究产业结构服务化对区域人力资本提升的影响，并进行传导机制分析。

研究发现，中国产业结构服务化对区域人力资本提升产生多种效应交织的复杂影响，异质性特征凸显，生产性服务业、产业转移可视为传导机制。（1）基于省级数据的回归结果发现，东部地区产业结构服务化促进区域内部人力资本提升，人力资本促进经济增长；其他经济区域产业结构服务化对人力资本无显著的正向促进作用，人力资本的经济增长效应并未有效发挥。假说 H1 仅在东部地区经济实践中成立。基于地级市数据的回归结果佐证了产业结构服务化对区域内部人力资本提升影响存在区域异质性，全国层面产业结构服务化对区域内部人力资本提升的正向作用显著，体现服务化质量的生产性服务业、生产性服务业与制造业协同集聚水平、生产性服务业与公共服务业协同集聚水平显著促进人力资本积累。基于省级数据、地级市数据的传导机制分析均验证了，各技术区间内，东部地区产业结构服务化发展带动生产性服务业水平的提高，其他地区产业结构服务化并未推动生产性服务业发展，生产性服务业可视为产业结构服务化影响区域内部人力资本提升的传导机制，假说 H2 得到验证。（2）基于省级数据的回归结果发现，当以北京、上海、广东作为冲击源地区，以周边 18 个省、自治区、直辖市作为响应地区，北京产业结构服务化对天津、上海对江苏、上海对浙江、广东对福建人力资本的影响，主要表现为吸引周边地区人力资本向其集聚的虹吸效应；北京产业结构服务化对河北、内蒙古、山西、河南、辽宁，上海对除江苏、浙江以外的长江经济带 7 省 1 市，广东对江西、贵州、湖南人力资本的作用，主要表现为提升这些周边地区人力资本水平的示范效应，实证研究结果验证假说 H3、假说 H4 成立。基于省级数据、地级市数据的传导机制分析验证了产业转移可视为产业结构服务化对人力资本产生空间溢出效应的传导机制，实证研究结果验证假说 H5 成立。

第五，综合理论研究与实证研究结论，比较基于不同类型数据获得的实证研究结果，提出三项政策启示。

(1) 因地制宜制定产业发展政策带动人力资本提升。东部地区应进一步推进先进技术的广泛应用，扩大生产性服务业需求，推动产业协同集聚水平，激活人力资本提升的动力；以差异化的生产力空间布局提升各地人力资本的专业化程度，抑制人力资本无序流动。中西部、东北部地区应以制造业带动生产性服务业发展为主攻方向，短期内基于本地区比较优势承接优质转移产业是提升人力资本的有效途径。(2) 建立区域间人力资本共享的可行路径。应积极构建有利于人力资本共享的法律政策环境，推广互联网办公模式等技术广泛应用。(3) 推动多主体参与人力资本提升。政府应制定统一的职业资格认证标准；高等院校应围绕国家区域发展需求设置专业；拓展企业作为产权主体参与职业教育的办学空间；行业协会应组织好行业内教育培训的理论探讨、经验交流以及成果展示等活动。

本书在理论构筑方面注重机制分析、模型构建和假说提出的融合，在实证分析方面注重与理论研究的相互审视和多种计量工具的采用，其创新之处包括三个方面：(1) 拓展研究范畴，构建产业结构服务化对区域人力资本提升的理论研究框架，以动态、发展的研究视角全面诠释产业结构服务化对区域人力资本提升的影响和作用机制。(2) 基于中国情景，系统构建产业结构服务化对区域人力资本提升影响的理论模型，数理阐释产业结构服务化对区域内部、周边地区人力资本提升的影响以及传导机制。考虑到区域间经济发展的分异态势，构造的产业结构服务化对区域内部人力资本提升影响的理论模型，以生产性服务业产值比重提升代表产业结构服务化趋势的进一步深化；考虑到大规模产业转移和人力资本向发达地区单向集聚现象，构造的产业结构服务化对人力资本空间溢出效应的理论模型是一个非对称经济模型，纳入了企业转移建厂成本、劳动力转移车票成本等与要素迁移相关的参数变量。(3) 充分使用省级数据和地级市数据，从不同角度测度核心变量，借助多种计量经济学方法，构建产业结构服务化对区域人力资本提升影响的实证模型，对实证结果进行传导机制分析以提出针对性的政策启示。

# 目录
CONTENTS

# 第一章　绪　　论

本章分析了本书的研究背景、研究意义，梳理并述评了产业结构服务化影响人力资本、产业结构服务化对人力资本空间溢出效应两个方面的文献，介绍了本书的研究方法、架构与内容，阐述了本书的创新点。

## 第一节　研究背景与研究意义

### 一、研究背景

中国经济已进入高质量发展阶段，发展动力迫切需要从要素投入转向创新驱动。习近平总书记指出："创新驱动实质上是人才驱动。"① 党的二十大报告指出，必须坚持科技是第一生产力、人才是第一资源、创新是第一动力，深入实施科教兴国战略、人才强国战略、创新驱动发展战略，开辟发展新领域新赛道，不断塑造发展新动能新优势。当前人力资本已成为中国创新与增长的源泉，深入实施创新驱动发展战略，提升人力资本是关键所在。

改革开放以来，中国人力资本建设已在数量和质量方面取得成绩

① 中共中央文献研究室：《习近平关于社会主义经济建设论述摘编》，中央文献出版社2017年版，第137页。

（曲玥，2020），但人力资本水平与发达国家相比仍存在一定差距。2018 年法国 6 岁以上人口平均受教育年限为 11.4 年，德国为 14.2 年，日本和韩国为 12.8 年，英国和美国约为 13 年（张车伟和蔡翼飞，2020）。而中国 2006 年就业人员平均受教育年限为 8.4 年，2018 年增长至 10.3 年，2019 年增长至 10.5 年，① 虽然劳动力素质提升显著（李长安和李艳，2021），但整体水平仍低于发达经济体。愈加依赖知识、技术的发展趋势要求中国将投资的重点转向人力资本，通过政策工具的制定保持人力资本的持续稳定增长。

“十四五”规划纲要提出，“形成人力资本提升和产业转型升级良性循环”，这对区域人力资本提升具有重要的政策启示意义：在产业转型升级过程中强化经济发展的人力资本支撑，引导人力资本在区域间的合理集聚，是收获“人力资本红利”的重要手段。随着分工的深化与服务要素优势的凸显，全球范围内呈现“工业型经济”向“服务型经济”的演变（蒋雪梅和白斌，2023），表现为制造业的收缩与服务业的持续扩张，由此伴生的产业结构变动势必对人口规模产生影响（王智勇，2021），相应的改变地区人力资本的质与量。例如，1980 年美国服务业增加值占比约为 70%，德国和日本服务业增加值占比约为 57%（森川正之，2021），同时期美国高中及以下教育程度的劳动力实际工资下降 1/4，更高教育水平以及技术更为熟练的劳动力需求显著增加，这一特征在德国与日本的发展事实中同样显著（Ten Raa & Schettkat，2001）。发达国家的发展历史佐证了，产业结构服务化带动人力资本提升。然而，诸如巴西等陷入中等收入陷阱的拉丁美洲国家的发展经验则表明，即使服务业在国民经济中占据了优势，高层次人才仍然匮乏（de Souza et al.，2016；王增文等，2021），产业结构服务化与人力资本之间的正向关联并不总是成立。

中国服务业在提升经济质量、扩大就业等方面发挥了积极作用。从就业构成分析，2011 年全国第三产业就业人员占总就业人员的比重为 35.7%，首次超过第一产业 34.7%，自此成为就业最大“容纳器”。

① 本书根据 2006~2019 年《中国人口和就业统计年鉴》数据测算得出。

从产值角度分析，2012 年全国第三产业占 GDP 比重为 45.5%，首次超过第二产业 45.4%，初现 3 > 2 > 1 的经济结构；此后各年，第三产业占 GDP 比重一直保持优势地位，并于 2015 年突破 50%，超过第一产业、第二产业比重之和。从贡献度角度分析，2014 年全国第三产业贡献率 49.9%，首次超过第二产业，成为拉动中国经济增长的主导产业。观察省域数据不难发现，从 2015 年至今，各省第三产业规模迅速扩张的趋势日渐明显，绝大多数省份第三产业产值占 GDP 比重已超过第二产业，其中 2020 年 31 个省份的服务业产值比重全部占据绝对优势。[①] 从全国层面看，中国产业结构服务化趋势显著。然而，鉴于区域发展的平衡性仍有提升空间，中国产业结构服务化的特征还表现为省域层次明显的分化，表现为各省服务业内部结构的不同。例如，上海 2012～2021 年历年第三产业产值占 GDP 比重大于 60%；自 2017 年起超过 70%，且高端服务行业的产值总和约占服务业的 60%。[②] 而同期山东省第三产业产值比重尚未超过 60%，且自 2016 年至今高端服务行业产值仅占总服务业的 30% 左右。这表明，即使同位于中国东部沿海发达地区，省域服务业内部结构仍呈现分异发展态势。

中国服务业的发展特点引发广泛关注，近年来理论界围绕服务业和制造业发展趋势展开热烈讨论。有学者认为，中国产业结构服务化趋势与“过度去工业化”“过早去工业化”现象紧密相关，需要警惕全面快速的服务业发展现状可能由“虚高”的低端服务业带动形成，产业政策预设制造业发展区间具有指导意义（魏后凯和王颂吉，2019；黄群慧和杨虎涛，2022）。但也有学者认为，中国已进入工业化收尾期，产业结构需要转型，转型的方向是服务业的扩张，应发展生产性服务业和公共服务业，设定制造业占比指标违背产业升级一般规律（赵伟，2021；王增文等，2021）。理论争鸣从一个侧面集中体现了服务业发展趋势的判断与产业政策的制定密切相关，中国服务业发展特

---

① 资料来源于历年《中国统计年鉴》。

② 高端服务业包括信息传输、软件和信息技术，金融业，房地产，租赁和商务以及科学研究和技术。

点及其影响课题值得深入研究。

从经济现实看，人力资本与产业结构服务化不匹配的矛盾在中国长期存在（高文书和谢倩芸，2017）。一是部分省份服务业发展无法有效吸纳高层次人力资本，人力资本投资回报较低。本书根据部分省份高校毕业生就业质量报告公布的数据整理得到，北京、广东2019届毕业生本地就业比重分别超过了60%和80%；东北三省2019届毕业生本地就业比重仅占36.54%。二是服务化水平在省域的差异一方面引致人力资本向发达省份单向流动、过度集聚等空间分布不均现象；另一方面驱动产业转移行为，空间关联使区域人力资本受到来自毗邻地区产业结构服务化的多重影响。根据各地第七次人口普查、《中国城市人才吸引力排名：2021》，2020年北京、上海、浙江等沿海省份跨省人口流入规模持续扩大；北京、上海2021年人才净流入占比超过2020年；而东北三省既是人口净流出地区，也是人口净迁出地区，2020年总人口数相较2010年减少了1101万人（王智勇，2022）。

叠加于此之上的，在严峻的国际政治经济形势、数字技术为代表的第四次技术革命，以及新冠疫情的冲击下，一方面生产呈现数字化、智能化、网络化趋势，加深了三次产业的知识技术密集程度，扩大对服务业的需求，推动产业结构向服务化进一步演进，对劳动技能提出新的更高的要求，是各地提升人力资本的重要契机（高文书，2021）。另一方面，“机器换人”生产方式替代劳动，造成就业损失，不利于人力资本积累（都阳和贾朋，2022）；全球工业分工重塑，高端制造业回流至发达国家势头显现（桑百川和王绍逾，2022），中国也出现了制造业自中西部地区转移至南部沿海的新动向（孙早和侯玉琳，2021），制造业回流将削弱内陆地区服务业发展根基，扩大省域产业结构服务化质的差异，抑制产业发展对人力资本的促进作用。此外，美国、德国等先进工业国纷纷以“再工业化”作为疫情冲击下保失业、振经济的政策手段；相较于中国“十三五”规划纲要，“十四五”规划弱化了服务业占比要求，更加强调实体经济和现代服务业的发展与融合，这又构成本研究新的背景因素，凸显研究的理论意义与现实意义。

中国正处于产业转型升级的关键时期，如何在产业发展过程中有效提升人力资本已成为实现高质量发展的新议题。理论争鸣、经济现实表明，在中国情境下产业结构服务化对区域人力资本提升的具体作用具有不确定性；瞬息万变的内外部环境和政策导向调整又加剧了产业结构服务化对人力资本影响的复杂性，这印证了研究开展的必要性。中国现阶段产业结构服务化趋势对区域人力资本提升产生了怎样的影响？如何解析影响产生的原因？是否折射出服务化趋势与人力资本建设存在的问题？如何制定政策以有效发挥服务业对人力资本的提升作用？关于这些问题的回答构成了本书研究的主线与核心。

立足于文献的述评、理论的介绍和概念的辨析，本书区分产业结构服务化对区域内部人力资本提升的影响以及对人力资本的空间溢出效应，通过理论研究与实证研究，全面阐释产业结构服务化影响区域人力资本的作用机制，并根据研究结论提出政策启示。研究的开展既是对贯彻“党的二十大精神”、践行“十四五”规划纲要中提升人力资本水平、构建服务业新体系、实现产业发展和人力资本良性互动等发展要求的理论回应，也为各地通过产业政策调整等多种途径提升人力资本以获取增长优势与竞争优势提供借鉴与依据。

## 二、研究意义

### （一）理论意义

（1）本书辨析了人力资本、产业结构服务化的关键特征，考虑区域经济发展因素改进人力资本衡量方法，强化人力资本内涵与人力资本衡量方法的一致性，为人力资本的概念辨析和衡量方法的改进提供研究思路。

（2）本书扩展了产业结构服务化影响区域人力资本研究的范畴，既纳入产业结构服务化对区域内部人力资本提升的影响，又考虑了产业结构服务化对人力资本的空间溢出效应，力求从区域内部、空间视域两个研究范畴下全面分析，为研究领域、研究内容的延伸提供借鉴。

（3）本书基于中国经济发展特点，注重理论分析、模型推导和立论假说的融合，对中国经济问题的理论解释力进一步增强，为实证研究的开展提供依据，具有一定参考意义。

### （二）现实意义

（1）本书以中国省级数据为样本，测度样本观察期内中国人力资本发展水平以及产业结构服务化发展水平，展示中国发展的现实证据。鉴于分区域分行业人力资本测度研究较少，本书基于高校毕业生就业质量报告信息测度了代表省市制造业、生产性服务业、消费性服务业、公共服务业高等教育人力资本增量水平，为相关研究的开展提供参考。

（2）本书基于中国省级数据、地级市数据，实证分析产业结构服务化提升区域内部人力资本的影响差异，以及产业结构服务化对人力资本的空间溢出效应，并对实证结果分别进行传导机制分析，提出了以生产性服务业、产业转移为突破口因地制宜制定区域产业发展政策等建议，扩展了政策制定的维度，具有重要的现实意义。

# 第二节 文献综述

## 一、关于产业结构服务化影响人力资本的研究

有关产业结构服务化能否提升人力资本的讨论始于 20 世纪 70 年代，且与对鲍莫尔成本病（Baumol cost disease）的反驳与批判紧密相关。本节主要围绕两个方面梳理文献：一是讨论技术变革在服务领域的应用促进了人力资本积累；二是聚焦服务业内部各业种之间性质差异、目标多元的特征，重点描述各类服务业发展对人力资本产生的或促进或抑制的复杂影响。

### （一）技术的广泛使用推动了服务化进程对人力资本的提升作用

20 世纪 70 年代第三次技术革命，使电子和信息技术在发达国家服

务部门广泛应用，显著提高服务化水平；与此同时，人力资本投资热潮涌现，这使一部分学者开始思考服务业发展对人力资本的影响，重新审视鲍莫尔（Baumol，1967）的理论预期。

鲍莫尔（1967）构建了“非平衡技术进步”的生产函数，认为服务部门是“停滞部门”（stagnant sector），具有劳动密集属性，无法进行标准化生产，因此产值比重和就业比重增加的原因在于服务部门不断攀升的成本和相对落后的生产率，这会抑制经济增长，导致鲍莫尔成本病。在服务业难以与技术深度融合的鲍莫尔时代，生产效率的差异主要来源于部门间生产技术的差异（张卿，2015）。

技术的广泛使用使产业结构服务化过程伴生着劳动密集型、资本密集型产业比重的下降、技术密集型产业比重的持续上升（黄群慧，2014），增加对富含技能劳动力的需求，人力资本因此积累（周茂等，2018；张车伟和高文书，2016）。加尔布雷思等（Galbraith et al.，1975）认为，技术的使用拉动现代企业组织对知识技术服务产品的需求，以及对掌握生产技巧的专家和企业管理运营人才的需求，预想了服务化进程提升人力资本的路径。OECD 的研究比较了发达国家行业间不同技能水平劳动力的比例关系，发现工业、农业低技能劳动力比值（1.25）显著高于服务业（0.45），而高等教育劳动力比值（0.07）远低于服务业（0.24）。研究结果表明，技术处于领先地位的发达国家，高等教育劳动力在服务业形成了良好的集聚趋势和有效配置（OECD，2003）。森（Sen，2016）在对中国、印度、泰国三国的对比研究中指出，在知识密集型服务业不断发展的背景下，人力资本投资是实现劳动力从低劳动生产率的农业部门向高劳动生产率的服务业部门转移的关键。杜塔（Dutta，2018）基于印度服务部门的数据，采用 SVAR 方法开展实证研究。结果表明，伴随着印度绝大多数地区服务业的扩张，以高等教育入学率衡量的人力资本快速增长。卡明斯基（Kaminski，2020）认为，非洲经济体的发展应借鉴法国二战后经济转型经验，发挥服务业在促进长期增长过程中的作用，实现结构转型对人力资本的促进影响。赵晓军和余爽（2020）参考产业结构演进的一般规律，将中国改革开放后三十余年内人力资本发展划分为初步形成、结构升级、学习模仿和自主创新四个阶段。他们的研究表明，随着技术密集型产业的发展，产业结构向高级阶段演进，中国人力资本发展已进入第四个阶段，应加强对创新人力资本的投资，以适应产业发展需要。陈等（Chen et al.，2022）回顾了中国正在经历的快速服务化进程，认为中国生产性服务业和消费性服务业生产率增长快于工业部门；无论是以平均受教育年限，还是以接受高等教育的劳动力占总劳动力的比重衡量人力资本，生产性服务业和消费性服务业的人力资本都在显著提升。

当前，以数字技术为代表的新一轮技术革命对服务业的影响加速显现（国务院发展研究中心市场经济研究所课题组，2022）。与第三次技术革命不同的是，新兴经济体抓住先机，推动大数据、人工智能等数字技术在服务领域的广泛应用。诸多研究认为，数字技术的渗透将放大中国产业结构服务化对人力资本的提升作用。胡海洋和姚晨（2023）的研究发现，数字技术的运用推动传统制造业转向现代服务业，在这一过程中数据要素与劳动力的融合显著提升了人力资本水平。白雪洁等（2022）的研究描述了在数字技术推动产业结构服务化的进程中人力资本提升的表现：在宏观层面表现为人力资本积累活动，如教育、培训、持续学习等呈现出规模经济、范围经济和长尾效应，提升劳动者素质，放大人力资本价值；在微观层面表现为企业内部人力资本要素的构成与比例的优化升级。余伯阳和丛屹（2021）的研究表明，数字经济下信息与通信技术行业的高边际产出特点通过“替代效应”和“提升效应”提高了人力资本，一方面“替代效应”挤出了低技能劳动力；另一方面“提升效应”提高了劳动技能要求，有效地改善了人力资本的结构。

### （二）各类服务行业对人力资本提升影响存在差异

随着经济发展与社会进步，服务领域新产业、新业态不断出现，引致服务业内部行业众多、构成复杂，既包括“传统纯劳动型”行业，比如家庭服务、餐饮等；也包括技术高度密集型的电信服务等行业；还有知识高度密集的研发、咨询、教育等行业（江小涓，2011）。由于服务业的共性特征不易提炼，诸多文献聚焦了服务业发展对人力资本提升的复杂影响。

布卢斯通和贝内特（Bluestone & Bennett，1987）对美国服务业的研究发现，服务业的增长造成了低工资工作机会和高工资工作机会的同时增长，形成收入的双峰分布。其中低工资工作机会来自无所不在的快餐行业，而高工资工作机会来自计算机行业。他们的研究表明，餐饮业种和信息通信业种均呈现出对劳动者的大量需求，但由于劳动者技能在各类服务行业间存在差距，因此同属于服务业的两类业种在提升人力资本方面所发挥的作用截然不同。潘迪特和卡塞蒂（Pandit & Casetti，1989）、韦勒（Weller，2004）的研究得到了相似的结论，他们认为发展中国家产业结构服务化进程中制造业无法充分吸纳来自农村转移至城市的劳动力，这催生了传统服务行业的增长，带动低技能劳动力份额的上升，经济发展易出现虚假增长（spurious growth）。孙早和侯玉琳（2019）基于产业结构层次和工业智能化水平在中国八大综合经济区层次明显的基本经济事实展开实证研究，发现全国范围看产业升级和智能化水平提高同时扩大了对高等教育人力资本和小学及以下受教育程度人力资本的需求。分区域考察的实证结果表明，高端服务业蓬勃发展的地区对高等教育人力资本需求更加强劲。王增文等（2021）的研究指出，低水平人力资本被消费性服务业吸纳，高水平人力资本流向生产性服务业，促进产业创新。陈广汉和任晓丽（2021）的研究关注了中国产业结构服务化所带来的负面影响。他们认为，由于生活性服务业的比例仍然较高，生产效率提升空间有限，因此当制造业中的劳动力被资本、技术替代，这些劳动力由于素质技能偏低且短时间内无法弥补，因此无法被金融、法律、科技等服务部门所吸纳，会自然地流向生活性服务业，生产效率较低部门的扩张使经济增长速度放缓。唐永和蒋永穆（2022）对中国劳动力市场的研究也得到相似结论。他们使用 1982 年、1990 年、2000 年、2010 年人口普查资料和 2020 年《中国劳动统计年鉴》数据开展研究，发现产业结构服务化造成了中国劳动力市场工资极化现象，低端服务部门吸纳的低技能劳动者和高端服务部门吸纳的高技能劳动者的工资增长率较快，形成“U”

形趋势。他们的研究进一步指出，如果劳动者的人力资本投资渠道存在障碍，那么低端服务部门的就业增长将快于高端服务部门，不利于就业升级以及人力资本积累。

虽然产业结构服务化对人力资本存在或促进或抑制的多种作用，整体影响较难甄别。但对于发展知识技术密集的服务部门能够提升人力资本，学术界已形成共识。

在论及服务业成本激增与持久需求之间的悖论时，文献一般都会以“教育、健康等公共服务部门积累人力资本，人力资本促进经济增长”作为批判鲍莫尔成本病的重要核心。早期文献如艾森巴赫和霍克曼（Eschenbach & Hoekman，2006）在研究 24 个转型经济体服务业改革时指出，服务业是提高各部门劳动生产率的重要决定因素，因为教育、培训和健康行业是形成、维持人力资本的关键投入，服务部门改革对提高经济增长率和经济效率具有重要意义。凡和穆伊斯肯（Van & Muysken，2003）设计了一个考虑了医疗保健、医疗治疗活动以及物质资本的内生增长模型，通过参数设计，假设人力资本是医疗卫生活动比例的函数，以此表示经济的增长受益于医疗卫生部门劳动力的增加。他们在研究中特别分析了健康部门在经济增长中的作用，认为劳动生产率会因为健康状况的恶化而下降，而医疗卫生活动能够提升人力资本。普尼奥（Pugno，2002）的研究目的与凡和穆伊斯肯等学者类似，试图解决鲍莫尔描述的服务悖论“service paradox”。他认为，对家庭服务消费需求的提高源于收入水平的提升，教育、医疗、文化等家庭服务消费部门的发展促进了人力资本积累。他的研究在内生经济增长理论下构建了动态均衡模型，设计了家庭偏好、人力资本积累效率、家庭人力资本积累倾向等参数，阐释服务业生产效率和转型升级速度的提升促进人力资本积累，人力资本提高劳动生产率，同时促进制造业和服务业产出增加的机制。程大中和汪蕊（2006）基于普尼奥（2002）的研究，对中国服务业增长及其影响进行了数值模拟，研究结果表明，服务偏好的增强显著提高均衡式服务业的就业份额，具有人力资本积累效应。基于中国跨越中等收入陷阱的发展任务，张建华和程文（2019）认为应大力发展公共服务业，以文化、教育、卫生等部门效率的提升带动人力资本积累，避免低端服务业蔓延和鲍莫尔成本病现象出现。

近年来，发达经济体和新兴经济体普遍出现的“经济结构减速”以及第三产业的迅速扩张，引起对鲍莫尔成本病的重新讨论（Deleidi et al.，2020）。发展生产性服务业以激活人力资本投资，成为抵消鲍莫尔成本病对生产率产生负面影响的有效手段（Ma et al.，2022）。生产性服务业与人力资本的正向联动在中国经济实践中得到验证。赵伟（2021）在探讨“十四五”发展目标是否需要明确制造业占比这一问题时指出，制造业占比的强制设定与产业结构演化的一般规律相悖，应关注生产性服务业的发展。他在研究中援引中国国家统计局2019年关于生产性服务业的诠释，强调生产性服务业以人力资本作为主要投入品，将日益专业化的人力资本引进制造业，加速工业与服务业的融合，这表明生产性服务业的发展有利于专业化人力资本的提升。楠玉和袁富华（2021）的研究指出，中国现阶段生产性服务业仍存在进一步发展的空间，应强化生产性服务业对人力资本数量与质量的提升作用，形成服务业高端化与人力资本梯度升级的协调发展状态。赵等（Zhao et al.，2021）采用中国2003～2018年286个城市面板数据开展实证研究，发现生产性服务业在城市层面的集聚显著促进人力资本的积累。陈丽娴（2021）的研究关注了中国行业间人力资本错配问题，论证了通过生产性服务业空间布局的优化解决人力资本错配问题的可能性，认为生产性服务业内部各类行业对人力资本的依赖性并不相同，其中仓储、批发等低端生产性服务业对人力资本依赖较低，而金融、科技研发等对人力资本的依赖较强，因此能够通过调节生产性服务业的空间布局优化人力资本配置。李本庆等（2022）的研究提出假说：生产性服务业的集聚发展能够带动人力资本提升进而推进黄河流域高质量发展。其背后的经济学逻辑为，生产性服务业的知识技术要素密集属性，使该类产业的集聚能够将新技术和新知识传导至产业链的其他企业；此外不同类型生产性服务业在空间的集聚增加了企业交流与合作的机会，两种机制共同促进人力资本水平的提升。他们利用2006～2019年黄河流域地级市的面板数据进行实证研究验证了假说的成立。

## 二、关于产业结构服务化对人力资本空间溢出效应的研究

得益于信息技术的发展与基础设施的建设，劳动力的跨区域流动日益频繁，大规模的国际产业转移、国内产业转移现象持续存在，区域间的经济社会联系更加密切，空间相关性已成为理解经济现象、分析经济问题的重要切入点，产业结构服务化影响人力资本的研究范畴也从区域内部扩展至空间视域。本章节从正向空间溢出效应、负向空间溢出效应两个方面梳理文献，介绍重要成果与研究进展。

### （一）产业结构服务化对人力资本产生正向空间溢出效应

资源紧约束条件下，发达地区产业结构服务化往往伴生着劳动密集型产业、资本密集型产业的大规模转移，为技术密集型产业的进一步发展“腾笼换鸟”（刘俊勇等，2021；Tian et al.，2019；Sun，2019）。除了资本密集型、劳动密集型产业，近期有研究指出，高技术产业也开始呈现自发达地区向周边后发地区转移的趋势（Zhuang & Ye，2020）。例如，在对中国产业转移的研究中，成祖松（2018）认为，相比于其他要素密集型产业，高技术产业的发展对自然资源的依赖程度低，更具有空间转移的可能性，其实证结论佐证了理论预期，发现2005~2015年中国高技术产业由东部地区向中西部地区集聚的趋势较为明显。李健和赖文杰（2021）采用2009~2018年中国30个省、自治区、直辖市高技术产业的面板数据刻画产业转移特征，得到与成祖松（2017）一致的研究结论。

在产业结构服务化驱动下，产业转移带动的技术溢出改变了承接地区产业的技术密集程度，是提升承接地区生产技术水平的有效途径。泽特和米奥佐（Soete & Miozzo，1989）阐述了服务业发展、技术进步与产业转移之间的关系，认为信息技术的使用，使技术密集型服务行业对服务业增长的贡献愈加突出，服务贸易和跨国公司促进了技术扩散。朴英爱等（2022）的研究认为，科技创新是提高国际竞争力的关键因素，应当充分利用国际贸易以及国际直接投资的渠道获取技术溢

出。欧阳秋珍和蔡紫霞（2022）选取中国 2001～2020 年的数据进行分析，发现中国国内产业转移对于技术在地区间的溢出具有显著的正向促进作用。

产业转移形成的技术溢出将提高产业承接地区企业对劳动技能的要求，带动人力资本投资，对人力资本建设产生积极影响（Iamsiraroj & Ulubaşoğlu，2015）。从模型构建视角分析，产业转移对人力资本流动的影响研究多采用新经济地理学的自由企业家模型（Footloose Entrepreneur Model，简称 FE 模型）（Forslid & Ottaviano，2003）。自由企业家模型包括两种生产要素，即劳动力与人力资本；两类生产率存在差异的生产部门，以及两个对称的区域。其中，人力资本被界定为企业家，企业家的数量即企业的数量。FE 模型假设劳动力无法在区域间流动，企业家在区域间的流动形成了产业的新布局。何雄浪和姚雨霜（2022）放宽了 FE 模型单一要素流动的局限，假设普通劳动者也可以在区域间转移，并结合贸易自由度的变化分析了产业转移与人力资本流动的多种均衡情况。从国际产业转移视角分析，宫本茂（Miyamoto，2003）通过列举英特尔、丰田等跨国公司在中国、哥斯达黎加、印度尼西亚等发展中国家投资以促进企业培训、改革高等教育课程等案例，论证了技术溢出对人力资本提升的积极作用。契奇等（Checchi et al.，2007）的研究认为，国际产业转移激发了产业承接地区个体和政府人力资本的投资热情。其中个体通过人力资本投资增强自身劳动技能；政府通过人力资本投资更好地吸收产业转移扩散传播的技术。罗军（2016）的研究认为，国际产业转移能够产生人力资本流动效应，研发活动在产业承接地区的本地化一方面吸引人才流入，另一方面为承接地区培养了研发人才，促进了人力资本的积累。莫汉蒂和塞西（Mohanty & Sethi，2019）对金砖国家的研究发现，产业转移在短期对承接地区的人力资本具有显著促进作用。杨等（2022）根据中国 2004～2015 年省级面板数据，采用 PVAR 方法对 FDI 和人力资本之间的关系进行辨析，研究发现面对 FDI 一个标准差的变动，人力资本增长趋势明显。从国内产业转移视角分析，黄新飞和杨丹（2017）基于广东 88 个县级市和市辖区的数据，采用断点回归分析方法进行实证研究，发现广东省内产业转移通过缓解人力资本分布的不均衡问题降低区域经济协调发展的泰尔指数，改善了粤东、粤西、珠三角和粤北山区经济发展不平衡问题。王义（2019）指出，当前中国产业转移与职业教育培训相互支撑不足，落后地区应在产业转移政策扶持下不断提高接受职业教育的人员比例，发挥职业教育提升落后地区人力资本的积极意义。颜银根和王光丽（2020）的实证研究发现，安徽、河南、四川等省份通过承接来自东部地区转移的产业，建立承接转移产业示范区，提供更多优质岗位吸引劳动力回流。回流的劳动力因其工作经历积累一定技能，增加了自身的人力资本，因此对承接地区人力资本建设产生了积极影响。杨开忠等（2021）、闫昊生和孙久文（2018）将研究的重点从可贸易的工业产品转为不可贸易品，拓展了研究范畴，其中服务业转移提升地方品质进而对人力资本集聚产生影响成为新的研究议题。

### （二）产业结构服务化对人力资本产生负向空间溢出效应

产业结构服务化对人力资本的负向溢出效应研究多聚焦发达地区向服务化演进过程中引致的人力资本无序流动与过度集聚。发达地区消费性服务业和生产性服务业结构合理，服务化进程有效提升生产效率，能够避免服务业低效率陷阱（魏后凯和王颂吉，2019），表现为丰厚工资报酬、更具吸引力的人才政策以及优质的公共服务（Bucek & Pastor，2002；魏君英和侯佳卉，2015；刘丹鹭，2018；Alisjahbana & Akita，2020），因此会对周边地区人力资本产生虹吸作用。江三良等（2020）认为，服务业发展使人力资本获得更多工资溢价，吸引高层次人力资本在部门、地区间流动。他们基于中国30个省、自治区、直辖市2006~2017年数据，采用空间杜宾模型进行实证研究，结果发现在东部地区产业结构升级进程中，高等教育人力资本集聚形成的经济增长效应相较于中西部地区更为明显，中西部地区对高等教育人力资本的“锁定”弱于东部地区。夏怡然等（2020）指出，城市服务业发展的人力资本回报高于农村，人力资本水平更高的劳动力更倾向于向城市迁移。高春亮和李善同（2021）的研究指出，经济发达地区公共服务业较高的供给质量和较广的覆盖面导致高层次人力资本在大城市集聚，且短期内这一区位模式难以改变。徐光伟等（2021）基于核心—边缘模型，分析中心城市产业转型升级促进生产率的提升，中心、外围地区间经济发展各方面的差异引致人力资本等生产要素由外围地区向中心地区转移，由此产生的虹吸效应将会抑制外围地区的发展，对外围地区人力资本等生产要素产生虹吸效应。柳卸林等（2022）的研究认为，地区间产业同构加剧了产业竞争和人才竞争，强化了经济发达地区产业结构优化对同省其他地区人力资本的虹吸效应。姚等（Yao et al.，2020）、施等（Shi et al.，2022）针对中国人才竞争现状及影响的研究发现，为了发展服务经济和创新经济，中国一线和二线城市实施了人才引进政策，吸引周边地区人力资本涌入。郝凤霞和吴赟（2022）的研究发现，产业发展水平较高的高收入地区其人才政策引致高技能劳动力过度集聚，根据测算，中国当前已存在人力资本向东部地区无序流动的现象，扩大了地区间人力资本结构的差距。

由于服务化发展趋势促进地区高技术产业创新能力的提升（师修繁，2022；王鹏和王玲，2022），因此有研究关注了产业结构服务化背景下，高新技术产业集聚水平的提升对人力资本产生的虹吸效应。白彦和吴言林（2010）基于中国 1980～2007 年早期经济数据的研究发现，产业转移理论的预期与中国经济现实相左，彼时东部地区呈现出了高技术产业和劳动密集型产业并存发展的现象。他们结合人力资本流动理论对这一经济现象进行了解释，认为早期中国人力资本流动呈现了双重外部效应，即技能型劳动力向经济发达地区的流动同时带动发达地区对非技能劳动力的需求，较高的工资报酬引致中西部地区各类劳动力向东部地区单向流动。郭丽燕等（2020）基于新经济地理学理论观点，分析了人力资本流动与高新技术产业发展相互促进的内在机制，认为高技术企业集聚的发达地区产品价格指数较低，产生的生活成本效应更能吸引高层次人力资本从周边地区向发达地区汇集。王等（Wang et al.，2020）指出，长江三角洲内部高技术产业和现代服务业发展差距引起的高层次人力资本流动在延续既往单向集聚特征的同时也呈现出新的特点。他们采用 2018 年人口流动数据，以安徽省马鞍山市为例描述区域内高层次人力资本流向，发现马鞍山市高层次人力资本流失严重，人力资本主要向高新产业发展水平高于马鞍山市、但竞争相对缓和的江苏北部以及浙江南部转移。

## 三、简要述评

分别述评产业结构服务化影响人力资本、产业结构服务化对人力资本空间溢出效应两类文献，为研究的开展提供启示和借鉴，为研究的创新提供思路和方向。

### （一）述评产业结构服务化影响人力资本的研究

既有文献有以下三个方面的启示。（1）文献的机制分析、实证解析依据人力资本理论、经济增长理论、产业经济理论等多种经济学理论，阐释产业结构服务化或促进或抑制人力资本的成因以及过程。这启示了，对产业结构服务化影响人力资本的分析应基于广泛的经济理论，如将产业结构、人力资本因素同宏观经济增长联系起来。（2）既有文献关注到，产业结构服务化的人力资本积累效应源于技术革新在服务业的扩散。这表明，先进技术的研发和使用提升了服务业发展的技术密集程度，重塑了产业结构服务化的特征，易于形成更高级的人力资本结构，分析产业结构服务化对人力资本提升的影响不能忽视技术因素。（3）由于服务业内部行业数目繁多，各类服务业在生产率、要素密集特征、服务对象等方面存在较大差异，因此相关研究的一个扩展方向是不断向具体服务领域细化，针对具体服务行业对人力资本影响研究的比重不断提高。这启示了，围绕产业结构服务化影响人力资本的讨论应关注服务业内部各类业种的异质性特征，以及异质性特征对人力资本积累的具体作用。

笔者在对文献的梳理过程中发现了值得进一步探讨的方面。（1）从文献数量上看，现有文献多聚焦人力资本对产业结构服务化的影响。相较而言，虽然探究产业结构服务化对人力资本的作用具有重要的现实意义，但相关文献的数量并不十分丰富。这与人力资本理论、经济增长理论预设的人力资本的作用路径密切相关，使围绕人力资本与产业结构的研究倾向于从人力资本→产业结构的方向展开。（2）一些文献将产业结构服务化等同于产业结构高级化，忽视了新兴经济体产业结构服务化与结构优化之间可能存在的矛盾，这凸显辨析了产业结构服务化特征、分析不同特征的服务化对人力资本提升影响的必要性。

### （二）述评产业结构服务化对人力资本空间溢出效应的研究

在空间视域下探究产业结构服务化对人力资本的影响已成为相关领域的一支重要文献，为后续研究提供了三个方面的启示。（1）产业结构服务化与产业转移存在互动关系，发达地区产业结构服务化驱动产业转移行为。这启示了，产业结构服务化通过产业转移对周边地区人力资本产生影响，产业转移可视为一种潜在的传导机制。（2）理论分析与模型构建多基于新经济地理学 FE 模型，将人力资本的作用与产业的空间波动结合在一起。这启示了，可以在 FE 模型的经典分析框架下构建产业结构服务化对人力资本的空间溢出效应理论模型。（3）产业结构向服务化转型过程对周边地区人力资本的影响是正向、负向空间溢出效应的综合体现。一方面，产业结构服务化通过产业转移，以技术的溢出促进周边地区人力资本在空间上的相对均衡；另一方面，服务化水平较高的发达地区提供了有利于人力资本集聚的人才政策、产业政策与公共服务政策，吸引周边地区人力资本向投资回报率更高的发达地区高度集聚，造成了人力资本集聚凹陷现象。这启示了，产业结构服务化对人力资本的外溢影响是复杂的，应基于多种作用综合分析。

笔者通过对文献的梳理发现了值得进一步探讨的方面。（1）整体来看，既有文献较少在一个研究体系中同时阐释产业结构服务化对区域内部、对周边地区人力资本产生的多种影响。（2）需要基于中国情景拓展 FE 模型的基本假设。比如，FE 模型的人力资本专指企业家，除企业家，具有符合市场需求的专业技能的劳动力也是人力资本的重要组成部分（赖德胜和苏丽锋，2020）；FE 模型以企业家流动代表产业转移，这一设定简化了产业结构服务化通过空间关联影响人力资本的作用机制；FE 模型对称区域的假设，并不适用于分析中国区域经济发展不平衡不充分的现象。（3）围绕中国产业结构服务化对周边地区人力资本影响这一研究主题的实证研究多以较大范围的经济区域作为研究对象，较少以省对省的具体影响作为研究单元分析地区间的差异性表现。

（三）总体述评

综上，已有文献从不同角度探讨了产业结构服务化对人力资本提升的复杂影响，但整体侧重于分析对产业结构发生变化的同区域人力资本的影响，较少有文献将研究视域扩展至区域内部和区域外部，综合正向影响、负向影响，更加深入全面探究产业结构服务化与人力资本之间的联系与规律。从概念的辨析测度方面，既有文献多将技能水平的高低视为人力资本水平的高低，对人力资本的使用忽视了区域经济环境差异对人力资本形成的影响；将产业结构服务化视为产业结构高级化和产业结构优化，忽视不同增长动因引致的服务化的差异，基于研究目的与研究内容辨析核心概念特征将增加研究结论的科学性与可靠性。在研究方法的选取方面，由于产业结构与人力资本间存在互动影响，应选取能够较好处理内生性问题的计量经济模型与估计方法。最后，产业结构服务化影响人力资本的理论研究与实证研究需要基于中国区域经济发展差异的客观现实更加精准地刻画，对引致区域差异的原因值得深入解析。

## 第三节　研究方法、架构与内容

### 一、研究方法

本书采用了数理经济学方法、描述统计分析方法、计量经济学方法等多种研究方法，通过各种计量经济软件和统计分析软件实现。

具体介绍如下：

（1）数理经济学方法。本书采用数理经济学方法构建产业结构服务化对区域人力资本提升影响的理论模型。一是构建了一个经济增长模型，数理推导产业结构服务化对区域内部人力资本，以及人力资本经济增长效应的影响。二是在新经济地理学经典分析框架下数理推导产业结构服务化对人力资本的空间溢出效应。

（2）描述统计分析方法。本书采用已有产业结构服务化测度方法、改进人力资本测度方法，测算 2006 ~ 2019 年全国层面和省域层面产业结构服务化与人力资本发展现状，描述样本观察期内中国产业结构服务化和人力资本的整体发展趋势，对比省域产业结构服务化和人力资本的发展差异。

（3）计量经济学方法。本书采用的计量经济学方法包括基于面板数据的计量分析方法和空间面板计量分析方法，具体有 PVAR 方法、动态面板数据模型、面板门槛模型、SpVAR 方法、SLX 模型、动态空间面板数据模型等。先使用 PVAR 方法、动态面板数据模型、面板门槛模型三种方法，分析产业结构服务化对区域内部人力资本提升的影响并进行机制分析；再使用 SpVAR 方法和 SLX 模型分析产业结构服务化对人力资本的空间溢出效应并进行传导机制分析，采用动态空间面板数据模型进行稳健性检验。PVAR 方法和 SpVAR 方法同属于向量自回归方法，用于因果关系并不明确的变量间的关系研究，能够较好处理变量的内生性问题。SpVAR 方法、SLX 模型、动态空间面板数据模型同属于空间计量经济学模型，用于空间视域下经济现象的实证分析。通过使用多种计量经济学方法佐证理论分析和数理推导得出的研究假说，提升本书研究结论的科学性和有效性。

## 二、研究架构与主要研究内容

本书研究架构如图 1 -1 所示。研究路线可概括为：问题的提出→理论基础介绍→核心概念特征辨析→理论分析→模型构建→假说提出→描述性统计→实证模型构建→实证结果阐释→传导机制分析→研究结论归纳→政策启示提出。

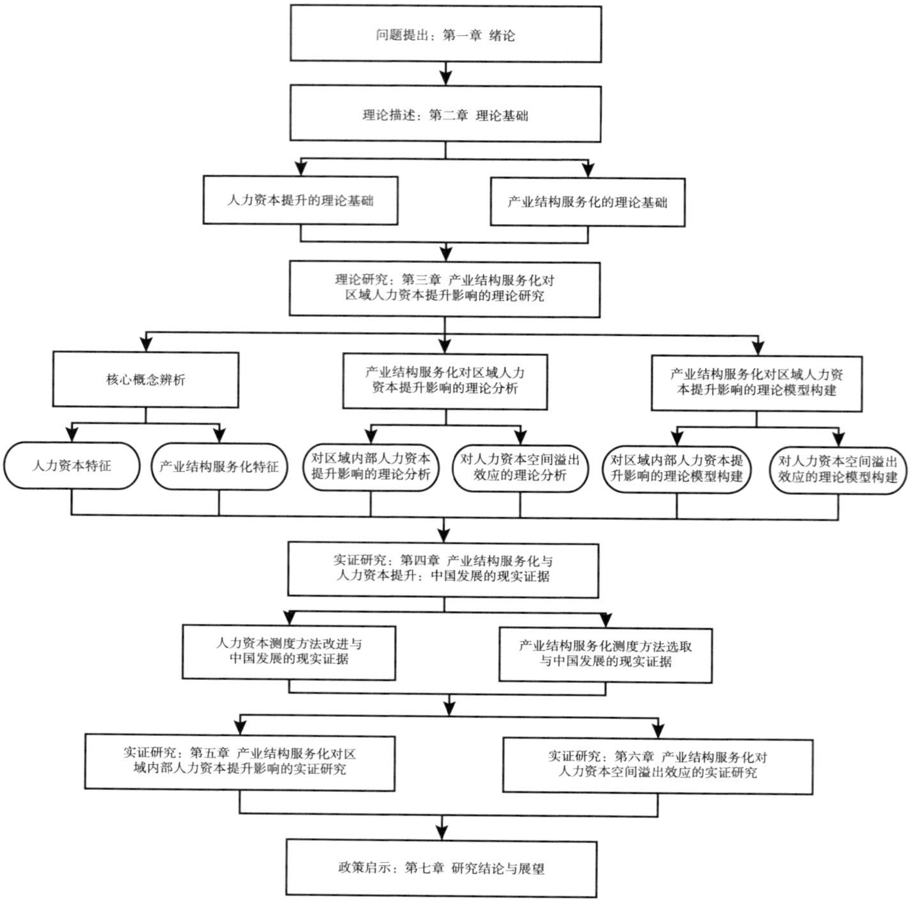


**图1-1 本书架构**

第一章为绪论。阐述本书的研究背景与研究意义；从产业结构服务化影响人力资本、产业结构服务化对人力资本的空间溢出效应两方面述评文献资料；介绍本书使用的研究方法、基本架构与主要研究内容；阐述本书可能的创新之处。

第二章为理论基础。首先介绍与人力资本提升相关的理论基础，包括人力资本理论与经济增长理论。其次介绍产业结构服务化的理论基础，包括产业结构理论、产业转移理论和服务经济理论。

第三章是产业结构服务化对区域人力资本提升影响的理论研究。首先辨析人力资本概念与产业结构服务化概念的关键特征；其次构建产业结构服务化对区域人力资本提升影响的理论研究框架，分别分析产业结构服务化影响区域内部人力资本提升的作用机制，以及空间视域下产业结构服务化对周边地区人力资本产生的多种影响；最后系统构建产业结构服务化对区域人力资本提升影响的理论模型，并提出待检验假说。

第四章分别从全国、省域两个层面展示中国产业结构服务化与人力资本提升的现实证据。首先介绍产业结构服务化的测度方法，选取向量夹角法测度产业结构服务化，同时测度生产性服务业以及生产性服务业与制造业协同集聚水平，刻画全国、省域产业结构服务化的发展趋势。其次考虑区域经济发展因素改进人力资本测度方法，设计人力资本总量、人均人力资本、人力资本结构高级化、人力资本综合评价值等指标，从全国、省域两个层面描述、对比人力资本发展趋势。

第五章的实证研究聚焦产业结构服务化对区域内部人力资本提升的影响，并验证假说 H1、假说 H2。首先，分别基于省级数据、采用 PVAR 方法，基于地级市数据、采用动态面板数据模型，构建产业结构服务化对区域内部人力资本提升影响的实证模型。其次，基于省级数据、地级市数据，采用面板门槛模型分析产业结构服务化对区域内部人力资本提升影响的传导机制，验证从产业结构服务化到生产性服务业、再到人力资本提升的因果关系链条是否成立。

第六章的实证研究聚焦产业结构服务化对人力资本的空间溢出效应，并验证假说 H3 ~ 假说 H5。首先，采用省级数据，基于 SpVAR 方法构建产业结构服务化对人力资本空间溢出效应的实证模型，以北京、上海、广东作为代表性冲击源地区，分析产业结构服务化对周边地区人力资本提升影响的强弱规律。其次，采用省级数据、地级市数据，基于 SLX 模型分析产业结构服务化对人力资本空间溢出效应的传导机制，验证从产业结构服务化到产业转移、再到周边地区人力资本提升的因果关系链条是否成立。

第七章是研究结论与展望。对研究结论进行全面总结，提出因地制宜制定产业发展政策带动人力资本提升、建立区域间人力资本共享的可行路径、推动多方主体参与人力资本提升等三项政策启示。针对研究不足，展望未来研究。

## 第四节　创　新　点

本书可能的创新之处主要有三个方面：（1）将研究范畴拓展为区域内部与空间视域两个维度，设计产业结构服务化对区域人力资本提升的理论研究框架，以动态的、发展的研究视角全面诠释产业结构服务化对区域人力资本提升的影响和作用机制。大量文献或侧重于研究产业结构服务化对区域内部人力资本的影响，或侧重于研究产业结构服务化对人力资本的空间溢出效应。而基于现实的观察发现：伴随着区域一体化进程的加快，中国经济问题不仅取决于本地区相关因素，也受到空间关联因素的影响，这加剧了经济问题的复杂性，表明无论是区域内部研究范畴，还是空间视域研究范畴，都无法体现产业结构服务化影响人力资本的全貌，凸显拓展研究范畴的必要性。本书突破地域边界，兼顾区域内部、空间视域两个研究维度，设计了产业结构服务化对区域人力资本提升的理论研究框架。在具体论述过程中，将产业发展的生命周期划分为工业化初期、工业化加速发展和工业化后期三个阶段，将人力资本分为一般人力资本和特殊人力资本，以动态的、发展的研究视角阐释不同发展阶段产业结构特征对区域内部不同类型人力资本提升的影响，以及处于工业化后期的发达地区产业结构服务化对不断发展的周边地区人力资本产生的空间溢出效应，体现产业结构向服务化演进对人力资本影响的阶段性特征，提出产业结构服务化通过生产性服务业影响区域内部人力资本的作用路径，以及通过产业转移影响周边地区人力资本的作用路径，强调以生产性服务业蓬勃发展为特征的产业结构服务化进程对特殊人力资本（包括创新型人力资本、技能型人力资本）的带动促进作用。本书通过拓展研究维度，较为全面深入地论述了产业结构服务化与人力资本提升之间的逻辑关联，为实证分析的开展明确研究路线。

（2）基于中国情景，系统构建产业结构服务化对区域人力资本提升影响的理论模型，数理阐释产业结构服务化对区域内部、周边地区人力资本提升的影响以及传导机制。中国作为不断转型的发展中大国，区域间经济发展呈现分化特征，而经典经济理论模型适于分析发达国家较为稳定的现代化市场经济体系，这凸显审视经济理论模型剖析中国经济问题适用性的重要意义。本书基于中国经济发展实际，在设计的理论研究框架下，构建产业结构服务化影响区域内部人力资本提升的理论模型。该模型考虑到中国区域间经济增长差异较大的现状，在经济增长模型中，以生产性服务业产值比重提升代表产业结构服务化趋势的进一步深化，以生产性服务业产值比重不变代表产业结构服务化水平的稳定，分别刻画不同服务化趋势对人力资本以及人力资本经济增长效应的影响。同时将产业结构服务化对区域内部人力资本提升影响的理论模型扩展至多区域经济系统中，构建了一个产业结构服务化对人力资本空间溢出效应的理论模型。该模型考虑到中国现阶段存在的大规模产业转移现象和人力资本向发达地区集聚的特点，是一个包含了两个地区、两种产业、三种生产要素的非对称经济模型，同时纳入企业转移建厂成本、劳动力转移车票成本等参数变量。本书通过对理论模型的构建与数理推导，紧扣中国经济发展现状与实际，提出产业结构服务化影响区域人力资本提升的五项待检验假说。

（3）充分使用省级数据和地级市数据，从不同角度衡量核心变量，借助多种计量经济学方法，构建产业结构服务化对区域人力资本提升影响的实证模型，并对实证结果进行传导机制分析，丰富相关领域实证内容。既有文献或选取相对稳定、反映经济发展长期趋势的省级数据，或选取较快体现地区经济发展差异的地级市数据开展实证研究，而考虑到两类数据体现中国经济发展不同层面的特征，基于两类数据开展实证研究，比较分析研究结论的异同，能够为政策策略的选取提供重要决策参考。本书使用 2006 ~ 2019 年中国 30 个省级地区数据，以及 2003 ~ 2019 年中国 30 个省级地区 276 个地级市数据，构建产业结构服务化对区域人力资本提升影响的实证模型，采用 PVAR 方法、

SpVAR 方法、动态面板数据模型的系统 GMM 方法，对实证模型的内生性问题进行控制，通过基准模型回归分析、稳健性检验与异质性分析，全面探讨中国现阶段服务化趋势对人力资本提升产生的具体影响，为理论假说（H1、H3、H4）提供验证平台和数据支持。为分析影响背后的动因，本书基于面板门槛模型构建产业结构服务化对区域内部人力资本提升影响的传导机制模型，基于 SLX 模型构建产业结构服务化对人力资本空间溢出效应的传导机制模型，相关传导机制分析证实了生产性服务业、产业转移在产业结构服务化影响区域人力资本提升过程中的作用，为理论假说（H2、H5）提供经验支持。此外，本书对人力资本的测度考虑了区域经济发展因素，同时采用每万人在校大学生数量衡量人力资本，分别开展实证研究，获得更为全面的经验证据，这对于政策建议的制定具有重要意义。

# 第二章 理论基础

本章从两个方面介绍本书的理论基础。一是介绍人力资本提升的理论基础，包括人力资本理论和经济增长理论。二是介绍产业结构服务化的理论基础，包括产业结构理论、服务经济理论以及产业转移理论。对理论基础的介绍为后续辨析、测度核心概念，理论分析、数理推导、实证分析产业结构服务化对区域人力资本提升的影响做好准备。

## 第一节 人力资本提升的理论基础

### 一、人力资本理论

20 世纪 60 年代以来，人力资本概念在经济学研究中广泛应用，几乎在每一个经济学分支都提出了新的研究课题，形成了“经济思想史的人力资本投资革命”（马克·布劳格，1992）。

本章节对人力资本理论的介绍，为第三章人力资本特征分析、第四章人力资本测度方法改进提供理论借鉴。

#### （一）人力资本的理论渊源

经济学从来都认为，具有劳动能力的人是国民财富的重要组成部分。“人力资本的概念是古老的，它曾为亚当·斯密所雄辩地表述和阐明”（雅各布·明赛尔，2001）。数百年来，人在经济活动中如何发挥作用一直是经济学研究的重要内容，虽然其中所隐含的思想不同于人力资本的现代内涵，两者的差异似乎也只是一线之隔。亚当·斯密（Smith，1970）将受教育、做学徒获得的有用能力视为劳动者的一种固定资本；莱昂·瓦尔拉斯（Walras，2016）提出，车夫、公务员、医师、艺术家等“所有这些人都实在是资本”；欧文·费雪（Fisher，1906）把人视为财富；马克劳德提出，只要能够产生利润，即使是以劳动（workmen's labor）为代表的非物质商品（immaterial goods），也应囊括在资本范畴之内（Fisher，1906）。阿尔弗雷德·马歇尔（Marshall，1964）提出，人口的健康、强壮是工业效率提高的基础，他分析了优质的教育，特别是工业教育对普通工人产生的间接利益和对工业效率的贡献。

可见，虽然人力资本理论在20世纪中叶建立并发展，但其并不是此前经济学研究所忽略或未意识到的，不仅如此，在相当长的时期里，经济学的主流观点明确反对将人（或人的劳动能力）视为资本。例如，马歇尔“从抽象和数学的角度”接受将人视为财富这种观点，但他认为这一观点“似乎很少考虑到那种合乎市场用语的现实讨论的必要性”。在西奥多·舒尔茨看来，包括马歇尔的崇高威望在内的种种原因促成这种共识——“将资本概念应用于人类既是不恰当的也是不实用的”（Schultz，1990），此前的经济学研究未建立围绕人力资本这一观点分析经济运动的研究视角，也就不足为奇了。

有必要说明，马歇尔所说的“不恰当”是在道德和价值观意义上的，而并不是经济研究方法上的。对此，舒尔茨（1990）在提出当代经济学的人力资本概念时也做过解释：“只要一提起人力投资就会使某些人感到不快”“我们的价值观和信念不允许把人类看作资本物品”，因此，“把人类看作通过投资便可得以增加的财富，与根深蒂固的价值观念相违背”。贝克尔（2018）的表述更为直白：对批评人力资本术语的人来说，使用这个概念等同于将人看作奴隶或机器。

### （二）舒尔茨的人力资本理论

1960 年，舒尔茨在美国经济学会（American Economic Association）第 73 届年会演讲，提出人力资本。1961 年，该演讲内容以“Investment in Human Capital”为题发表（Schultz，1961），大部分研究者以此作为人力资本理论提出的标志。

舒尔茨提出的“人力资本”延续了少数经济学家的思想。他认为，以往研究“不把人力资源明确地看作资本”，使经济学研究方法秉持“古典的劳动概念”，粗略地认为“劳动者所具有的生产能力大致相等”。他特别强调，这种做法“在古典经济学里就不正确”，面对当代经济现象，“其错误就更加明显”（舒尔茨，1990）。舒尔茨并没有直接定义人力资本，[①] 而是通过阐释“向人力资本的投资”“人力投资”及其作用等描述人力资本。他列举“经济增长之谜”的几个现象：国民收入比国民资源增长得更快、工人实际工资大幅度增长、遭战争破坏的国家迅速恢复等，认为经济学界无法解释这些现象的原因是“过分地看中了非人资本（nonhuman capital）”（舒尔茨，1990），他的解释则是：“劳动力的文化程度增长了 8 倍半，而再生产性资本量则增加了 4 倍半……这类人力资本的增量……如此之大，使得它们成为能够解开经济增长之谜的……钥匙”（舒尔茨，1990）。舒尔茨分析现象之后，将人力资本概念引入经济学理论，指出“一个完整的资本概念”应包括“人力资本及其在现代经济的生产活动中所起的重要作用”（舒尔茨，1990）。

舒尔茨的人力资本，主要是针对此前主流经济学“物是资本，人非资本”的观点提出的，他扩展经济学中资本概念的范畴，认为物和人都可视为资本的不同形式。对此，他专门用“material（nonhuman）

---

① 张一力、朱舟、郑兴山、唐元虎等国内学者认为，舒尔茨、贝克尔没有对人力资本下明确的定义。参见张一力：《人力资本和区域经济增长——温州、苏州实证研究》，厦门大学 2004 年博士学位论文；朱舟：《人力资本投资的成本收益分析》，上海财经大学出版社 1999 年版；郑兴山、唐元虎：《企业人力资本产权理论研究》，上海社会科学出版社 2003 年版。

capital”这种表述，强调物质资本也可以视为资本范畴中的非人资本。舒尔茨（1971）专门讨论教育的文章“cost of capital formation by education”对人力资本概念的界定反映了舒尔茨人力资本思想的发展，提出教育中成为接受者的那一部分——因教育而增加的劳动能力，才具有人力资本意义（Schultz，1971）。

### （三）贝克尔的人力资本理论

贝克尔的人力资本思想从“传统的资本概念”得出“教育、培训、医疗等是资本投资……，这些投资生产的是人力资本”（贝克尔，2018），这种界定的理论基础和提出方式都与舒尔茨提出的“人力资本投资”相似，其内涵和作用也一致，可以认为两人对人力资本概念持相同的观点。贝克尔还从人力资本与其他资本的区别对其界定，提出人力资本是“非实物或金融资本”，因为无法将知识、技能、健康与这个人剥离开来。他建立了一种人力资本的微观经济学分析方法，进一步将培训这种人力资本投资的方式细分为一般培训和特殊培训，并讨论企业采用两种培训方式的基本条件（贝克尔，2018）。贝克尔还注意到学术界关于劳动与剥削的讨论。他提问“如果资本剥削劳动，那么人力资本也剥削劳动吗?”“一些劳动者剥削其他劳动者吗?”（贝克尔，2018）。分析贝克尔提出的问题，需要考察资本一词在经济学和政治经济学中的不同含义，这些讨论为界定人力资本，预设了政治经济学的研究途径。

贝克尔等（Becker et al.，1990）关注了人力资本在摆脱“贫困陷阱”中的作用，对“贫困陷阱”问题的分析基于人力资本“报酬递增”特征和多重经济增长均衡的存在。他认为与物质资本相比，人力资本呈现边际报酬递增特征。当人力资本存量越多，人力资本投资回报越高，经济将滑向高稳态点；而当人力资本存量较少时，吸收知识的能力会非常困难，此时人力资本的收益率低下，经济滑向低稳态点。这一观点解释了同样处于低发展水平的国家部分摆脱了“贫困陷阱”，部分却深陷“贫困陷阱”的原因。在他的观点影响下，后续研究逐渐关注从低稳态过渡至高稳态时政府所发挥的关键作用。

### （四）明赛尔的人力资本理论

雅各布·明赛尔（2001）是率先使用人力投资方法研究经济问题的经济学家之一。他在可互换意义上使用技能、劳动质量和人力资本这几个术语，认为积累的技能实际上就是通常使用的人力资本的定义。明赛尔对人力资本理论的贡献之一是设计了明赛尔工资方程，该方程不仅考虑了教育年限、经验、生命周期对个人工资回报的线性影响，同时考虑到了这些因素的非线性影响。在模型设计上，以解释变量的二次项代表非线性影响。多数基于明赛尔工资方程的回归结果显示，一次项的系数为正，而二次项的系数为负，这表明工资随经验提升而增长，但增长速度放缓（蔡昉和张车伟，2015）。由于明赛尔也将人力资本称为一种“挣得能力”，并将工资视为一单位人力资本租金价格（明赛尔，2001），因此，明赛尔工资方程也被广泛用于人力资本测度研究中。

明赛尔关注了经济发展对人力资本提升的作用。他指出，对人力资本的需求与对物质资本的需求相同，都是对利润机会的反映，可以被视为经济增长的结果与伴生物。经济增长对人力资本形成与利用的影响同样是经济研究的重点，人力资本与经济增长相互影响的“每一个方向都是主要的”（明赛尔，2001）。

### （五）人力资本的分类研究

舒尔茨、贝克尔、明赛尔的人力资本理论均认为，教育、培训、医疗保健和迁移是人力资本投资的主要途径，后续研究根据投资方式的不同将人力资本分为教育型人力资本（education human capital）、健康型人力资本（healthy human capital）和技能型人力资本（skilled human capital）等。

教育是人力资本投资最重要的形式，通过个人教育决策形成的教育型人力资本是影响经济发展的重要因素（杜育红和赵冉，2020）。特别是对高等教育的投资，能够培养创新型人力资本（innovative human capital）。创新型人力资本专指“发现、引入、创造、开发以及整合有价值的新知识、新思想、新事物的素养和能力”（张车伟和蔡翼飞，2020），是突破技术瓶颈的决定因素（张桅和胡艳，2010；王帅龙等，2022）。

对健康型人力资本的界定多使用世界卫生组织对健康的定义：“健康不仅仅是没有疾病或不虚弱，还是身体、心理和社会适应的良好状态。”面对全球人口老龄化问题的挑战，越来越多的研究将健康型人力资本视为与教育型人力资本同等重要的人力资本类型，认为健康型人力资本的提升增加了劳动力供给，延长了劳动力参与经济活动的年限，是提高劳动生产率的保障（楠玉，2022；Ogundari & Awokuse，2018）。

技能型人力资本的主要投资方式是职业教育、技能培训。随着技术革新对生产生活方式的不断渗透，对劳动者的技能要求也在不断更新，对于丧失比较优势的劳动者，及时进行技能型人力资本投资，是重获就业机会、解决人力资本与岗位需求错配问题的有效途径，也是企业创新创业的关键因素（谢倩芸，2021；Naros & Simionescu，2019；Balsmeier et al.，2020）。

## 二、经济增长理论

人力资本自提出起就被赋予了解释经济增长的使命，其与经济增长理论的融合产生了以罗伯特·卢卡斯（Robert Lucas）、保罗·罗默（Paul Romer）的研究为代表的首批内生增长理论成果；以格里高利·曼昆（Gregory Mankiw）、大卫·罗默（David Romer）和大卫·威尔（David Weil）构建的 MRW 模型为代表的新古典增长理论等。此外，经济增长对人力资本的反向作用研究，阐释了与内生增长理论、新古典增长理论十分不同的人力资本与经济增长之间的关系。

本节对经济增长理论的介绍，一方面为本书从“产业发展→人力资本”的研究方向提供理论依据，另一方面为第三章理论分析、数理推导产业结构服务化对区域内部人力资本提升的影响提供借鉴。

### （一）卢卡斯的内生增长理论

1988 年，卢卡斯在“On the Mechanics of Economic Development”建立了纳入人力资本的经济增长模型，该模型用人力资本解释为什么根据新古典增长理论的收敛推论所做出的预言“穷国经济比富国增长得更快”没有得到经验证实。

虽然卢卡斯认为，现实中人力资本积累的个体收益是递减的，但在他的增长理论中，通过制定两种具体机制保证人力资本积累收益不递减。一是当讨论人力资本因教育增加而带来经济增长时，他设想家庭中新成员会按一定比例继承旧成员的人力资本水平。二是当讨论人力资本因“干中学”增加而带来经济增长时，为避免人力资本积累的收益递减，假设不断有继承旧产品特定人力资本的新产品出现。在模型设计方面，卢卡斯使用平均人力资本（average level of human capital）变量表示人力资本的外部性，使模型中物质资本、有效劳动力、平均人力资本三种投入要素的幂指数之和大于 1，模型由此呈现报酬递增特征（Lucas，2002）。在人力资本积累收益不递减的前提下，人力资本的外部性被卢卡斯作为经济持续增长而不收敛的原因。

### （二）罗默的内生增长理论

罗默在文章“Endogenous Technological Change”中将人力资本概念引入（Romer，1989），在此之前，他假设知识具有边际产品递增（increasing marginal product）等特性，对经济增长作了不同于新古典增长理论的解释。

罗默的增长模型包括研发部门、中间产品生产部门和最终产品生产部门。他按照生产部门的功能，将人力资本相应地细分为通过高等教育形成的科学研究能力（scientific talent/skills）、通过一般教育形成的工作能力（educational skills）和工作经验积累（cumulative job experience），各部门生产过程需要不同的人力资本投入。在他设想的经济增长模式中，科研能力（scientific talent）又是基础科学知识（basic science）生产过程的投入之一（Romer，1990）。

罗默以竞争性和排他性分析人力资本，阐释人力资本在经济增长中的作用。他指出，使用一个竞争性的物意味着他人无法使用这个物，溢出就不会发生，而人的能力无法异地同时使用，因此，竞争性意味着人力资本也是排他的。从这些讨论可以认为：罗默的人力资本没有外部性，这与卢卡斯的观点鲜明的不同。对此，谢丹阳（2018）做过一个类似的解释："（卢卡斯和罗默）两人虽然都关注'人力资本'对经济增长的贡献，但罗默更为强调'人力资本'与知识之间的区别：'人力资本'具有排他性。"

由于罗默的人力资本不具有外部性，因此增长由非竞争性且部分排他的知识或技术带来（Romer，1986）。由此可以认为，罗默将经济增长归因于知识或技术，而非具有排他性的人力资本。人力资本在罗默经济增长理论中的作用，是知识及技术生产过程中的重要投入要素，这与卢卡斯认为的人力资本直接作用于经济持续增长有所区别。

### （三）新古典增长理论

与内生增长理论不同，新古典增长理论引入人力资本的意图并非解释经济的持续增长，而是试图使模型的预测与现实经济运动更为一致，据此考虑政策意义。其中，曼昆、罗默和威尔纳有关人力资本的MRW 模型是代表性研究成果（Mankiw et al.，1992）。MRW 模型以新古典模型为框架，在拓展的索洛模型（Augmented Solow Model）中引入人力资本，并延续了索洛模型的关键特征：人力资本仍是边际收益递减的，引入人力资本的总生产函数仍是规模报酬不变的。这两种特征体现为 MRW 模型中人力资本、物质资本、有效劳动三种投入要素的幂指数之和等于 1，因此人力资本也会像索洛模型中的资本一样，收敛于一个稳态值，新古典经济增长理论的收敛推论仍然成立。MRW 模型使用劳动年龄人口的中学入学率衡量人力资本，发现拟合方程解释了1985 年不同国家人均收入差异的 78%，由此得出结论，当模型中人力资本与物质资本一样"重要"，新古典增长理论对不同国家经济增长现象的解释力增强。

人力资本在新古典增长理论的应用，实际上提出了一种人力资本参与经济增长的新方式，即人力资本并不一定要像卢卡斯、罗默设想的那样，与经济的持续增长密切相关，也可能像劳动、资本那样，作为一种“普通”要素参与经济活动。

### （四）经济增长对人力资本的反向作用研究

人力资本积累与经济增长的经验研究结果常常不令人满意（De la Fuente & Doménech，2006），在现实经济运动中也观察到人力资本增加但经济增长衰退的现象（Ahooja-patel，2000），这引起了一些学者的关注，他们将人力资本促进经济增长的因果关系反转，以解释理论与现实的不一致（Benhabib & Spiegel，1994；Bils & Klenow，1998；Čadil et al.，2014），其中包括道格拉斯·C. 诺斯（Douglass C. North）、罗伯斯·托马斯（Robert Paul Thomas）的新制度经济学。

诺斯和托马斯对“人力资本与经济增长”问题的关注，与他们提出“制度促进经济增长”有关（North & Thomas，1973）。他们质疑，如果经济增长的根本原因是投资和创新，为什么一些社会增加了人力资本投资却没有带来经济增长？据此他们认为，除非经济组织有效，否则增长不会发生（Growth will simply not occur unless the existing economic organization is efficient），创新、教育等因素不是经济增长的原因，而是经济增长的内容［The factors we have listed（innovation…education…）are not causes；they are growth］。阿西莫格鲁等（Acemoglu et al.，1999）把诺斯和托马斯的观点理解为，人力资本增长是经济增长的重现（It is just to re-describe what it means to be prosperous）。诺斯和托马斯的研究实则建立了审视人力资本与经济增长关系的又一理论视角。当将人力资本视为经济增长的表现，作为国民经济的重要组成部分——产业，其发展对人力资本产生影响的研究路径就自然地建立起来。

## 第二节 产业结构服务化的理论基础

### 一、产业结构理论

产业指企业、行业、部门的某种集合（李双成，2013），依据不同集合标准对产业进行分类形成了特定的产业结构。产业结构理论揭示了产业间量的比例关系、质的演进规律，定量考察了产业间在一定时期内投入产出的经济技术联系（刘伟，2019）。

本章节对产业结构理论的介绍为第三章产业结构服务化概念特征分析、第四章产业结构服务化测度方法选取提供理论借鉴。

#### （一）配第—克拉克定律

产业结构服务化的理论渊源可追溯至17世纪威廉·配第（William Petty）的著作《政治算术》。配第在这本书中分析了荷兰相较于法国和英国具有更高的生活水平这一经济现象，提出“商业的收益最高，工业次之，而农业最少”，因此多数荷兰人从事制造业和商业工作（威廉·配第，1978）。据此配第指出，相对收入差异是导致劳动力在部门间转移的原因，劳动力必然由农业转移至工业，再向商业转移。配第关于产业结构向服务业占优势比重演进的论述开辟了相关研究的先河（沈家文，2012）。

此后，科林·克拉克（Colin Clark）在新西兰奥塔格大学教授艾伦·G. B. 费希尔（Alan G. B. Fisher）的三次产业分类方法基础上，对配第有关产业演进规律的观点进行印证。三次产业分类法由费希尔在其著作《安全与进步的冲突》（*The Clash of Progress and Security*）中首次提出（Fisher，1935）。他将生产活动分为三个阶段，分别为农业和畜牧业为主阶段、工业大规模发展阶段，以及非物质生产特征显著的发展阶段。与之相对应的，就有了农业畜牧业即第一产业，工业制造业即第二产业，运输、贸易、教育、艺术等服务业即第三产业的划分标准。在三次产业分类标准基础上，克拉克基于多国数据研究了国民产品、收入和消费等变量增长的原因，指出第三产业成为吸纳就业的主要部门，其原因在于消费需求在总量和结构两方面产生了变化（科林·克拉克，2020）。配第和克拉克的研究提出了劳动力在三次产业间顺向演进的发展规律。

### （二）库兹涅茨法则

美国经济学家西蒙·库兹涅茨（1985）收集了57个国家的数据，确定人均国内生产总值基准点，分析产值占国民收入比重、就业人员占总就业人员比重两个指标在三次产业中的变动。他的研究发现，随着人均国内生产总值从70美元提升至1000美元，农业产值份额不断下降，与此同时，农业的就业人员比重也呈现下降趋势。与之相反，工业、服务业在这一人均国内生产总值区间内经历了产值比重和就业人员比重的增加，其中工业产值从20.6%增长至48.4%，涨幅1倍以上；而服务业增长8个百分点，增长幅度小于工业。与产业发展趋势相似，工业就业人员比重的增长也同样快于服务行业。值得注意的是，库兹涅茨将交通和通信产业归为工业，他进一步指出，随着经济的发展，服务业吸纳就业人口的趋势将不断显著。库兹涅茨以19世纪以来美国等发达国家详尽的行业统计数据验证了配第—克拉克定理，他对产业内部各类行业的统计结果，使产业结构的演进以更加精准的方式呈现。

### （三）钱纳里的“标准产业模式”

霍利斯·钱纳里（Hollis B. Chenery）和摩西·赛尔奎因（Moshe Syrquin）基于克拉克和库兹涅茨的研究成果，使用101个国家在1950～1970年的数据，比较分析国家间经济结构发展过程，论述结构转变的动因包括收入、资源禀赋、人口、国际资本、先进技术和贸易环境等，将研究领域扩展至开放经济环境和低收入发展中国家（Chenery & Syrquin，1975）。在《工业化和经济增长的比较研究》一书中，钱纳里等经济学家以人均收入水平和产业结构之间的关系，归纳各国产业结构变动的一致性特征，即“标准产业模式”。通过对 9 个准工业化国家（地区）的分析，发现从不发达经济到成熟工业经济的转变可划分为三个阶段六个时期。当以 1964 年的美元表示基准收入水平，区分初级产品生产阶段与工业化阶段的临界值是 200 美元；区分工业化阶段与成熟工业化阶段的临界值是人均 1500 美元。其中，工业化阶段又可划分为工业化初期、工业化中期和工业化末期三个时期，临界值分别为人均 400 美元和人均 800 美元。当国家发展进入人均收入 400 美元的工业化中期，多数国家的工业增加值占比超过农业增加值，服务业开始发展；当进入工业化后期，服务业迅速发展，此后在国民经济中的作用愈加重要，成为拉动经济和就业的主要力量（钱纳里等，1989）。与前人研究相比，钱纳里的“标准产业模式”研究具有大样本数据支撑，同时采用投入—产出分析法、一般均衡分析法和回归分析方法进行了实证检验，为各国判断产业发展阶段、制定产业政策提供依据。

### （四）罗斯托经济增长阶段论

美国经济史学家华尔特·惠特曼·罗斯托（Walt Whitman Rostow）在其两本著作《经济增长的阶段 非共产党宣言》（罗斯托，2001）、（*Politics and the Stages of Growth*）（Rostow，1971）中，根据生产力发展水平和科学技术水平，将经济的增长划分为六个阶段。（1）第一个增长阶段是传统社会阶段，该阶段的科学技术和生产率水平因为没有现代科学技术应用和科学意识而受到限制，主导产业是农业。（2）第二个增长阶段是准备起飞阶段，科学技术开始在农业和工业当中发挥作用，阻止报酬递减；教育范围在人群中扩大以适应现代经济活动需要；生产仍以低效率的农业或劳动密集型制造业为主。（3）第三个增长阶段是起飞阶段，表现为新兴工业的迅速扩张，以及工业发展不断扩大的劳动力需求。此时新技术不仅在工业当中广泛使用，也在农业生产中扩散。起飞阶段是克服增长障碍与阻力的关键时期，呈现出稳定的增长状态，完成的标志是从农业产品出口向劳动密集型产品出口转变。（4）第四个阶段是走向成熟阶段。罗斯托预测，起飞阶段开始后的约 60 年将逐步走向成熟阶段。走向成熟阶段的主要特征是随着技术的使用，生产工艺精密性、专业性愈加明显，产品更新换代日益频繁、经济结构不断变化，主要投资从劳动密集型产品转移至资本密集型产品，技术创新驱动增长的发展模式开始显现。（5）第五个阶段是大众高消费时代。在这一阶段中，主导部门转向服务业。随着人均实际收入上升至较高水平，耐用消费品和大众化服务得到普及，现代技术也已达到较大程度的利用，此时城镇化水平随之提高，社会福利与社会保障惠及整个社会。（6）第六个阶段是超越大众消费阶段。罗斯托根据美国的经济现实，提出该阶段的显著特征是包括教育、健康、医疗、福利、娱乐以及旅游等产品的高质量服务业迅速发展。

罗斯托在经济史料基础上，通过归纳的方式将增长的历史细分为不同特征的六个阶段，认为经济发展的每个阶段都存在主导产业，主导产业的交替代表阶段的演进，呈现经济从农业到工业再到服务业的成长与发展模式。

## 二、产业转移理论

产业转移理论揭示了发达地区与欠发达地区之间持续规模的产业转移现象出现的原因，涌现了许多代表性研究成果。

本节对产业转移理论的介绍，为第三章理论分析、数理推导产业结构服务化对人力资本的空间溢出效应做好理论准备。

### （一）劳动密集型产业转移理论与产品生命周期理论

劳动密集型产业转移理论、产品生命周期理论对于产业转移现象的分析，都考虑了发达国家要素结构的改变对产业转移的影响。

阿瑟·刘易斯（W. Arthur Lewis）在对制造业发展的论述中，分析了劳动密集型产业转移至发展中国家的原因（刘易斯，2017）。他认为，在经济发展较快的工业国，工业发展的速度前所未有，劳动力从低工资部门转移至高工资部门，但人口增长缓慢，因此低工资劳动力来源枯竭，低工资部门的生产面临成本压力，于是工业国开始在工资水平较低的发展中国家投资低工资部门的生产。在刘易斯的分析中，低工资水平即劳动密集型产业。他认为，劳动密集型产业在国际转移的原因在于发达国家要素禀赋结构的改变。由于发展中国家具有大量剩余劳动力，劳动力要素价格更为廉价，因此与发展中国家相比，发达国家在劳动密集型产业的生产中丧失了比较优势。

雷蒙德·弗农（Vernon，1992）的产品周期理论讨论了工业先行国产业转移的动因。弗农将产品分为三个阶段，即产品创新阶段（location of new products）、产品成熟阶段（the maturing product）和产品标准化生产阶段（the standardized product）。在产品的标准化生产阶段，生产技术失去垄断性，价格竞争取代技术竞争，更低的生产成本驱使工业先行国转移产业至发展中地区，再从发展中国家进口这类产品。弗农的产品周期理论通过对某项产品从兴起到退出市场不同阶段的分析，将工业国的产业转移嵌入产业结构升级过程中，认为向发展中国家转移产品促进了工业国新技术的研发，参与国际分工将优化工业国产业结构。

### （二）边际产业转移理论与雁行形态理论

日本经济学家基于日本产业发展的基本国情，通过论证产业转移的路径，讨论促进本国产业结构升级的方法，形成了一系列产业转移理论。

日本经济学家小岛清（Kojima，1987）在《对外贸易论》中首先阐释了直接投资的三种类型，分别是自然资源导向型、市场导向型和生产要素导向型（小岛清，1987）。自然资源导向型指为获取自然资源在他国投资建厂；市场导向型指由于“技术优势”或者“规模经济”在他国投资开辟市场；生产要素导向型指为了追求更加丰富的劳动要素降低生产成本在他国投资生产。他根据日本对外直接投资的实践指出，日本最先进行对外投资的是边际产业，由此提出边际产业转移理论，认为与发展中国家相比，日本的劳动密集型产业已经处于劣势，属于边际产业。他在研究中将边际产业的概念扩展到“边际部门”“边际企业”，认为日本的中小企业与大型企业相比，比较劣势更为突出，因此在日本式的投资实践中，中小企业的产业转移行为更为普遍。

日本经济学家赤松要（Kaname Akamatsu）在分析日本羊毛工业品的贸易趋势中提出了雁行形态理论（Wild - Geese - Flying Pattern），此后小岛清对这一理论又进行了扩展和深化。该理论认为，后进国技术和资金无法支撑先进产品的研发与生产，只能通过进口满足此类产品的需求，此后通过向先进国家学习提高生产技术，由国内生产替代进口。当这类产品在后进国生产成熟，即可凭借资源禀赋优势向国外出口。雁行形态理论认为，后进国的产业发展遵循“进口—国内生产—出口”的模式，每个环节的发展皆呈现出起步到高潮再到衰落的曲线走势（车维汉，2004）。

与劳动密集型产业转移理论、产品生命周期理论一致，边际产业转移理论和雁行形态理论主张产业转移是建立在比较优势原则之上的，分析的也是发达的产业转出国与欠发达的产业承接国之间的产业梯次传递。不同之处在于，雁行形态理论和边际产业转移理论研究的视角主要针对工业后进国的经济发展，两项理论的建立指导了战后日本产业的发展，较好解释了东亚地区产业转移现象。

### （三）新经济地理学的“核心—边缘”模型

美国经济学家保罗·克鲁格曼（Krugman，1991）建立了核心—边缘模型，奠定了对经济活动进行空间分析的微观基础，是开辟新经济地理学的奠基之作（安虎森，2015）。

核心—边缘模型探讨了产业的空间集聚趋势、分析了人口向大城市迁入的动因。模型假设经济系统存在农业、工业两个部门。农业部门生产的是同质产品并且规模收益不变；工业部门生产的是异质产品，产品的数量与厂商数量相等，每种产品根据规模收益递增的方式生产，且面对的是垄断竞争市场。农业劳动者不能在地区间迁移，但工业劳动者能够在地区间流动。农产品地区间贸易无成本，但工业产品地区间交易需要支付冰山运输成本。在对称均衡的初始条件下，核心—边缘模型描述了地区间的产业转移和要素流动行为。当初始均衡条件因较低的运输成本而被打破，这将驱使厂商选择市场较大的地区作为生产区位。厂商集聚提升了实际工资，吸引人口的流入，而人口的增长扩大了市场需求，这一循环累计过程放大了地区间市场规模大小之间的差异，于是形成了大量人口集聚的核心区，以及人口流失的边缘区。直到人口流动停止，此时出现新的非对称均衡。核心—边缘模型较好地解释了产业在地区间转移的动因以及城镇化水平提高的原因。此后，新经济地理学在该模型基础上衍生出多种模型，聚焦产业集聚、产业转移等经济现象的理论推演、实证分析和政策讨论。

## 三、服务经济理论

产业结构服务化的理论基础涉及服务经济理论。服务经济理论讨论产业结构向服务化演进的一般规律，关注了服务业在高收入经济体国民经济中的主导地位，以及服务业内部各行业的特征差别。

本书第三章以服务经济理论为依据，着重分析服务业内部结构变动引致的产业结构服务化对区域内部人力资本提升的作用机理，以及对人力资本的空间溢出效应。

### （一）富克斯的服务多样性理论

维克多·富克斯（Victor Fuchs）的著作《服务经济》第一次明确地将服务经济学作为单独的研究对象，首次考虑了服务产业（复数形式：services）的多样性，而不仅是作为服务部门（单数形式：service）与商品部门进行对比（江小涓等，2014）。

富克斯将服务业分为批发和零售商业、金融保险和不动产、专业服务和企业性服务、一般政府部门等（富克斯，1987）。他以美国为例，分析第二次世界大战后服务业就业人数的增长情况，发现 1947 ~ 1965 年服务部门就业人数增加 1300 万，服务部门内部各分支行业就业增幅最显著的是专业服务和企业性服务以及一般政府部门。他认为出现这一现象的原因主要有三个方面，一是服务业最终需求增长较快，二是服务业的中间需求相对增长，三是服务部门的生产率较低。

### （二）贝尔的后工业社会理论

美国社会学家丹尼尔·贝尔（Daniel Bell）在《后工业社会的来临》，将人类社会分为前工业社会、工业社会和后工业社会，其中后工业社会即服务经济社会（贝尔，2018）。与钱纳里和库兹涅茨的研究类似，贝尔明确了发展阶段对应的人均收入水平区间，当以 1974 年的美元表示，人均收入在 4000～20000 美元表明进入后工业社会。

贝尔认为，后工业社会有四个显著的特点，一是后工业社会是第三产业或服务业为主导的社会；二是由知识、科学与技术主导；三是专业和技术阶级兴起；四是价值体系和社会控制形式从经济模式转向社会模式。贝尔指出，在从工业社会向后工业社会转变的过程中，服务业内部几种类型服务业的增长趋势存在差异。他观察到在工业社会，辅助生产的服务业快速增长，而在后工业社会，占据主导地位的是医疗、教育、研发等服务类型。例如，贝尔通过回顾美国战后服务业就业人员分布的数据，发现教育领域、医疗领域就业人员数量增长突出，同时教育、医疗、法律、信息等服务行业从业者多具有高等教育学历。

贝尔"后工业社会"理论有助于分析国家经济结构转变的典型事实，他对人力资本与服务业发展关系的论述，为研究服务化进程对人力资本的影响提供有力的理论依据。

### （三）服务业的分类研究

经济学家布朗宁和辛格曼从服务功能出发，将服务分为流通服务、生产者服务、社会服务和个人服务（Browning & Singelman，1975）。其中，流通服务、生产者服务是工业生产的延伸，受工业文明的推动。社会服务和个人服务则主要来自消费者的需求，很大程度上由最终需求推动。具体而言，流通服务包括仓储、交通、通信、批发、零售等活动，商品生产规模的扩大推动流通服务的发展。生产者服务作为商品生产的中间投入，其规模大小一方面取决于商品的生产规模，另一方面取决于社会分工程度的提高和产业组织的复杂性，社会分工越精细、产业组织越复杂，生产性服务业越容易从工业生产中外化出来。社会服务包括医疗、教育、邮政、政府服务等，社会服务的显著集聚主要表现在工业化后期，建立在物质文明高度发展的基础上。个人服务包括餐饮、修理、娱乐休闲等满足消费者需求的家庭服务，多具有最终消费特征，受人均消费水平的制约。

在布朗宁和辛格曼（Browning & Singelman，1975）的研究基础上，H. G. 格鲁伯和 M. A. 沃克（1993）在研究加拿大服务业时指出，可以将经济生产中的一切服务分为消费者服务、政府服务和生产者服务。他们的分类基于每一种服务范畴所适用的经济作用。消费者服务专指消费者在市场购买的服务；政府服务专指政府为消费者提供的服务；生产者服务也称作中间投入服务，服务于商品的进一步生产，能够提高工业生产的生产率、改进商品与其他服务质量。他们指出，生产性服务业在服务业所占比重不一定最大，但却是服务业中增长速度最快的部门。

## 第三节 小　　结

本节首先介绍人力资本提升的理论基础，包括人力资本理论和经济增长理论。重点介绍了人力资本理论的渊源；回顾了人力资本理论先驱舒尔茨、贝克尔和明赛尔的人力资本思想；简要阐述了人力资本的分类研究现状。具体介绍卢卡斯、罗默的内生增长理论，曼昆、罗默和威尔的新古典增长模型以及经济增长对人力资本的反向作用研究，呈现人力资本与经济增长的多重关系。

其次介绍与产业结构服务化相关的理论基础。一是介绍产业结构理论，包括配第—克拉克定律、库兹涅茨法则、钱纳里的“标准产业模式”和罗斯托的经济增长阶段论。二是介绍了与产业结构演进密切相关的产业转移理论，其中源于欧美学派的劳动密集型产业转移理论与产品生命周期理论，以及源于日本学派的边际产业转移理论与雁行形态理论均论及发达地区产业结构顺向演进引致的要素结构变动与产业向欠发达地区转移的经济现象，同时归纳了产业转移研究的微观基础，即新经济地理学“核心—边缘”模型的主要特征。三是简要介绍服务经济理论，包括富克斯对服务多样性的提出、贝尔的后工业社会理论，以及经济学家对服务业的分类研究。

# 第三章　产业结构服务化对区域人力资本提升影响的理论研究

本章综合使用第二章介绍的各类经济学理论，首先分析人力资本特征和产业结构服务化特征；其次设计产业结构服务化对区域人力资本提升影响的理论研究框架，在区域内部、空间视域两个研究范畴下，阐释产业结构服务化影响区域人力资本提升的作用机制；最后系统构建产业结构服务化对区域人力资本提升影响的理论模型，包括在增长理论视角下构建产业结构服务化对区域内部人力资本提升影响的理论模型，以及在新经济地理学经典分析框架下构建产业结构服务化对人力资本空间溢出效应的理论模型。

## 第一节　核心概念特征分析

### 一、人力资本的特征分析

在当代人力资本定义中，《新帕尔格雷夫经济学大辞典》定义人力资本是“体现在人身上的技能和生产知识的存量”（伊特韦尔等，1992），《柯林斯经济学词典》定义人力资本是“为生产性活动贡献‘技术诀窍’的人类知识载体”（克利斯托夫·帕斯等，2008）。多数人力资本研究都同意蕴含知识、技能特征的劳动可视为人力资本，但也有研究将其他内容纳入人力资本范畴中。例如，信息资源就催生了认识经济运动的信息论视角，有研究相应地提出，劳动也具有信息特征，这种特征应纳入人力资本范畴中（冯子标，2000）。

自舒尔茨、贝克尔、明赛尔提出人力资本，经济学家从不同角度阐发这一概念以解释经济现象。如果认为提出“人力可视为资本”，是将此前经济学论述中“对立”的劳动和资本统一起来，[①] 从而创造了人力资本这一新的术语，那么古典经济学中仅以劳动时间衡量的同质的劳动，就成为具有资本增值的质和量差异的各种人力资本。当这一研究视角被经济学界逐渐接受，后续经济学家们就不必重复论述“劳动（人力）是资本”，而是分析知识、技能、经验、健康等劳动特征如何影响资本增值效果。

虽然经济学家不断将新的因素加入人力资本中，但哪些因素可视为人力资本应当符合经济学研究的范畴，即使在相同的研究目的下，对人力资本概念的诠释也不乏相左的观点。比如，曼昆等（Mankiw et al.，1992）指出，不是所有教育支出都产出生产性的人力资本，哲学、宗教、文学等虽然训练人的思维，但仅是一种消费。按照其逻辑，无论是过旧的生产技术，抑或是先进但还未应用的技术，都要从人力资本中剔除。类似地，穆利根和马丁（Mulligan & Martin，1997）指出，接受美德教育（moral philosophy）提高的仅仅是教育的年限，而非生产性的人力资本。与他们相反，贝克尔提出，守时、正直这类美德教育也是资本（Becker，1993），这与曼昆、穆里根等学者的观点并不一致。在不同的研究中，知识、技能、经验、健康，甚至道德等因素中的一项或多项，都被视为人力资本；它们与经济运动的联系，都可以被称为人力资本在经济理论中的应用，但产生的却是实际对象并不相同的各种人力资本的研究成果。对此，诸多经济学家强调了辨析人力资本特征的重要性。比如舒尔茨在讨论人力资本的异质性时曾指出，“对于一般性人力资本和特定企业工人的人力资本的区分是有益的分

① 对于人力资本概念所暗示的劳动和资本的关系，有学者认为，人力资本是劳动与资本的联姻。参见莫志宏：《人力资本的经济学分析》，中国社会科学院2002年博士学位论文，第36页。

析”（舒尔茨，2016）。赫尔普曼（Helpman，2009）认为，如何区别卢卡斯的“人力资本”与罗默的“知识存量”是需要回答的问题。阿吉翁和霍伊特（2004）面对人力资本影响经济增长的多种方式时指出，“当他们谈人力资本时，所指的内容并不一样”。上述经济学家的观点暗示了，哪些因素可视为人力资本并未形成统一认识，相同的人力资本术语下可能囊括并不相同的内容（Bottone & Sena，2011），影响了使用人力资本概念解释经济现象的效果，易引致对人力资本概念及作用的分歧与争论（马红旗和王韧，2014），凸显基于研究目的和研究内容从逻辑上辨析人力资本特征的必要性。

人力资本是资本集合的子集，如果视资本集合中所有元素都具有某种共性特征，那么作为子集，人力资本集合中的元素也应具有这种特征。此外，人力资本集合中的元素还应有其个性特征，即与人不可分割的技能。仅强调子集特征的人力资本定义见诸各类研究中，而根据以上逻辑，将某种人力归于人力资本集合时，倘若其不具有资本集合的特征，它还属于人力资本吗？这是界定人力资本需要注意的问题。符合子集特征的元素并不一定具有资本集合的特征，这似乎是显而易见的——不是所有人力都是资本，但这一逻辑实际上与通常理解的“技能是人力资本”并不相同。具有技能的人力既可能具有资本集合的特征，也可能没有，因此，需要讨论资本的内涵对人力资本概念特征的影响。

在经济学中，什么是资本仿佛是不言而喻的，但实际上资本的定义却是五花八门（Fisher，1906），从中大致可以归纳出，资本具有资本增值特征。如莱昂内尔·罗宾斯对财富的描述，“那天上午 10 点 55 分尚是财富……到 11 点 5 分却不再是……物本身并没有变化……（但）稀缺性不同了”（罗宾斯，2000）。资本也是这样，一种物今天是资本，明天却不一定。

物能否资本增值不是本质的、不变的，而是根据具体社会条件不断改变的。同样，一种人力今天具有资本增值特征，明天却不一定，这可以从劳动力市场中供给与需求的关系表现出来。当人力的供给超过需求，其价格逐渐降低，资本增值特征减弱。以新结构经济学讨论的劳动力结构与产业结构错配的现象为例（林毅夫，2012），虽然教育、培训增加了，但高学历劳动者无法找到相应的就业岗位，只能从事简单劳动，获得较低的工资，此时高知识储备的人力并没有呈现资本增值特征。如果认为技能较为复杂的人力代表更高层次人力资本，那么以上情形就与一些研究讨论的人力投资带来经济增长相矛盾：虽然教育投资增加了劳动者的技能水平，但技能的资本增值能力没有增加，在特定经济环境中，这些投资并没有形成人力资本。

与之相反，当一种人力的供给小于需求，人力的价格（工资）就会升高，资本增值特征增强。以中国农民工“用工荒”现象为例，农村劳动力持续转移以及人口年龄结构改变造成农民工供给不断减少，同时中国经济持续增长中劳动密集型产业对农民工有大量需求（蔡昉和张车伟，2015），造成农民工用工短缺和工资水平提高。在农民工工资水平提高的同时，他们的受教育年限和岗位培训机会未见显著变化。[①] 如果按照“技能即人力资本”的观点，工资提升但技能水平不变，人力资本就没有提升。值得注意的是，舒尔茨提出迁移提高人力资本水平，罗纳德·G. 伊兰伯格、罗伯特·S. 史密斯（2011）进一步阐发，认为迁移引致的环境变更提高了“既定的知识技能储备在劳动力市场上能够获得的价格（工资）”，他们的论述带有这样的逻辑：经济环境的改变使劳动力的工资报酬增加，体现为人力资本水平的提升。具体来说，一是新的供需关系使技能的资本增值特征显著加强，收入不断提高，由此人力资本也随之增加。二是迁移后的外部环境，例如工作环境、与技能匹配度更高的工作内容以及晋升机会等，使技能得到充分发挥，提高人力资本水平。三是新环境丰富的信息资源、人际知识的外溢以及密集的职业培训等学习机制加速提升人力资本水平、减缓人力资本折旧（王智勇，2021）。

可见，无论具有怎样的技能水平，或者形成这种人力需要多少投

---

① 根据国家统计局发布的农民工监测报告，2009 年农民工月均收入 1417 元，2021 年月均收入 4432 元，增长 213%。2009 年农民工监测报告：http：//www. stats. gov. cn/ztjc/ztfx/fxbg/201003/t20100319_16135. html。2021 年农民工监测报告：http：//www. stats. gov. cn/tjsj/zxfb/202204/t20220429_1830126. html。

资和学习时间，当无法为劳动者带来一定的利润，其在经济活动中的表现相较于人力资本，都更接近于古典经济学中的劳动投入。例如国内学者曾指出，劳动力必须投入生产中才能发挥潜能，实现预期增值，否则人力质量再高也只能白白流失（吴宣恭，2005）。有国外的研究甚至放宽了人力资本与生产之间的联系，仅关注人力资本的挣得能力，认为“无论是接受电脑软件培训还是使自己的牙齿变白，都可视为人力资本投资”（Read，2009），其观点将更白的牙齿这种与生产联系较为有限的个体特征，与培训这一常见的人力资本投资形式并列以凸显其观点：增值是人力资本所具有的特征。

基于上述分析，研究提出：虽然劳动力技能水平越高、资本增值特征越强的情形更为普遍，但如果对人力资本的界定仅强调技能水平，那么劳动力无法在生产中创造价值的技能也同样被视为了人力资本，外部环境对人力资本的提升影响也将被忽视，对人力资本的使用和测度或许就偏离了其在经济发展中的实际效益。因此对人力资本的分析需嵌入特定经济发展背景，考虑具体经济环境对劳动力具有技能的资本增值影响。

## 二、产业结构服务化的特征分析

产业结构服务化也被称为经济服务化（王燕武等，2021；方雯，2022；李忠怡，2021），国外学者多用 Servitization、Tertiarization 等词汇表述（Chen et al.，2022），概念起源于对 20 世纪 70 年代发达国家普遍出现的经济结构服务化现象的描述与分析（杜涛，2014）。

对产业结构服务化概念的界定一般从两个方面展开，一是微观的企业发展视角，强调服务化（Servitization）是生产从物质向非物质的动态变换过程（Vansermerwe & Rada，1988）。例如沙拉维茨（Szalavetz，2003）在对制造业发展的研究中使用第三产业化（Tertiarization）一词，强调相较于技术、人才、企业规模等传统因素，会计、法律事务等服务要素对制造业日渐重要，这一界定视角常用于分析制造业的服务化发展趋势。二是宏观的结构演进视角，如李勇坚和夏杰长

（2009）认为从宏观层面看，服务化指产值比重和就业比重不断上升，在国民经济中占据主导性地位。欧洲生活与工作条件改善基金会从就业份额入手，特别强调服务化趋势下女性在第三产业就业中所占份额超过其在第一、第二产业中所占份额（Eurofound，2009）。陈等（Chen et al.，2022）指出中国正在经历快速的服务化过程，服务业产值份额超过农业与制造业。当沿袭宏观的结构演进视角，对产业结构服务化的界定即可从动态、静态两个维度展开。从动态看，产业结构服务化是第一产业产值占 GDP 优势比重逐渐被第二产业，进而被第三产业替代的过程；第一产业就业人口占总就业人口优势比重逐渐被第二产业，进而被第三产业替代的过程。从静态看，产业结构服务化指第三产业产值比重和就业比重在国民经济中占据了主导性地位，代表产业结构层次与水平的发展阶段。

服务业产值、就业占优势比重是产业结构服务化的基本特征，但并非必然是产业结构优化的成果和表现。这是因为服务业内部行业种类繁多，各类服务业的要素密集程度、生产效率等差异较大。即使同表现为服务化的发展趋势，不同类型服务业占比的动态调整决定了产业结构服务化特征的显著不同。因此在具体阐释产业结构服务化特征之前，需要对服务业分类并分析各类服务业特点。

虽然服务业划分的标准较多，但考虑实际生产生活中服务业与其他各类产业的融合趋势，对服务业的分解愈加困难。布莱森和丹尼尔斯（Bryson & Daniels，1998）曾指出，有多少研究者，就有多少种服务分类方法。叠加于此之上的，还有数据获取困难、统计口径不一致等因素。因此对中国服务业的分类多以《国民经济行业分类》（GB/T 4754—2017）为依据，同时借鉴布朗宁和辛格曼（Browning & Singelman，1975）的研究，将服务业分为生产性服务业、消费性服务业和公共服务业三类。（1）生产性服务业指企业因专业化生产而分离产生的产业，服务对象是生产者而非消费者，产出是一种中间性投入；富含知识、技术，劳动生产率较高。（2）消费性服务业的服务对象是消费者，多以劳务产出的方式进行；属于非知识技术密集型产业，劳动密集特征明显，不易进行标准化、规模化、机械化生产，劳动生产率较低。(3) 公共服务业提供公共产品；鉴于公共产品的外部性、公益性质及其价值取向等特点，相较于其他两类服务产业，公共服务业的发展存在一定进入管制和竞争限制；作为知识创造的主要部门，公共服务业是一类知识技术密集型服务产业。

对于生产性服务业、消费性服务业、公共服务业所包含的具体服务行业，国内学者并未形成统一意见。例如对于房地产业是否属于生产性服务业学界存在分歧，一些研究将房地产业划归为生产性服务业（陈晓峰，2020），但也有研究认为房地产业在中国的主要功能是为居民提供住宅，因此应该属于消费性服务业（焦青霞，2017；黄蕙萍等，2020）。此外，有研究根据与制造业的密切关联程度，将零售业划分至生产性服务业（唐晓华等，2018；韩峰和阳立高，2020），但考虑这类产业的劳动密集特征，也有研究认为零售业应属于消费性服务业（宣烨，2019）。

鉴于本书的研究内容是讨论产业结构服务化对人力资本的影响，因此划分存在分歧的服务行业（房地产业、批发和零售业等）主要依据此类行业的平均受教育年限。本书根据《中国劳动统计年鉴》历年数据计算整理发现，2011～2021 年中国房地产业劳动者的平均受教育年限介于 10.7～12.2 年，而批发和零售业以及住宿和餐饮业劳动者的平均受教育年限均未超过 11 年，因此将房地产业划分至生产性服务业，而将批发和零售业划分至消费性服务业。从人力资本密集特征视角对各类服务业做进一步分析：生产性服务业是更高水平人力资本进入商品制造业、消费性服务业和公共服务业的唯一介质，产业发展使用大量人力资本。消费性服务业属于劳动密集产业，入职门槛低，对劳动者素质要求不高，并非人力资本密集型产业。公共服务业中的教育、卫生、文化体育等行业是人力资本投资的重要途径，产出即人力资本投资成果，自身发展对劳动者的素质提出更高要求，属于人力资本密集产业。本书对服务业的划分与张建华和程文（2019）一致，具体分类结果见表 3-1。

表 3－1 生产性服务业、消费性服务业、公共服务业包含的具体行业

| 服务业类型 | 具体行业 | 特征 |
|---|---|---|
| 生产性服务业 | 交通运输、仓储和邮政业；信息传输、软件和信息技术服务业；金融业；房地产业；租赁和商务服务业；科学研究和技术服务业 | 知识技术密集特征显著，人力资本密集型产业 |
| 消费性服务业 | 批发和零售业；住宿和餐饮业 | 劳动密集特征显著，知识技术含量较低，非人力资本密集型产业 |
| 公共服务业 | 水利、环境和公共设施管理业；居民服务、修理和其他服务业；教育；卫生和社会工作；文化体育和娱乐业；公共管理、社会保障和社会组织 | 知识技术密集特征显著，人力资本密集型产业 |

将服务业分为生产性服务业、消费性服务业、公共服务业三类，各类服务业的发展趋势可视为产业结构服务化特征的具体表现。这是因为，服务业的绝对优势地位既可能源自增长从“要素投入驱动”向“技术创新驱动”的重大转变，也可能源自工业化的过早衰退以及制造业的空心化现象。不同原因引致的产业结构服务化表现为服务业内部不同的结构特征，这从生产性服务业的发展趋势可见一斑。

当产业结构向服务化演进的根本原因，是增长动能从“要素投入驱动”向“技术创新驱动”的重大转变，此时产业结构服务化的特征表现为生产性服务业比重的持续攀升并占据绝对优势。例如，西方发达国家产业结构服务化以 4 个 70% 为显著标志，其中之一即生产性服务业占服务业比重高达70%（宣烨，2019），这背后的经济学逻辑可以从两个方面阐述。一方面，随着工业化进一步发展，资源约束趋紧，生产成本逐步提高，要素边际报酬递减，迫切需要以技术创新提高生产效率，转变生产方式。为此，工业企业需要集中力量保持生产的竞争优势，将非核心业务分离出去，诸如金融、保险、租赁、会计、法务、通信、运输、物流等服务于工业生产的业务由外部企业实现，这催生了生产性服务业的发展。生产性服务业的技术密集程度日渐提高，产出在技术方面愈加复杂，在成本方面更加低廉，增加了各类规模企

业对生产性服务业的需求，延伸了产业链条，扩展了利润空间。另一方面，从产业关联互动视角看，随着生产一体化程度的深化以及产业间相互依赖程度的提高，生产性服务业的发展状态在一定程度上体现了制造业与公共服务业的发展势头。生产性服务业与制造业互动密切，制造业为生产性服务业提供需求，是生产性服务业发展的前提与基础；而生产性服务业提供中间投入要素，是制造业生产效率提升的关键所在。两种产业的发展相辅相成，共同促进了产业结构的优化。这意味着，虽然产业结构向服务化演进过程中工业比重相对服务业呈现下降趋势，但较高发展水平的生产性服务业表明，即使在向服务化演进的必然趋势下，工业经济仍然是经济增长的基础和动力（刘志彪等，2021）。此外，生产性服务业的知识技术密集属性形成对先进技术、人力资本的大量有效需求，因此其发展也带动公共服务业人力资本供给能力的提升。

上述分析表明，以生产性服务业蓬勃发展为主要特征的产业结构服务化与工业发展质量密切相关，演进的动因是经济试图冲破报酬递减的“桎梏”，寻求持续的增长，是一种理想的发展轨迹。然而现实中，巴西、阿根廷、墨西哥等拉美经济体陷入“中等收入陷阱”的典型事实却表明，即使服务业比重占据主导，经济增长仍有可能陷入停滞不前，此时的产业结构服务化特征表现为服务业内部结构的失衡以及生产性服务业的迅速萎缩（张建华和程文，2019）。究其原因，受外部技术封锁和自身研发创新能力的不足，拉美经济体工业生产处于全球价值链中低端，劳动价格的提高又使得劳动密集型产业丧失比较优势，逐渐被“挤出”全球产业分工体系。工业实力的削弱降低了对生产性服务业的需求，生产性服务业发展缺乏增长动力，服务业占比的提升由低端服务业不断吸纳从工业析出的大量劳动力和农业剩余劳动力实现（乔晓楠和杨成林，2013）。因此，生产性服务业发展受限的服务化是建立在“过度去工业化”、制造业空心化基础之上，更加贴近鲍莫尔描述的服务业“成本病”情形。虽然消费性服务业发展同样表现出服务化的趋势，但并未实现产业结构的优化，经济效率难以提升，经济增长存在衰退风险。

基于上述分析，研究提出：产业结构服务化表现为服务业产值与就业人员占优势比重，但产业结构服务化并非等同于产业结构的优化。不同原因致使的产业结构服务化对要素积累、资源配置或产生积极的影响、或产生消极的抑制作用，凸显识别产业结构服务化具体特征的必要性。由于产业结构向服务化的演进表现为差异明显的各类服务业量的比例关系，因此对服务化特征的识别，可以从生产性服务业发展趋势上加以考察。当产业结构服务化显著促进生产性服务业发展，产业结构向服务化的演进与产业结构的优化同步。

## 第二节 产业结构服务化对区域人力资本提升影响的理论分析

### 一、理论研究的框架构建

一个地区产业结构服务化不仅会对本区域人力资本产生影响，也会通过空间溢出效应对周边地区人力资本产生影响。从另一个角度分析，区域人力资本能否提升既受到本区域产业结构演化的影响，又与周边地区产业结构动态变化密切相关。只有同时考虑区域内部、空间视域两个研究范畴，才能更加全面地考察产业结构服务化对区域人力资本提升的影响。

图 3－1 是产业结构服务化对区域人力资本提升影响的理论研究框架。假设经济系统有 A、B 两个地区，A 地产业结构通过三次产业演进或者服务业内部各业种比例的变动对区域内部人力资本产生影响；与此同时，A 地产业结构向服务化演进也会通过空间溢出效应对周边 B 地人力资本产生影响。同理，B 地产业结构服务化也会分别通过这两条路径对本地区（B 地）以及周边地区（A 地）人力资本积累产生影响。因此，A 地、B 地两地人力资本的变动趋势可视为受本地区、周边地区产业结构服务化影响的综合体现。

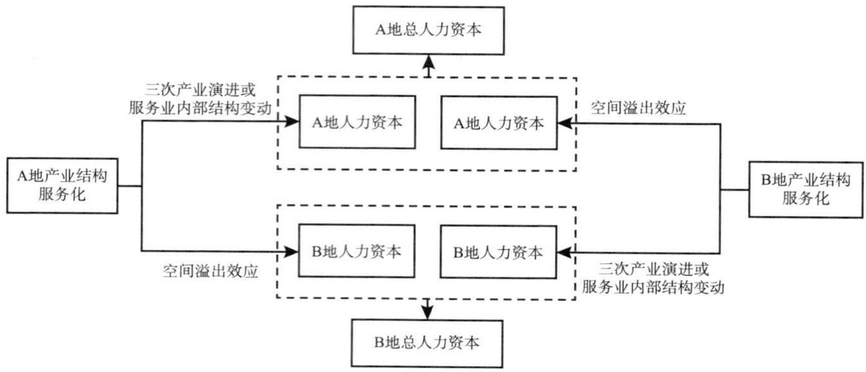


**图 3－1　产业结构服务化对区域人力资本提升影响的理论研究框架**

## 二、对区域内部人力资本提升影响的理论分析

产业结构从农业向工业、再向服务业占优势比重进阶，以及各类服务行业比例关系的变动调整，都会改变市场对劳动技能的需求，对人力资本的质量与数量提出新的要求，对区域内人力资本的水平与结构产生影响。

基于第二章人力资本提升的理论基础以及本章对人力资本的特征分析，参考明赛尔以稀缺性原则分类人力资本的方式，将人力资本分为一般人力资本和特殊人力资本。一般人力资本指投资低教育类型获取的人力资本，这类人力资本直接参与生产，其作用接近于传统经济理论的劳动力要素，供应充足且边际报酬较低；特殊人力资本指投资高等教育、职业教育、职业培训获取的人力资本，例如技能型人力资本、创新型人力资本，除参与生产外，还是技术的生产要素，与技术创新密切相关，供不应求且边际报酬较高。基于第二章介绍的产业结构理论、服务经济理论，以及本章对产业结构服务化的特征分析，将产业发展的生命周期概括地划分为工业化初期阶段、工业化加速发展阶段以及工业化后期阶段，从初期阶段向后期阶段的演进代表产业结构服务化进程。在产业发展、人力资本分类基础上，描述不同阶段产业发展特征和产业结构特征，分阶段讨论产业结构向服务化演进对人力资本量的积累、质的提升，以及对人力资本经济增长效应的影响。

**1. 第一阶段：工业化初期阶段**

工业化初期阶段的主导产业为农业。此时工业生产受限于技术水平，以初级产品制造为主，比较优势产业为劳动密集型、资源密集型产业。由于工业部门相对农业部门呈现高附加值特征，因此吸纳了大量廉价农村剩余劳动力向城市工业部门转移，产业结构从农业占优势比重向工业占优势比重转变。

从生产端分析，虽然工业化初期阶段的劳动力整体知识技术水平有限，但生产对比较优势产业所需技能的需求，凸显这类技能的资本增值特征，且形成了体现区域产业发展特色的人力资本。从消费端分析，工业化初期阶段人均收入处于较低水平，仍以生活必需品消费为主，对能够提升人力资本的教育、健康等服务行业的需求不足。

整体来看，由于生产依靠要素投入而非技术驱动，加上消费领域的局限性，工业化初期产业结构的变化对人力资本的促进作用并未充分发挥，虽然区域内人力资本实现量的增长，但以一般人力资本增长为主，体现人力资本分布、比例特征的人力资本结构表现出低级化水平。这一阶段人力资本作为一种生产要素直接参与生产，促进了经济增长。

**2. 第二阶段：工业化加速发展阶段**

工业化加速发展阶段的主导产业为工业。此时技术在工业领域的应用提升了全要素生产率，传统工业与新兴工业迅速扩张，对劳动力的需求持续增长，产业结构由工业代替农业在国民经济中占据主导地位。工业发展形成的物资储备与技术储备是服务业发展的基础，因此服务业的产值比重和就业比重在这一阶段开始上升。

工业化加速发展阶段产生的多种效应将提升人力资本。从生产端分析，一是通过工资溢价效应带动人力资本提升。当工业快速发展，企业由于前期源源不断地从农业获取劳动供给，廉价的供给价格与劳动边际生产率之间的差额形成超额利润，工资因分享了一部分利润而增长。这在市场上释放出信号，吸引劳动者、企业以及高校和政府等行为主体紧扣高工资特征的岗位技能需求，定向进行教育、培训，积累与地区产业发展相适宜的人力资本。二是通过技能偏向型技术变化效应带动人力资本提升，即技能与技术之间的互补是解释劳动力需求转向更具有技术含量的熟练劳动的关键所在（拉加和谢科特，2011）。一方面，企业获取的超额利润形成资本积累，因此有实力引进技术、研发技术，增强生产的技术水平；另一方面，生产依靠技术开始呈现规模化与分工精细化特征，工业的壮大带动知识技术密集的生产性服务业发展。社会生产逐渐偏好高知识、高技能储备的劳动力，相应的对劳动力的素质提出更高的要求，因此满足岗位技能需求的过程可视为提升人力资本水平的过程。从消费端分析，工业化加速发展阶段伴随着人均收入水平的提高，社会对提高身心素质和生活水准的服务行业产生需求，教育、医疗卫生、文化等公共服务业得到发展，由此形成消费需求带动效应。鉴于公共服务业兼具人力资本培育功能，因此社会中的教育人力资本、健康人力资本水平因消费需求的扩大而得到提升。

整体来看，当工业代替农业成为主导产业，源自生产端、消费端的三种效应使工业化加速发展阶段的人力资本得到提升。由于此时传统劳动密集型产业和新兴产业并存，因此一般人力资本和特殊人力资本均呈现量的增长态势；且因特殊人力资本的增加，区域人力资本结构得以优化，由低级化向高级化过渡。这一阶段两类人力资本既延续了其在工业化初期阶段作用于经济增长的方式，同时由于技术研发和应用，特殊人力资本作为技术创新的原动力间接作用于经济增长，人力资本成为经济发展的重要支撑。

**3. 第三阶段：工业化后期阶段**

工业化后期的主导产业为服务业。根据发达国家产业转型升级规律，工业化后期的发展依靠技术驱动。技术创新日新月异、技术革新步伐加快、技术设备投资增长显著，引致农业、工业向智能化、数字化、网络化改造，“机器换人”成为企业利润最大化的选择，重复性、繁重性的劳动被机器替代，生产降低用工需求，但对法务、金融、管理、科学研究等服务行业的需求增加。特别是制造业，分离内部服务活动的趋势日益明显。作为制造业内部活动的外化，生产性服务业迅速发展。在这一产业发展特征下，服务业取代工业在国民经济中占据主导地位，产业结构进入服务化发展阶段。

从生产端分析，先进的智能化技术在农业、工业领域的应用对劳动力产生排斥，因此技术革新与就业增加呈现替代关系。不具备比较优势的劳动力从工业部门淘汰，流向服务行业。鉴于生产性服务业的知识技术密集属性，工资水平更高，因此在技能偏向型技术变化效应和工资溢价效应影响下，生产性服务业发展趋势决定产业结构服务化对人力资本影响的强弱。一方面，当生产性服务业高速发展、比重在服务业中占据优势，参与行业生产的劳动力也因满足了高技能、高知识的岗位需求提升了自身人力资本水平。另一方面，生产性服务业与制造业的产业关联，拓展了生产效率的提升空间，形成更多高质量就业岗位，进一步扩大经济发展对以技能型、创新型人力资本为代表的特殊人力资本的需求。此外，生产性服务业能否有效提升人力资本，还需要公共服务业的发展与支持。公共服务业为转移的劳动力匹配知识技术密集岗位、从一般人力资本转为特殊人力资本提供渠道与途径。倘若公共服务业发展滞后，则无法缓解劳动力市场的结构性错配问题，削弱生产性服务业对人力资本的促进作用。与工业领域相反，技术与就业在服务行业具有的是互补而非替代关系，技术与消费性服务业的深度融合将改变低效生产方式，抑制消费性服务业对人力资本提升的不利影响，并放大生产性服务业、公共服务业的人力资本积累作用。从消费端分析，收入水平的持续提高将进一步扩大消费数量，新的消费形式和消费意识呈现出多样化的消费需求和不断升级的消费结构，教育、健康等更高层次的非物质消费驱动公共服务业充分发挥对人力资本的提升作用。

整体来看，当服务业代替工业成为主导产业，工资溢价效应、技能偏向型技术变化效应以及消费需求带动效应将继续提升区域内部人力资本。生产性服务业更富含知识技术的要素密集特征以及其与制造业、公共服务业的产业关联对人力资本积累产生显著促进作用，行业发展具有人力资本积累效应。特别是特殊人力资本量的增加将显著提升人力资本水平，而占比的提高将使人力资本结构呈现高级化发展趋势。由于在工业化后期，生产离前沿技术越接近，引进技术的难度越大，自主研发对经济增长的作用更加重要，因此这一阶段人力资本的作用，更加清晰地表现为特殊人力资本在尖端技术的创新研发中发挥的不可替代的作用。

特别需要注意的是，当服务化趋势由消费性服务业扩张引致，这将对生产性服务业发展形成一定程度的挤压，制造业升级缺少持续动力，生产存在“过早去工业化”以及“脱实向虚”倾向，易陷入中等收入陷阱。从生产端分析，此时劳动力会源源不断地被消费性服务业吸纳，鉴于消费性服务业的劳动密集属性，其规模扩张使服务化趋势无论在量的积累还是质的提升方面，对人力资本产生的促进作用均不显著，抑制区域人力资本有效提升。从消费端分析，由于收入水平难以实现跨越式增长，通过人力资本投资提升区域人力资本的动力不足。虽然产业结构依旧呈现服务化特征，但由于是消费性服务业量的扩张推动实现的，因此产业并未真正实现结构的演进与优化，限制了服务化对区域人力资本提升的带动作用。

图 3 - 2 呈现了产业结构向服务化演进对区域内部人力资本提升影响的阶段性特征。研究认为，从工业化初期到工业化加速发展时期，再到工业化后期，产业结构服务化依托生产端与消费端的三种效应，整体提升区域内人力资本的水平与结构。人力资本作用于经济增长的方式从普通生产要素延伸至技术创新的源泉，成为经济增长的引擎。当服务业的产值比重和就业人员比重占据绝对优势，产业结构呈现出服务化趋势，经济发展是否真正进入工业化后期取决于服务业内部结构的动态调整。鉴于生产性服务业的发展状态可视为检验经济发展的水平与高度（刘志彪等，2021），当生产性服务业蓬勃发展，同制造业、公共服务业的协同集聚水平较高，产业结构服务化代表产业结构的优化，对人力资本积累产生正向促进作用。反之，当消费性服务业迅速扩张，而生产性服务业发展疲软，产业结构的变化并未实现产业结构的优化，对人力资本积累无显著促进作用。生产性服务业的发展趋势可视为甄别产业结构服务化提升区域内部人力资本的传导机制。

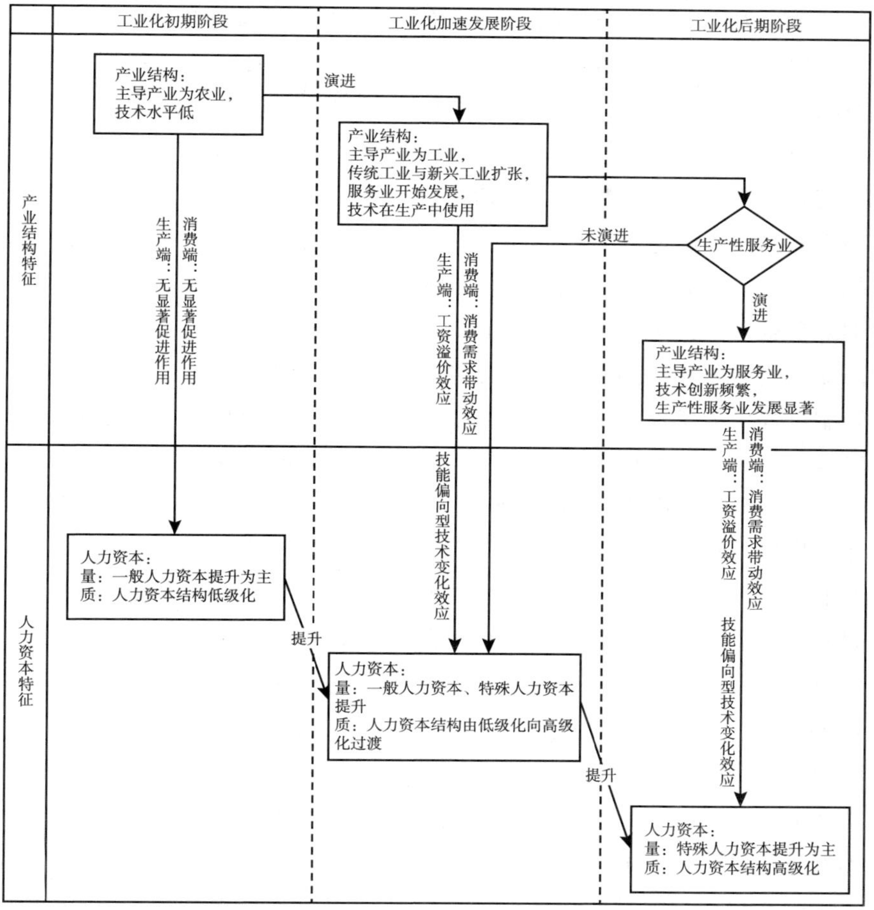


**图 3-2　产业结构向服务化演进对区域内部人力资本提升影响的阶段性特征**

## 三、对人力资本空间溢出效应的理论分析

根据产业转移理论的观点，发达地区产业结构的升级伴生着产业转移现象，因此通过引入产业转移因素，建立产业结构服务化与人力资本的空间关联。考虑到产业转移现象表现为发达地区转出、欠发达地区转入，因此以发达地区产业结构服务化推动本地区产业转出作为分析的逻辑起点，从动态的、发展的视角阐释产业结构服务化影响周

边地区人力资本的作用机制，相关经济学逻辑表述如下。

发达地区产业结构服务化会促进产业向周边后发地区转移。究其原因，一是由于要素禀赋差异引致比较优势变化。发达地区早期由于要素禀赋、政策扶持、地理区位等因素率先发展，随着工业化水平的提高和城镇化进程的加快，劳动力成本不断攀升，逐渐失去劳动密集型产业的比较优势。与此同时，传统制造业的生产面临资源约束的挑战，亟待向劳动力、土地价格更加廉价的周边地区转移。产业转移能够降低企业的边际成本，增加利润，实现生产设备价值最大化。二是产业结构向服务化转型后的必然结果。发达地区在产业结构向服务化转型过程中为了保持竞争力，需要发展价值链更加高端的技术密集型产业，生产技术的更新换代迫使现有技术向异地转移以实现“腾笼换鸟”。技术的发展往往能够延伸产业链，促进与主导产业相关的配套产业的发展。在资源有限的前提下随着配套产业规模的不断扩大，部分产业离开发达地区实现生产要素在地理空间上的优化；与此同时，从研发到售后的各个环节对利润的追逐突破地理与行政界限，实现产业转移。三是缓解产业过度集聚造成的不经济，缩小地区间发展差距的重要路径。发达地区产业结构服务化过程产生了资源要素集聚效应，吸引大量劳动力转入、资本投资以及产业集聚。但产业的过度集聚可能造成产业同构、地区拥堵、环境污染、生产成本与交通成本增加等不经济现象。政府通过制定相关产业政策，从宏观上引导、支持产业在区际转移，缓解发达地区产业过度集聚引致的低效发展状态，同时通过产业转移缩小地区间发展差距，实现区域间的联动发展。

当地区间处于不同产业发展阶段，如发达地区处于工业化后期，而周边地区处于工业化初期，产业转移能够形成产业发展的优势互补，带动欠发达的周边地区产业结构的跃升以及服务业的发展（赵博宇，2020）。这是因为，虽然转移的产业对于发达地区是技术含量较低、被淘汰的产业，但鉴于周边地区经济基础薄弱，承接从发达地区转移的落后项目仍然能够获取技术溢出，是提升生产技术水平的有效途径，继而对劳动技能提出递增的需求，改变了地区人力资本存量特征与结构特征，产生正向的空间溢出效应，即示范效应。具体途径可归纳为三种方式。一是职业培训。周边地区劳动者受教育水平整体不高，所具有的技能无法适应承接转移产业的需要，为更快适应新的工作内容，承接地企业与政府通常采用职业培训的人力资本投资方式。职业培训周期较短，紧扣市场需求，更快、更有针对性地提高劳动者的技能水平与劳动素质。二是干中学。转移企业为周边地区带来新的组织形式，更加高效的管理模式，以及更为先进的生产技术，预示着“干中学”实践平台的高端化趋势（马红旗和王韧，2014）。周边地区劳动力在实际生产过程中，在示范、交流、学习、合作过程中边干边学实现劳动技能的提高。三是自发投资行为。转移产业提高了周边地区各类生产要素的价值，当劳动力分享了经济增长的成果，自身具有的劳动技能的资本增值特征增加，相对工资的提高形成了利益导向，成为中低收入劳动力进行教育、健康投资的正向激励。值得注意的是，发达地区产业结构服务化也会抑制周边地区人力资本提升。一是在发展过程中，周边地区劳动力、土地等要素的比较优势开始丧失，技术要素逐渐丰富，通过承接劳动密集型、资本密集型产业提升人力资本的空间越来越小。二是周边地区形成了依靠产业转移发展的路径依赖与技术依赖，自主创新的实力较弱：企业在技术研发、产学研合作方面的主体作用还未充分发挥；政府在科研院所规划建设、人才引培政策实施、创新氛围营造等方面还有进一步提升空间。三是周边地区承接了技术密集型产业，也会因为技术水平与现有人力资本不匹配、人力资本贬值过快、劳动力极化等现象削弱人力资本投资热情（李尚骜等，2011）。种种原因使得发达地区产业结构服务化对周边地区人力资本产生负向的空间溢出效应，即侵蚀效应。

当发达地区与不断赶超的周边地区在产业结构、技术水平、人均收入、人力资本等方面的差距逐渐收敛，比如同处于工业化后期，地区间便形成了竞争关系。发达地区为了抢占产业发展制高点，保持并深化其在价值链的高端地位，通常不会向周边地区转出高附加值的技术密集型产业；而对于此时的周边地区来说，承接劳动密集型、资源密集型产业已不再是最优选择，因此区际产业转移发生的概率较小。当发达地区通过技术升级等实现了产业结构服务化的进一步深化，特殊人力资本相对边际报酬的增加提高了投资收益。由于追求经济收益的最大化是决定迁移行为的最直接、最重要动机（蔡昉和张车伟，2015），此时周边地区人力资本因知识技能水平已经有了显著提升，因此向发达地区流动无须支付过多人力资本投资成本即可在一定程度上保证异地就业，这无疑增加了周边地区人力资本，特别是特殊人力资本迁移至发达地区的可能性（Kooiman et al.，2018；阮荣平等，2011；Di & Stryszowski，2009）。除预期收入因素，周边地区特殊人力资本为寻求与自身高技能、高知识储备更加匹配的工作内容迁移至发达地区，获取良好的工作环境和职业发展前景，接受优质的公共服务，又进一步增强自身人力资本水平（王智勇，2021），提升发达地区人力资本实力。上述分析表明，当两地发展差距逐渐缩小，利益导向等多种因素会吸引周边地区人力资本向发达地区流动，对周边地区人力资本提升和积累产生负向的空间溢出效应，即虹吸效应。发达地区产业结构服务化也会对赶超的周边地区人力资本产生正向的空间溢出效应，这也是一种示范效应。一方面，虽然发达地区有动机通过知识产权等方式对核心技术加强保护，但知识与技术仍可能通过间接水平溢出、垂直溢出等方式扩散至周边地区（陈占明等，2022；杨红丽和陈钊，2015），技术的溢出促进周边地区人力资本的提升。另一方面，发达地区产业结构服务化引致的人力资本回报率的提升，以及人力资本显著的经济增长效应将带动周边地区提高人力资本水平，以创新驱动经济发展。

综上所述，随着周边地区经济发展水平的动态变化，发达地区产业结构服务化对周边地区人力资本存量的增加、结构的改善产生了多种效应交织的复杂影响。如图3－3所示，当发达地区与周边地区经济发展差距较大，发达地区产业结构服务化伴随着产业转移行为，处于工业化初期的周边地区承接了转移的产业，技术溢出提高了周边地区产业结构的高度与生产的技术水平，继而通过多种途径提升人力资本，此时发达地区的产业结构服务化对周边地区的人力资本积累产生了示范效应。在带动周边地区人力资本提升的同时，产业转移也会引致周边地区形成发展的路径依赖、过高的技术水平与现有人力资本水平的不匹配，以及人力资本折旧加速等现象，不利于人力资本的积累，产生侵蚀效应。随着周边地区产业结构的演化，当两地产业发展差距逐渐收敛，发达地区产业结构服务化对周边地区人力资本产生虹吸效应，与此同时，释放的发展红利将激励周边地区通过创新带动人力资本发展，产生了正向的示范效应。

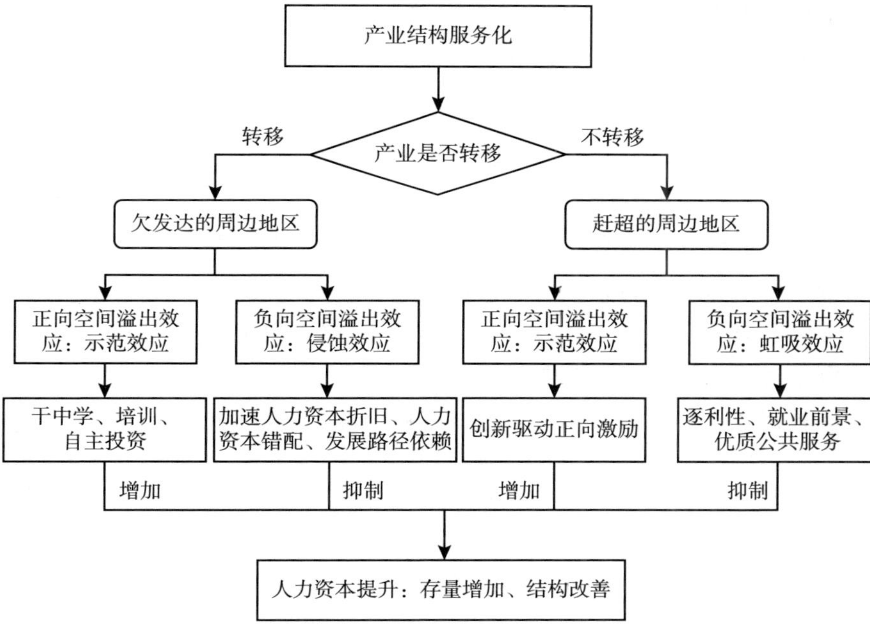


**图 3－3　产业结构服务化对人力资本的空间溢出效应**

## 第三节　产业结构服务化对区域人力资本提升影响的理论模型构建

### 一、对区域内部人力资本提升影响的理论模型构建

在理论分析基础上，考虑到中国区域经济发展不平衡、不充分现

状，本节基于经济增长理论，构建产业结构服务化对区域内部人力资本提升影响的理论模型，采用数理经济学方法阐释产业结构向服务化转型对区域内部人力资本以及人力资本经济增长效应的影响。

假设地区包含 u 和 s 两类生产部门，其中 u 部门知识技术水平和生产效率较低，s 部门知识技术水平和生产效率较高。两类生产部门的设定代表生产效率存在差异的两种产业。本节的分析以 u 部门表示消费性服务业、以 s 部门表示生产性服务业，两部门生产函数的表达式为：

$$Y_u = A_u(H_{u1})F(H_{u0}, H_{u1}, K_u) \tag{3-1}$$

$$Y_s = A_s(H_{s1})G(H_{s0}, H_{s1}, K_s) \tag{3-2}$$

假设模型包含物质资本 $K_i$、一般人力资本 $H_{i0}$、特殊人力资本 $H_{i1}$ 三种生产要素，i 代表产业，i = u，s。$A_i$（$H_{i1}$）为技术水平，由特殊人力资本 $H_{i1}$ 决定，且 $A_s(H_{s1}) > A_u(H_{u1})$，这一设定方式体现了特殊人力资本对技术创新、技术应用的重要作用。

根据式（3-1）~式（3-2），u 和 s 的人力资本边际报酬分别为：

$$\rho_{u0} = \frac{\partial Y_u}{\partial H_{u0}} = A\frac{\partial F}{\partial H_{u0}} \tag{3-3}$$

$$\rho_{u1} = \frac{\partial Y_u}{\partial H_{u1}} = F\frac{\partial A}{\partial H_{u1}} + A\frac{\partial F}{\partial H_{u1}} \tag{3-4}$$

$$\rho_{s0} = \frac{\partial Y_s}{\partial H_{s0}} = A\frac{\partial G}{\partial H_{s0}} \tag{3-5}$$

$$\rho_{s1} = \frac{\partial Y_s}{\partial H_{s1}} = G\frac{\partial A}{\partial H_{s1}} + A\frac{\partial G}{\partial H_{s1}} \tag{3-6}$$

假设物质资本可以自由流动，两部门物质资本的利润率 $r = A \cdot \partial F/\partial K_u = A \cdot \partial G/\partial K_S$。

总产出为 $Y = Y_u + Y_s$，总产出增长率可表示为：

$$\frac{\dot{Y}}{Y} = \frac{dY/dt}{Y} = \frac{d(Y_u + Y_s)/dt}{Y_u + Y_s} = \frac{1}{Y_u + Y_s}\left(\frac{dY_u}{dt} + \frac{dY_s}{dt}\right)$$

$$= \frac{Y_u}{Y_u + Y_s} \times \frac{\dot{Y}_u}{Y_u} + \frac{Y_s}{Y_u + Y_s} \times \frac{\dot{Y}_s}{Y_s} \tag{3-7}$$

其中 $Y_u/(Y_u+Y_s)$、$Y_s/(Y_u+Y_s)$ 分别代表 u 部门、s 部门的产出份额。根据式（3－3）~式（3－6）计算整理可得：

$$\frac{Y_u}{Y_u+Y_s}\times\frac{\dot{Y}_u}{Y_u}=\left[F\frac{\partial A}{\partial H_{u1}}\times\frac{\partial H_{u1}}{\partial t}+A\times\left(\frac{\partial F}{\partial H_{u0}}\times\frac{\partial H_{u0}}{\partial t}+\frac{\partial F}{\partial H_{u1}}\times\frac{\partial H_{u1}}{\partial t}+\frac{\partial F}{\partial K_u}\times\frac{\partial K_u}{\partial t}\right)\times\frac{1}{r}\right]\times\frac{1}{Y}$$
$$=\frac{\rho_{u0}\times\dot{H}_{u0}}{Y}+\frac{\rho_{u1}\times\dot{H}_{u1}}{Y}+\frac{r\times\dot{K}_u}{Y}$$
$$=\frac{\rho_{u0}\times H}{Y}\times\frac{H_{u0}}{H}\times\frac{\dot{H}_{u0}}{H_{u0}}+\frac{\rho_{u1}\times H}{Y}\times\frac{H_{u1}}{H}\times\frac{\dot{H}_{u1}}{H_{u1}}+\frac{r\times K}{Y}\times\frac{\dot{K}_u}{K} \tag{3-8}$$

同理：

$$\frac{Y_s}{Y_u+Y_s}\times\frac{\dot{Y}_s}{Y_s}=\frac{\rho_{s0}\times H}{Y}\times\frac{H_{s0}}{H}\times\frac{\dot{H}_{s0}}{H_{s0}}+\frac{\rho_{s1}\times H}{Y}\times\frac{H_{s1}}{H}\times\frac{\dot{H}_{s1}}{H_{s1}}+\frac{r\times K}{Y}\times\frac{\dot{K}_s}{K} \tag{3-9}$$

由于 s 部门技术水平较高，因此创造更多利润。鉴于特殊人力资本相较于一般人力资本具有更高的生产效率，因此特殊人力资本的边际报酬大于一般人力资本。为简化后续数学过程，令 u 部门特殊人力资本的边际报酬与 s 部门一般人力资本的边际报酬相等，$\rho_{u0}<\rho_{u1}=\rho_{s0}<\rho_{s1}$。

令长期均衡状态下边际报酬之比 q 为：

$$q=\frac{\overline{\rho_{u1}}}{\overline{\rho_{u0}}}=\frac{\overline{\rho_{s1}}}{\overline{\rho_{s0}}}=\frac{\overline{\rho_{s1}}}{\overline{\rho_{u1}}} \tag{3-10}$$

当考虑了人力资本的转移成本，$q>1$。参考周少甫等（2013）假设两部门向均衡状态调整的速度为 φ，人力资本转移概率 p 由边际报酬之比、q 以及 φ 决定：

$$p=\frac{\varphi\left(\frac{\rho_{u1}}{q\rho_{u0}}-1\right)}{1+\varphi\left(\frac{\rho_{u1}}{q\rho_{u0}}-1\right)}=\frac{\varphi\left(\frac{\rho_{s1}}{q\rho_{s0}}-1\right)}{1+\varphi\left(\frac{\rho_{s1}}{q\rho_{s0}}-1\right)}=\frac{\varphi\left(\frac{\rho_{s1}}{q\rho_{u1}}-1\right)}{1+\varphi\left(\frac{\rho_{s1}}{q\rho_{u1}}-1\right)} \tag{3-11}$$

整理得到两部门一般人力资本、特殊人力资本边际报酬之间的关系：

$$\rho_{s1}=\rho_{s0}\times q\times\left(1+\frac{1}{\varphi}\times\frac{p}{1-p}\right)$$

$$\rho_{s1}=\rho_{u1}\times q\times\left(1+\frac{1}{\varphi}\times\frac{p}{1-p}\right)$$

$$\rho_{u1}=\rho_{u0}\times q\times\left(1+\frac{1}{\varphi}\times\frac{p}{1-p}\right) \tag{3-12}$$

令初始状态下 $\lambda=\rho_{u0}\cdot H/Y$，且：

$$\alpha=\frac{\rho_{u1}}{\rho_{u0}}=\frac{\rho_{s1}}{\rho_{s0}}=\frac{\rho_{s1}}{\rho_{u1}}=q\times\left(1+\frac{1}{\varphi}\times\frac{p}{1-p}\right)>q \tag{3-13}$$

则式（3-7）可表示为：

$$\frac{\dot{Y}}{Y}=\lambda\times\frac{H_{uo}}{H}\times\frac{\dot{H}_{u0}}{H_{uo}}+\lambda\alpha\times\frac{H_{u1}}{H}\times\frac{\dot{H}_{u1}}{H_{u1}}+\lambda\alpha\times\frac{H_{s0}}{H}\times\frac{\dot{H}_{s0}}{H_{s0}}$$

$$+\lambda\alpha^2\times\frac{H_{s1}}{H}\times\frac{\dot{H}_{s1}}{H_{s1}}+\frac{r\times K}{Y}\times\frac{\dot{K}}{K} \tag{3-14}$$

假设技术水平 $A_i$ 是阶梯函数，$A_i$ 跃升至 $A_i^*$，$Y(A_i)$ 增长至 $Y(A_i^*)$，但要支付诸如引进技术或人才等成本 $C(A_i^*)$。$Y(A_i^*)-Y(A_i)>C(A_i^*)$ 代表 i 部门向生产效率更高水平升级，资源配置的有效性得到提高，人力资本的投资效率因此提升，表现为部门之间人力资本的边际报酬之比的改变，利益导向驱动人力资本在部门间转移。假设新技术普及使生产性服务业 s 部门的技术水平跃升至 $A_s^*(H_{s1})$，$A_s^*(H_{s1})>A_s(H_{s1})>A_u(H_{u1})$。技术升级带动生产性服务业全要素生产率的提升，生产性服务业产出份额增加，集聚特征更加明显，呈现出产业结构服务化的发展趋势。

根据式（3-4）和式（3-6）得：

$$\frac{\rho_{s1}^*}{\rho_{u1}}=\left(G\frac{\partial A^*}{\partial H_{s1}}+A^*\frac{\partial G}{\partial H_{s1}}\right)\Big/\left(F\frac{\partial A}{\partial H_{u1}}+A\frac{\partial F}{\partial H_{u1}}\right)=\alpha^*>q \tag{3-15}$$

新技术的使用为 s 部门带来更多附加值，$\rho_{s1}$ 增长至 $\rho_{s1}^*$，$\rho_{s1}^*/\rho_{u1}=\alpha^*$。由于 $\alpha^*>\alpha>q$，即初始状态的 $\alpha$ 增长到 $\alpha^*$，$\alpha^*$ 大于均衡状态下的 q。根据式（3-13），$\alpha$ 与人力资本转移概率 p 同向变化，相应的 p 增加至 $p^*$，吸引更多劳动者由消费性服务业部门转移至生产性服务业部门的高知识技术岗位就业，特殊人力资本数量增长、在总人力资本中的比重增加，经济系统的人力资本水平与结构提升显著。此外，由于边际报酬体现边际生产率，根据式（3-14），$\alpha$ 的增长代表人力资本对经济增长的贡献更大。反之，当 s 部门技术水平不变，产业结构的服务化水平不变，随着经济向均衡状态运动，初始状态的 $\alpha$ 不断减少并收敛至均衡状态下的 q，此时市场缺失人力资本投资的利益导向，人力资本对产出的作用逐渐下降至均衡状态。根据式（3-14），由于 $\alpha^2\lambda > \alpha\lambda > \lambda$，表明特殊人力资本对经济的积极影响衰减得更快。基于此，提出待检验的假说 H1：

H1：产业结构服务化提升了人力资本水平，促进人力资本的经济增长效应发挥。

上述产业结构服务化是以技术提升促进生产性服务业产值份额增加为特征的，因此，生产性服务业可视为产业结构服务化作用于本地区人力资本的传导机制。基于此，提出的待检验的假说 H2：

H2：产业结构服务化促进生产性服务业发展，进而提升人力资本。

## 二、对人力资本空间溢出效应的理论模型构建

在理论分析基础上，考虑到中国区际间产业转移活动频繁、人力资本向发达地区集聚等发展现状，本节在新经济地理学分析框架下，构建产业结构服务化对人力资本空间溢出效应的理论模型，采用数理经济学方法，重点阐释产业结构服务化对人力资本产生的示范效应和虹吸效应。

### （一）模型的基本假设和初始均衡状态

#### 1. 基本假设

与产业结构服务化对区域内部人力资本提升影响的理论模型一致，设某经济系统存在三种生产要素，一般人力资本、特殊人力资本、物质资本。一般人力资本在两地无限供给，而其余两要素可通过支付成本在区域间流动。设存在两种产业，传统产业仅使用一般人力资本，

并满足瓦尔拉斯一般均衡条件；现代产业投入物质资本和特殊人力资本，满足迪克希特—斯蒂格利茨垄断竞争模型假设：垄断竞争厂商以利润最大化定价，均衡时厂商利润为零。

将前面对区域内部人力资本提升影响的理论模型扩展至多区域经济系统中，假设经济系统存在非对称的A、B两地区。A地区收入更高，且具有产业结构服务化的特征，表现为现代企业数量多于B地区。设存在冰山成本，传统产业产品的区际贸易没有成本，现代产业产品异地销售需要支付冰山成本$\tau$（$\tau>1$），因此j地现代产业产品的异地销售价格为$\tau\times p_j$。

非对称的A地、B地满足以下关系：

$$\begin{cases} n_A = N\times s_A > N\times s_B = n_B \\ p_A > p_B \\ w_A > w_B = w^* \\ w_A = q\times h\times w^* > w_B = h\times w^*,\ q>1 \end{cases} \tag{3-16}$$

其中，$n_j$为两地区现代产业企业数量，设现代产业企业总数为定值$n_A+n_B\equiv N$，且设A地的现代产业企业数量$n_A=N\times s_A$始终多于B地$n_B=N\times s_B$。$s_j$为某地区现代产业企业占现代产业企业总数的比例，$j=A、B$，$s_j=n_j/N$。设现代产业产品在A地的价格$p_A$始终高于在B地的价格$p_B$。因传统产业劳动力无限供给，设其在两地的名义工资同为$w^*$；令A地现代产业劳动力工资$w_A=q\times h\times w^*$，B地现代产业劳动力工资$w_B=h\times w^*$，其中q为两地收入水平之比。

通过以下设计表示技能与工资的关系：一般人力资本为单位1，特殊人力资本具有的高技能是其h倍。工资与技能在两地具有不同线性关系。这意味着，因A、B两地经济发展水平不同，具有相同技能h的劳动力在两地的工资不同，$w_A=q\times w_B$。这一假设与本书对人力资本的特征辨析相吻合。鉴于人力资本流动由劳动力流动实现，因此在接下来的分析中，在可互换的意义上使用劳动力流动与人力资本流动。

**2. 初始均衡状态下的消费者行为**

消费者有两层偏好，一层是对所有产品具有柯布—道格拉斯效用函数，另一层是对现代产业产品具有常替代弹性效用函数，数学形式如下：

$$U_j = C_{Tj}^{1-\mu} C_{Mj}^{\mu},\ C_M = \left(\sum_{i=1}^{N} c_{ij}^{\frac{\sigma-1}{\sigma}} di\right)^{\frac{\sigma}{\sigma-1}},\ j = A,\ B,\ \sigma > 1 \tag{3-17}$$

其中，j 地表示地区 A 或 B，C 代表消费量，T 代表传统产业，M 代表现代产业，$C_{Tj}$、$C_{Mj}$分别代表消费者对 j 地传统产业产品、现代产业产品组合的消费需求，i 代表现代产业具体产品类型，$c_{ij}$代表 j 地 i 类现代产品的具体消费量。σ 为两种产品的替代弹性，μ 代表现代产业产品支付份额。消费者根据预算约束实现效用最大化：

$$\begin{cases} \max\left(\sum_{i=1}^{N} c_{ij}^{\frac{\sigma-1}{\sigma}} di\right)^{\frac{\sigma}{\sigma-1}} \\ s.t.\ \sum_{i=1}^{N} p_{ij} \times c_{ij} = \mu \times E_j \end{cases} \tag{3-18}$$

建立拉格朗日方程后，求得消费量：

$$c_{ij} = \frac{p_{ij}^{-\sigma} \times \mu \times E_j}{P_{Mj}^{1-\sigma}},\ P_{Mj}^{1-\sigma} = \int_0^N p_i^{1-\sigma} di \tag{3-19}$$

假设劳动力全部收入用于支出而不考虑储蓄，且传统产业劳动力其收入相对现代产业极低，故仅考虑现代产业劳动力收入，则某地总收入可近似表示为 $E_j = n_j \times w_j$。μ 代表支付给现代产业产品的消费份额。$P_{Mj}^{1-\sigma}$为消费者面临的本区域现代产业产品的价格指数，$p_{ij}$代表 j 地 i 类现代产品的价格。在 A 地，$P_{MA}^{1-\sigma} = n_A \times p_{iA}^{1-\sigma} + n_B \times \tau \times p_{iB}^{1-\sigma}$；在 B 地，$P_{MB}^{1-\sigma} = n_A \times \tau \times p_{iA}^{1-\sigma} + n_B \times p_{iB}^{1-\sigma}$。

**3. 初始均衡状态下的生产者行为**

在市场出清条件下，企业产量由两地消费者的最优消费量决定，以 $c_{ij}$表示本地消费者销售量，$c_{ij}^*$ 表示异地消费者销售量，$\pi_{ij}$表示厂商利润，$r_j$ 表示物质资本投资收益。企业利润最大化行为可表示为：

$$\begin{cases} \max \pi_{ij} + r_j = (p_{ij} - w_j) \times x_{ij} \\ s.\ t.\ x_{ij} = c_{ij} + c_{ij}^* \end{cases} \tag{3-20}$$

建立拉格朗日方程，得到初始均衡状态下 j 地企业价格：

$$p_j = w_j \Big/ \left(1 - \frac{1}{\sigma}\right) \tag{3-21}$$

由式（3－21）可知，企业定价与产品类型无关，因此可去掉下标 i。

描述 A 地企业向 B 地转移的行为。设有企业转移建厂成本 $\lambda^*$，在均衡条件下，企业在 A 地的利润加上 $\lambda^*$ 应当等于其转移至 B 地的利润，$\lambda^*$ 简化为：

$$\lambda^* = w_A \times (c_A + \tau c_B) - w_B \times (c_B + \tau c_A) \tag{3-22}$$

高技能劳动力的地区间流动取决于两地实际工资 $\omega_j = w_j / P_{Mj}^{\frac{\mu}{1-\sigma}}$ 的差。设劳动力流动需要支付车票成本 $\delta^*$,[①] $\delta^*$ 为初始均衡状态时两地实际收入差：

$$\delta^* = \frac{w_A}{P_{MA}^{\frac{\mu}{1-\sigma}}} - \frac{w_B}{P_{MB}^{\frac{\mu}{1-\sigma}}} \tag{3-23}$$

### （二）产业结构服务化对人力资本的空间溢出效应分析

#### 1. 单个企业行为分析

设随机的技术进步发生在 A 地单个企业，初始均衡状态被打破。技术驱动下，该企业沿服务化路径转型，推出价格为 $\hat{p}_A$ 的新产品。

比较企业继续在 A 地生产和转移至 B 地生产的利润差异，判断此企业是否转移。设单个企业对经济系统影响极小。

由于 $\tau$ 的影响，企业在 A 地生产的产量 $x_A$，与企业转移到 B 地后的产量 $x_B$ 不同：

$$\begin{cases} x_A = c_A + \tau \times c_B \\ x_B = \tau \times c_A + c_B \end{cases} \tag{3-24}$$

假设新产品生产需要具有更高技能 $\hat{h}$，（$\hat{h} > h$）的劳动力。根据模型设计，在 A 地雇用这种工人需要支付 $\hat{w}_A$，（$\hat{w}_A = q \times \hat{h} \times w^*$）的工

① 本书的车票成本既指迁移所需的交通成本，也包括为实现异地就业而支付的技能、知识等学习费用，即人力资本投资。

资；在两地生产相同产品所需劳动力的知识技能水平相同，但企业支付的名义工资不同；两地工资差距 q 倍，企业转移至 B 地面对的工资 $\hat{w}_B$ 满足 $\hat{w}_A = q \times \hat{w}_B$。由此得到企业在两地的利润：

$$\begin{cases} \pi_A = (\hat{p}_A - \hat{w}_A) \times (c_A + \tau c_B) \\ \pi_B = (\tau \hat{p}_A - \hat{w}_B) \times c_B + (\hat{p}_A - \tau \times \hat{w}_B \times \hat{h}) \times c_A \end{cases} \tag{3-25}$$

其中，$\hat{p}_A$ 和 $\tau\hat{p}_A$ 分别表示产品在 A 地和 B 地的售价，由式（3-25）得企业在两地的利润差 $\Delta\pi = \pi_B - \pi_A$ 简化为：

$$\Delta\pi = \frac{\mu \times s_B \times w \times \hat{h} \times (\tau^{1-\sigma} \times q^{1-\sigma} - \tau^{-\sigma} \times q^{-\sigma})}{\frac{\sigma}{\sigma-1} \times (\tau^{1-\sigma} \times q^{1-\sigma} \times s_A + s_B)} + \frac{\mu \times s_A \times w \times \hat{h} \times (q^{2-\sigma} - \tau \times q^{1-\sigma})}{\frac{\sigma}{\sigma-1} \times (q^{1-\sigma} \times s_A + \tau^{1-\sigma} \times s_B)} \tag{3-26}$$

$\Delta\pi > \lambda^*$ 是 A 地企业转移至 B 地的条件。

基于新经济地理学的模型分析主要包括两种模式，一是构建企业转移建厂前后的利润差公式，对变量求取一阶导数，分析变量变化对利润差的影响，由此判断产业发展趋势（孙早和侯玉琳，2021；Lanaspa et al.，2016）。二是由于变量数量往往大于均衡时构建的方程个数，因此采用数值模型方法，通过对变量赋值并借助可视化形式分析要素变动对产业转移决策的影响（薛领等，2021；Gaspar，2020）。为分析 $\Delta\pi$ 关于 q、τ 的变动趋势，本书采用数值模拟方法为各参数赋值，参考孙博文和雷明（2018）、安虎森等（2015），取 $\mu = 0.4$、$\sigma = 5$、$w^* = 1$、$s_A = 0.7$、$s_B = 0.3$、$\hat{h} = 50$，取 $\tau \in [1.02, 1.77]$ 近似表示 τ 的取值范围；[①] 参考各地区分行业城镇非私营单位就业人员平均工资数据，取 $q \in [1, 4]$。[②] 基于上述参数赋值，取 $\lambda^* = 1.5$ 便于进一步分析，得到图 3-4。

① $\tau^{1-\sigma}$表示贸易自由度，其取值范围为：$0 < \tau^{1-\sigma} < 1$。根据 $\tau^{1-\sigma}$从小到大的变化，即从 0.1 到 0.9，确定本书 $\tau \in [1.02, 1.77]$ 的取值范围。

② 资料来源为《中国劳动统计年鉴 2021》，省域各行业工资之比多分布在 4 以内。

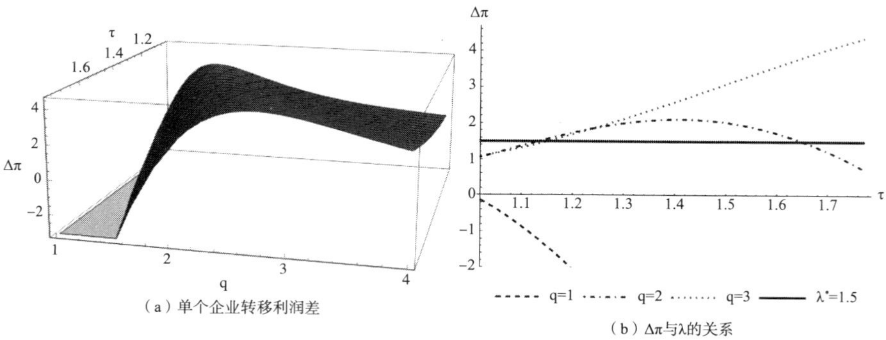


**图 3-4　Δπ 关于 q、τ 的变动趋势**

图 3-4（a）的曲面是企业在两地生产的利润差 Δπ，由模型通过数值模拟，在两地收入比 q 和冰山成本 τ 构成的三维空间中刻画；图 3-4（b）选取利润差曲面在不同 q 取值的截面。具体观察图 3-4（b），q=1 线代表两地收入水平相同。当横轴值 $\tau>1.02$，$q=1$ 线始终处于纵轴值 $\Delta\pi=0$ 以下。这显示了，在两地工资相同的情况下，转移使利润下降，A 地企业不会转移。$q\geqslant2$ 各线均有部分位于转移成本 $\lambda^*$ 线以上，说明当两地收入水平差距较大，在冰山成本 τ 的一定取值范围内，企业转移后的利润可以弥补 $\lambda^*$，此时企业会转移到 B 地。整体来说，冰山成本增大将增加转移后的利润，产业分布趋于分散（闫昊生和孙久文，2018）。企业转移建厂成本 $\lambda^*$ 的增加将抵消转移可能带来的利润增长，因此 $\lambda^*$ 较大的区域间更难发生产业转移。再结合工资变动分析人力资本转移。A 地企业升级使劳动报酬提高，当两地实际工资差 $\Delta\omega=\hat{\omega}_A-\hat{\omega}_B$ 超过车票成本（$\Delta\omega>\delta^*$），会吸引 B 地具有 $\hat{h}$ 的劳动力到 A 地工作，即产生负向的空间溢出效应，虹吸效应。$\delta^*$ 值越大，劳动力转移越困难，车票成本对虹吸效应存在抑制作用。基于此，本书提出待检验假说 H3。

H3：发达地区产业结构服务化对周边地区人力资本产生虹吸效应。

**2. 产业转移行为分析**

设技术利用并推广，A 地现代企业普遍向服务化转型，带动提升 A 地整体人力资本水平，既表现为知识技能水平的提高，又表现为工资收入的提升。假设仅产业结构服务化升级促进人力资本积累，且这在 B

地不会发生，因此只有通过向 B 地转移 A 地企业，技术溢出提升 B 地人力资本。前文对单个企业行为的分析验证了，当两地收入水平差距较大，企业转移至生产成本更低的 B 地生产。随着企业不断转移形成产业转移规模，经济系统的消费习惯和市场状态发生改变，$c_j$ 改变为 $\hat{c}_j$，此时经济系统可能存在新均衡，需要满足两项条件。

条件一：A 地企业和转移到 B 地的 A 地企业，两者利润差为转移成本 $\lambda^*$，即 A 地企业在两地生产的利润差 $\Delta\hat{\pi}=\hat{\pi}_B-\hat{\pi}_A=\lambda^*$。当 A 地企业因转移而增加的利润仅能支付其转移成本，A 地企业将停止向 B 地转移。新价格 $\hat{p}_A$ 条件下，$\hat{\pi}_A$ 代表 A 地企业利润，$\hat{\pi}_B$ 代表 A 地企业转移至 B 地生产后获得的利润，表达式分别为：

$$\begin{cases}\hat{\pi}_A=(\hat{p}_A-\hat{w}_A)\times(\hat{c}_A+\tau\hat{c}_B)\\ \hat{\pi}_B=(\tau\hat{p}_A-\hat{w}_B)\times\hat{c}_B+\hat{p}_A\times\hat{c}_A-\hat{w}_B\times\tau\times\hat{c}_A\end{cases}\tag{3-27}$$

图 3-5 是 $\mu=0.4$、$\sigma=5$、$w^*=1$、$s_A=0.7$、$s_B=0.3$、$\hat{h}=50$ 时，$\Delta\hat{\pi}$ 的数值模拟图。图中 β 为产业转移规模，即 A 地企业转移到 B 地的比例，$\beta\in[0,1]$。子图（a）、（b）、（c）分别描绘了在不同产业转移规模（$\beta=0.1\rightarrow0.6\rightarrow0.9$）下，收入水平之比 q 与冰山成本 τ 对 $\Delta\hat{\pi}$ 取值的影响。

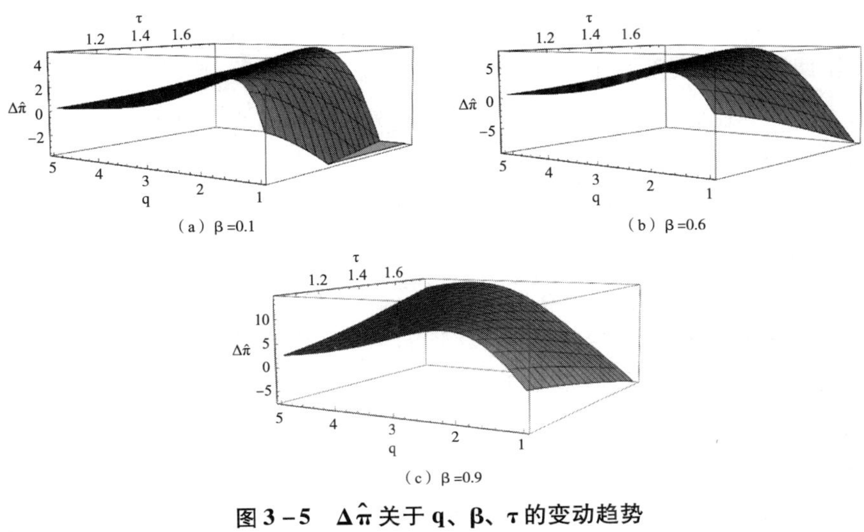


（a）β=0.1　（b）β=0.6　（c）β=0.9

**图 3-5　$\Delta\hat{\pi}$ 关于 q、β、τ 的变动趋势**

图3-5中各子图是不同产业转移规模条件下A地企业在两地生产的利润差 $\Delta\hat{\pi}$ 曲面。各子图中，当q增大，曲面随之起伏，位于 $\Delta\hat{\pi}=0$ 之上，显示当两地收入水平差距较大，A地企业转移。这会提高B地收入水平，使两地收入差距逐渐缩小（$q\to1$）。A地产业转移过程带动B地人力资本上升，称为示范效应。

据此进一步分析，在给定 $\tau$ 条件下，各子图 $\Delta\hat{\pi}$ 曲面均在q接近1区间降低，并经过 $\Delta\hat{\pi}-\lambda^{*}=0$，这显示，两地名义工资差距较大的初始条件下，随着A地企业转移和B地收入水平提高，A地企业转移获得的高额利润逐渐降低。随着产业转移规模 $\beta$ 增大，最终在某个产业转移规模下，A地企业停止转移（$\Delta\hat{\pi}-\lambda^{*}=0$）。同时，两地工资差逐渐缩小为 $\delta^{*}$，劳动力转移也将停止，此时经济系统满足新均衡的条件一，产业转移抑制了虹吸作用。

各子图中，当q接近1，曲面位于纵轴值 $\Delta\hat{\pi}=0$ 以下，意味着当两地名义工资差距相近，均衡条件 $\Delta\hat{\pi}-\lambda^{*}=0$ 无法达到。A地企业不转移，B地收入水平不会提高，因此两地工资差距不会逐渐缩小，B地的劳动力会不断向A地转移，且经济系统不能实现新均衡，因此发现当两地收入水平接近，不会发生产业转移，虹吸作用会持续存在。

然后讨论新均衡的条件二，A地企业和B地企业，两者利润相同。即两地企业利润差 $\Delta\bar{\pi}=\hat{\pi}_A-\bar{\pi}_B=0$。

新价格 $\hat{p}_A$ 条件下，$\hat{\pi}_A$ 为A地企业利润，$\bar{\pi}_B$ 为B地企业利润。表达式分别为：

$$\begin{cases}\hat{\pi}_A=(\hat{p}_A-\hat{w}_A)\times(\hat{c}_A+\tau\hat{c}_B)\\ \bar{\pi}_B=(\hat{p}_B-\hat{w}_B)\times(\hat{c}_{BB}+\tau\times\hat{c}_{BA})\end{cases}\tag{3-28}$$

假设由于产业转移，B地产品价格、消费能力改变，B地企业生产的产品的消费量改变，式（3-28）符号 $\hat{c}_{BB}$ 是新价格 $\hat{p}_A$ 条件下B地企业产品在B地销售的消费量，$\hat{c}_{BA}$ 是B地企业产品在A地销售的消费量。

为简化分析，设两地因技术普及高技能劳动力的名义工资均是原工资 $h^{*}$ 倍；B地区承接的转移企业数量为 $\Delta n_B=n_B\times\beta$；两地企业总数量不变，这要求 $\Delta n_B$ 与 A 地转型升级新设立的企业，以及 B 地淘汰消失的落后企业数量相等。据此，两地消费者面对的现代产业产品价格指数改变为：

$$\begin{cases} \hat{p}_{MA}^{1-\sigma} = n \times (s_A + \beta s_B) \times \hat{p}_A^{1-\sigma} + (1-\beta) \times n \times s_B \times \tau^{1-\sigma} \times \hat{p}_B^{1-\sigma} \\ \hat{p}_{MB}^{1-\sigma} = n \times (s_A + \beta s_B) \times \tau^{1-\sigma} \times \hat{p}_A^{1-\sigma} + (1-\beta) \times n \times s_B \times \hat{p}_B^{1-\sigma} \end{cases} \tag{3-29}$$

图 3－6 是不同冰山成本条件下，q、β 对两地企业利润差 $\Delta\bar{\pi}$ 的影响。通过图 3－6 分析，随着 A 地企业向 B 地逐渐转移，A 地企业和 B 地企业利润是否相等。

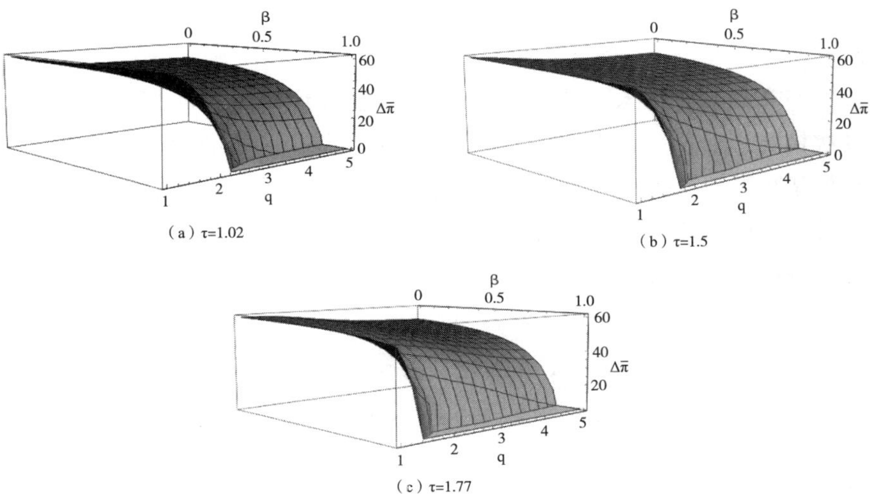


(a) τ=1.02　(b) τ=1.5　(c) τ=1.77

**图 3－6　$\Delta\bar{\pi}$ 关于 q、β、τ 的变动趋势**

图 3－6 各子图是不同冰山成本 τ 条件下两地企业利润差 $\Delta\bar{\pi}$ 曲面。曲面的坡面代表 A 地企业利润高于 B 地企业，下方平台面代表两地企业利润相同。图 3－6 中，q＞1 区域存在平台面，说明当两地工资差距 q 较大，随着 A 地厂商不断向 B 地转移（β 从 0 到 1），两地厂商利润差逐渐减小。平台面不延伸至 q 接近 1 区域，说明当两地收入水平相近，不论 A 地企业转移规模，A 地厂商利润始终大于 B 地厂商，

$\Delta\bar{\pi}=\hat{\pi}_A-\bar{\pi}_B=0$ 不会实现。$\tau$ 越大，平台面越接近于 $q=1$ 区域，表明冰山成本越大，在收入差距接近的区域也可能实现新均衡，即冰山成本较大的现代产业，即使收入差距接近，也可能存在示范效应。基于此，本书提出待检验的假说 H4、假说 H5。

H4：发达地区产业结构服务化对周边地区人力资本产生示范效应。

H5：产业结构服务化通过产业转移对人力资本产生空间溢出效应。

## 第四节　小　结

本章首先分析人力资本与产业结构服务化两个核心概念的特征；其次构建产业结构服务化对区域人力资本提升影响的理论研究框架。在框架指导下，理论分析产业结构向服务化演进对区域内部人力资本提升影响的阶段性特征，以及对人力资本的空间溢出效应；最后基于理论分析，采用数理经济学方法系统构建产业结构服务化对区域人力资本提升影响的理论模型。

研究结论如下：第一，使用人力资本概念应考虑具体经济环境对劳动力具有技能的资本增值影响。增长动能的不同引致产业结构服务化特征的不同，这可以从生产性服务业发展趋势上加以考察。第二，从产业演进角度看，产业结构服务化显著提升了区域内部人力资本水平、优化了人力资本结构。当服务业占据绝对优势，产业结构服务化能否带动区域内部人力资本提升取决于生产性服务业的发展状态。第三，当地区经济发展水平差距较大，产业结构服务化对周边地区人力资本产生了正向的示范效应，负向的侵蚀效应；当地区经济发展水平不断收敛，产业结构服务化对周边地区人力资本产生了负向的虹吸效应、正向的示范效应。第四，数理推导产业结构服务化对区域人力资本提升的影响，提出五项待检验假说，即产业结构服务化提升了人力资本水平，促进人力资本的经济增长效应发挥（H1）；产业结构服务化促进生产性服务业发展，进而提升人力资本（H2）；发达地区产业结构服务化对周边地区人力资本产生虹吸效应（H3）；发达地区产业结构服务化对周边地区人力资本产生示范效应（H4）；产业结构服务化通过产业转移对人力资本产生空间溢出效应（H5）。

# 第四章　产业结构服务化与人力资本提升：中国发展的现实证据

本章借鉴已有测度产业结构服务化的方法，衡量中国全国及省域层面产业结构服务化的发展现状。根据第三章对人力资本概念的辨析，考虑区域经济发展因素改进人力资本测度方法，衡量中国全国及省域层面人力资本发展现状。

## 第一节　产业结构服务化测度方法选取和中国发展的现实证据

### 一、产业结构服务化测度方法的选取

本书在第三章“产业结构服务化的特征分析”中提及，在宏观的结构演进视角下，多数研究认为产业结构服务化表现为第三产业的就业比重和产值比重的提升。基于这一认识，各类测度产业结构服务化的方法突出了第三产业在国民经济中的主导地位（曾瑶，2022；朱冬元，2022），常用的测度方法可归纳概括为以下三种。

第一种，测算三次产业产值构成的加权平均。基于该方法对产业结构服务化的测算公式为 $instrc = y_1 \times 1 + y_2 \times 2 + y_3 \times 3$（$1 \leqslant instrc \leqslant 3$），其中 $y_i$ 中：$i = 1$，2，3 分别代表三次产业产值占 GDP 的比重。当 instrc 数值越接近 3，代表产业结构信息化特征越明显，服务化水平较高

（徐德云，2008；江永红和陈奡楠，2018）。

第二种，测算第三产业与第二产业的产值比或就业人数比。常明（2021）使用该方法研究产业结构服务化对空气质量的影响。张月友等（2018）分别计算第三产业与第二产业增加值之比、第三产业与第二产业就业人员之比，以此辨析服务业发展与“结构性减速”之间的关系。李勇刚和罗海艳（2017）采用该方法分析地方政府的供地政策对产业结构服务化的影响。

第三种，向量夹角法。该方法是测度结构变动的经典方法（陈加旭等，2021；李勇和马芬芬，2021），考虑了农业向工业、服务业占优势比重的动态变化对产业结构产生的影响。本书本章采用向量夹角法测度产业结构服务化指标，该方法的计算步骤如下：①设一个三维空间向量 $x_i=(x_{i1},\ x_{i2},\ x_{i3})$，其中元素 $x_{im}$，m = 1，2，3 代表三次产业产值占 GDP 的比重；②分别计算 $x_i$ 与基准向量 $\hat{x}=(1,\ 0,\ 0)$、$\hat{y}=(0,\ 1,\ 0)$、$\hat{z}=(0,\ 0,\ 1)$ 的夹角：

$$\theta_{\hat{j}}=\arccos\left\{\frac{x_i\times\hat{j}}{\|x_i\|\times\|\hat{j}\|}\right\},\ \hat{j}=\hat{x},\ \hat{y},\ \hat{z}\tag{4-1}$$

③对各夹角权重 $w_{\hat{x}}$、$w_{\hat{y}}$、$w_{\hat{z}}$ 赋值。鉴于第一产业比重越低，代表第二、第三产业增长相对越快，相应的 $\theta_{\hat{j}}$ 值越大，因此考虑到反余弦函数的性质，参考刘智勇等（2018），分别对 $w_{\hat{x}}$、$w_{\hat{y}}$、$w_{\hat{z}}$ 赋值 3、2、1。④测算产业结构服务化（indu）：

$$indu=\sum_{\hat{j}=\hat{x},\ \hat{y},\ \hat{z}}\theta_{\hat{j}}\times w_{\hat{j}}\tag{4-2}$$

## 二、中国产业结构服务化发展的现实证据

### （一）数据来源

本节采用两组数据考察中国全国及省域层面产业结构服务化的发展趋势。

数据 1：根据 2006～2019 年中国三次产业产值构成数据、服务业

内部各行业增加值数据、按行业分城镇单位就业人员数据，计算相关指标反映中国产业结构服务化发展水平与趋势。数据来源于国家统计局《中国统计年鉴》（2007 ~2020 年）。

数据 2：根据 2006 ~2019 年中国 30 个省、自治区、直辖市（不含港澳台和西藏地区）三次产业产值构成数据、制造业增加值数据、按行业分城镇单位就业人员数据等，计算相关指标，横向、纵向比较中国省域产业结构服务化发展水平与趋势。数据来源于各省历年统计年鉴、中经网统计数据库。

### （二）中国产业结构服务化的测度结果分析

#### 1. 全国产业结构服务化测度结果分析

利用数据 1，采用式（4 –1）、式（4 –2）测度全国产业结构服务化水平。值得注意的是，由于服务业种类繁多，在既有测度方法下以低端服务业扩张为主要特征的服务化也会呈现出较高的水平，对产业结构服务化发展趋势的全面考察需要辅之以测度其他指标，体现质的发展水平。鉴于前文论述产业结构服务化可能存在消费性服务业发展虚高的现象，这代表着产业结构优化的产业结构服务化发展状态应伴随着知识技术密集的生产性服务业的发展。分别利用增加值数据和城镇单位就业人员数据，计算生产性服务业增加值占 GDP 的比重、生产性服务业城镇就业人员占城镇总就业人员的比重，综合向量夹角法的测度结果，多角度体现全国层面产业结构服务化发展趋势。测度结果见表 4 –1、图 4 –1。

**表 4 –1　2006 ~2019 年全国产业结构服务化测度结果**

| 年份 | 产业结构服务化（向量夹角法） | 生产性服务业发展水平（增加值数据） | 生产性服务业发展水平（城镇就业人员数据） |
|---|---|---|---|
| 2006 | 6. 549 | 20. 342 | 12. 936 |
| 2007 | 6. 583 | 21. 608 | 13. 145 |
| 2008 | 6. 586 | 20. 916 | 13. 538 |

续表

| 年份 | 产业结构服务化（向量夹角法） | 生产性服务业发展水平（增加值数据） | 生产性服务业发展水平（城镇就业人员数据） |
|---|---|---|---|
| 2009 | 6. 636 | 21. 863 | 13. 807 |
| 2010 | 6. 641 | 21. 829 | 13. 919 |
| 2011 | 6. 649 | 22. 148 | 13. 334 |
| 2012 | 6. 676 | 22. 729 | 13. 191 |
| 2013 | 6. 712 | 23. 737 | 14. 823 |
| 2014 | 6. 752 | 24. 386 | 15. 285 |
| 2015 | 6. 816 | 25. 969 | 15. 812 |
| 2016 | 6. 861 | 26. 797 | 16. 309 |
| 2017 | 6. 887 | 27. 112 | 17. 130 |
| 2018 | 6. 913 | 27. 625 | 17. 815 |
| 2019 | 6. 931 | 28. 161 | 19. 409 |

资料来源：笔者根据《中国统计年鉴》（2007 ~ 2020 年）测算得出。

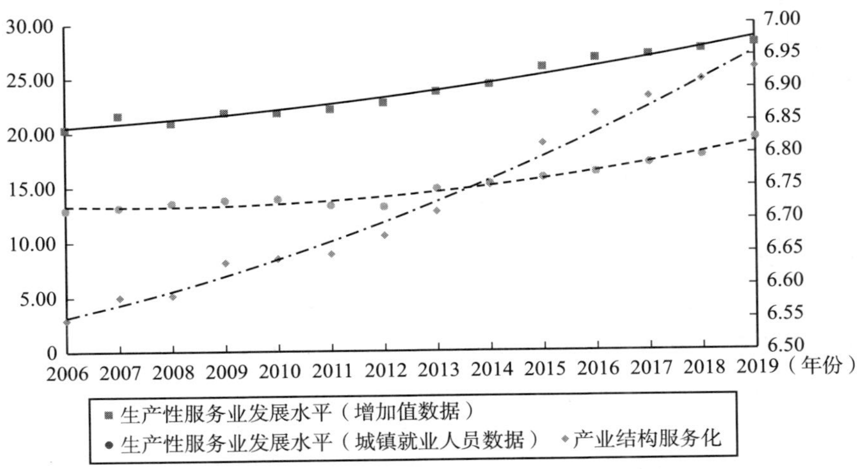


**图 4 –1　2006 ~2019 年全国产业结构服务化演进趋势**

观察表 4 –1 和图 4 –1 可以发现，整体看样本期内产业结构服务化发展水平、基于不同类型数据测算的生产性服务业发展水平均呈现增长态势。其中图4-1中实心菱形及其趋势线对应右纵坐标轴，描绘的是全国产业结构服务化的发展轨迹；实心正方形散点、实心圆形散点及其趋势线对应左纵坐标轴，分别刻画了生产性服务业发展水平。鉴于2012年第三产业占GDP比重首次超过第二产业，以该年作为时间节点分阶段进一步分析。2012年之后全国产业结构向服务化转型的趋势更加稳定，增长幅度略大于2012年之前。生产性服务业增加值比重从2006年的20.342%增长至2012年的22.729%，年均增长率1.72%；从2012年22.729%增长至2019年的28.161%，年均增长率3.11%，增长速度提升近1倍。生产性服务业城镇就业人员比重虽在2010年受“民工荒”影响呈现了下降趋势（汤希和任志江，2018），但随着服务业的快速发展，自2012年之后恢复增长，于2019年增长至19.409%，年均增长率3.16%。综上，中国产业结构的发展符合产业结构理论与服务经济理论揭示的向服务化演进的一般规律，在演进的过程中，实现产业结构的优化。

**2. 中国省域产业结构服务化测度结果分析**

利用数据2，采用式（4-1）、式（4-2）测度中国省域产业结构服务化水平，绘制3D柱状图。如图4-2所示，样本观察期内，各省份产业结构服务化的数值分布在4~8；北京、上海、广东三地产业结构服务化水平位居全国前列；各省份产业结构服务化发展水平差距较小，中西部地区部分省份产业结构服务化的程度高于东北部、东部部分省份；西部地区产业结构服务化水平的增长幅度明显，其余地区样本观察期内产业结构服务化水平变化较小。与对全国产业结构服务化水平的分析一致，考虑到仅测度产业结构服务化水平不能反映服务化发展的全貌，因此考察生产性服务业与制造业协同集聚水平，进一步展现省域层面产业结构服务化的发展特征。

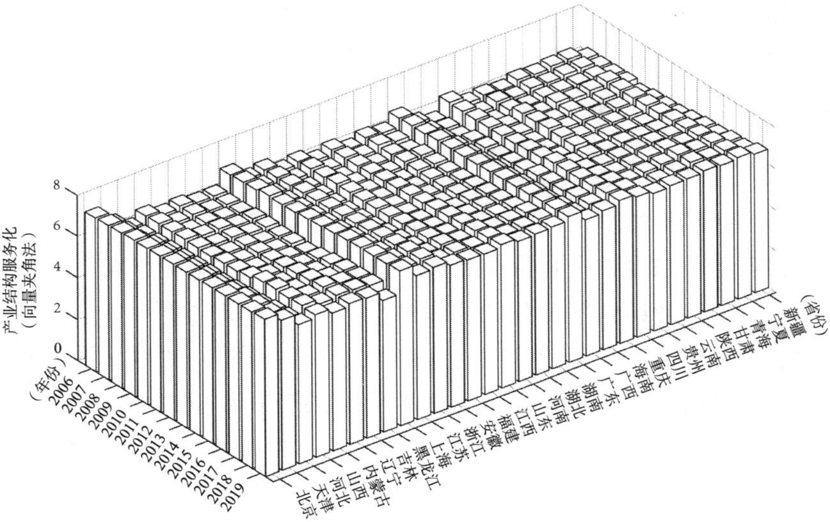


**图 4－2　2006～2019 年中国省域产业结构服务化演进趋势**

依据陈建军等（2016）构建的产业协同集聚指数测度生产性服务业与制造业协同集聚指数，以表示生产性服务业与制造业协同集聚水平（xt_pm）。该指标数值越大，表明两类行业在地区的相互依赖融合程度越高，带动整个地区产业布局优化、生产效率提升的能力越强。

由于生产性服务业的集聚发展态势能够体现生产性服务业的相对规模，以生产性服务业集聚指数表征生产性服务业集聚水平或发展水平（agg_pro）。囿于中国部分地区缺失行业增加值数据（闫晗等，2022），采用生产性服务业就业人员数据具体测算，测算的方法参考区位熵模型（聂永有等，2022；王文成和隋苑，2022）。同理，测度制造业集聚指数表示制造业集聚水平或发展水平（agg_man）。具体形式见式（4－3）：

$$\begin{cases} agg\_pro = (E_{ips}/E_{ps}) / (E_i/E) \\ agg\_man = (E_{iman}/E_{man}) / (E_i/E) \end{cases} \tag{4-3}$$

其中 $E_{ips}$、$E_{iman}$ 分别表示 i 地区生产性服务业、制造业就业总数，$E_{ps}$、$E_{man}$ 分别表示全国生产性服务业、全国制造业就业总数，$E_i$ 表示 i 地就业总数，E 表示全国就业总数。当 i 地生产性服务业的就业人数占全国生产性服务业总就业人数的比重，远大于 i 地人口所占全国总人口的比重，此时生产性服务业在 i 地形成高度集聚水平。

基于生产性服务业集聚指数、制造业集聚指数的计算结果，生产性服务业与制造业协同集聚指数的具体测度如式（4 –4）所示：

$$xt\_pm = \left[1 - \frac{|agg\_pro - agg\_man|}{agg\_pro + agg\_man}\right] + (agg\_pro + agg\_man) \qquad (4-4)$$

将测算结果绘制 3D 柱状图。如图 4 – 3 所示，样本观察期内省域生产性服务业与制造业协同集聚水平差距较大。上海、广东、北京位居前列，与产业结构服务化的测度结果一致，表明三地产业结构的服务化表现出生产性服务业和制造业融合发展的特征。其中北京生产性服务业与制造业协同集聚指数在样本后期低于上海和广东，一种可能的解释是，北京加快疏解非首都功能，强调“政治中心、文化中心、国际交往中心和科技创新中心”的战略定位，转移、清除部分一般制造业至周边地区（张杰，2018；刘肖和金浩，2021）。从图 4 – 3 中还可以看出，虽然西部地区部分省份的产业结构服务化水平与东部地区持平，但西部地区生产性服务业与制造业协同集聚水平明显低于东部地区，表明西部地区部分省份产业结构服务化与产业结构优化之间存在差距（余贵玲等，2017），具有“过度去工业化”“脱实向虚”倾向。

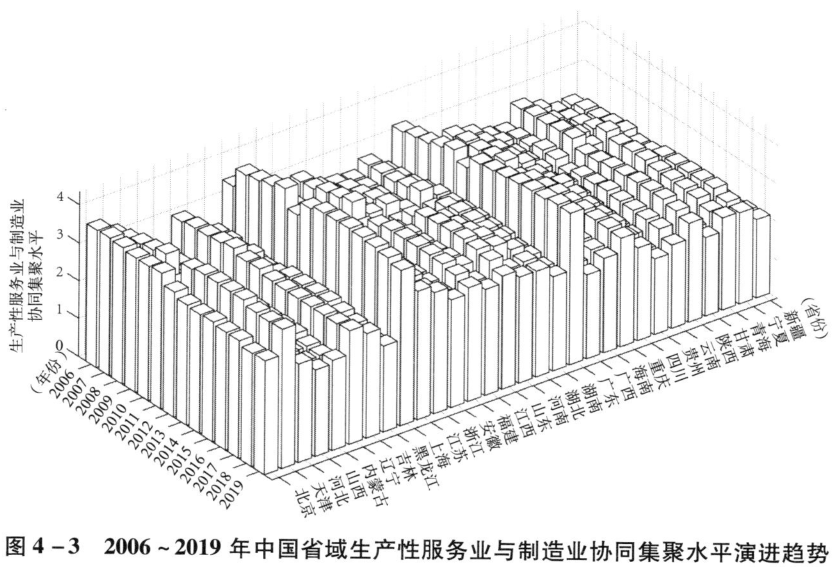


**图 4 –3　2006 ~2019 年中国省域生产性服务业与制造业协同集聚水平演进趋势**

# 第二节　人力资本测度改进设计和中国发展的现实证据

## 一、人力资本测度方法及问题

现有测度人力资本的方法主要有三类。第一类赋予了人力资本货币价值，使其可以与物质资本进行比较。第二类基于教育指标测度人力资本，由于教育数据获取方便，该类方法是目前最常使用的人力资本测度方法。第三类方法通过测算劳动力认知与非认知能力直接度量人力资本。

### （一）以货币价值测度人力资本

**1. 收入法**

收入法常被用于发达国家人力资本水平的测算和跨国人力资本存量的比较研究。乔根森和帕琼（Jorgenson & Pachon，1983）设计的终生收入法是代表性研究成果，其核心思想是将人口按照年龄、性别、受教育程度进行分类，使用生存率、升学率、折现率、收入增长率等从后向前倒推计算未来终生收入的贴现值。该方法综合考虑了市场收入（如工资）与非市场因素（如闲暇），反映了教育等长期投资对人力资本形成的重要作用。此后，阿罗斯等（Ahlroth et al.，1997）、吉布森和奥克斯利（Gibson & Oxley，2005）、魏（Wei，2008）对终生收入法进行改进，分别测度瑞士、新西兰、澳大利亚三国劳动力市场的人力资本水平。国内学者李海峥及其团队采用终生收入法对中国人力资本存量进行测度。他们采用明赛尔工资方程估计了收入数据，以终生收入法分别测度1985～2007年、1985～2010年、1985～2018年中国人力资本发展趋势（李海峥等，2010；李海峥等，2014；李海峥等，2021），并连续多年发布《中国人力资本报告》。他们的研究结果表明，以终生收入法测度的中国人力资本呈现增长趋势；相较于发达国家，人均人力资本处于落后水平；人力资本增长的主要推动力来源于教育；城乡、省域的人力资本存量差距较大。

**2. 成本法**

成本法是在分别测算教育、培训、健康等各种人力资本投资途径的货币支出基础上进行加总，以测算区域人力资本水平。对货币支出的测度参考永续盘存法。虽然采用成本法的研究在人力资本投资种类、折旧率、人力资本投资转换率等方面的设置并不相同，但研究结果均显示中国人力资本总量、人均人力资本数量增长显著。钱雪亚等（2008）将人力资本分为能够终身受益的一般性知识和更新换代较快的专业性知识，采用几何递减效率模型加权平均两类人力资本，计算人力资本折旧率为 5.14%，测算结果显示 2005 年中国人力资本存量比 1995 年增长 215%，人均人力资本存量增长 175%。焦斌龙和焦志明（2010）采用教育总经费、卫生总支出、科研总支出、企业职工工资、乡镇企业就业人口、农村居民人均纯收入等数据计算各类人力资本投资方式的投资额，估算结果表明，改革开放 30 年来中国人力资本存量增长 31.3 倍，人均人力资本存量增长 22.6 倍。张桂文和孙亚南（2014）分别从教育、健康、迁移、科研、培训五种人力资本投资方式度量人力资本，在剔除价格变动影响后，测算出 2011 年中国人力资本存量是 1978 年的 44.66 倍。乔红芳和沈利生（2015）还原了劳动力在不同阶段的历史教育成本，对人力资本的测度结果与其他研究相比数值偏小。

**3. Labor Income – Based Measure（LIBM）方法**

穆利根和马丁（1997）设计的 LIBM 方法对人力资本的测度以工资收入的货币价值为依据。该方法为了剔除物质资本的影响，假设无论何时何地，没有接受教育的工人所具有的人力资本相同，并设其为单位人力资本。研究先使用明赛尔工资方程估算单位人力资本的实际工资，再根据劳动者的实际收入与单位人力资本收入作比得到人力资本水平，最后将所有人力资本加总得到地区人力资本总量。LIBM 方法排除了技术、物质资本对人力资本水平的影响，适用于经济发展水平相近的地区间人力资本的比较研究。围绕 LIBM 方法的讨论主要集中于单位人力资本的假设。郑（Jeong，2002）认为不同国家的同类产业而并非未受过教育的工人所提供的人力资本相同。朱平芳和徐大丰（2007）将无教育经历、无工作经历，从事最简单工作的劳动力视为单位人力资本。类似地，曾凡（2011）认为单位人力资本是从事简单工作且无技能增加的人力资本。

### （二）以教育指标测度人力资本

教育是形成人力资本最重要、最关键的手段（张车伟和蔡翼飞，2020），教育水平较高的劳动力更倾向于进行健康、培训等人力资本投资，通过教育投资获取的人力资本与其他途径获取的人力资本正相关（王金营和郑书朋，2010；匡远凤，2014）。虽然人力资本概念的范畴比教育的范畴更为宽泛，但由于教育数据获取方便，基于教育指标测度的人力资本是当前最普遍使用的方法，可视为真实人力资本的近似替代。进一步地，将教育指标测度人力资本的方法细分为以教育指标直接表示人力资本和以教育指标测度人力资本两类。

常见的教育指标包括识字率、入学率、学生—教师比率，以及各类教育程度的学生数量等。早期讨论人力资本与经济增长关系的经典文献使用了识字率、入学率等教育指标表示人力资本（Romer，1990；Barro，1991；Mankiw et al.，1992）。各类教育程度的学生数据既可以反映一个地区人力资本的存量水平，也可以表示人力资本的增量水平。例如，倪超和孟大虎（2017）使用毕业的大专及以上学生人数表示高等教育人力资本的增量，而邓仲良（2021）以高等学校在校学生数衡量人力资本存量。

以教育指标为基础测度人力资本的方法包括平均受教育年限法。该方法首先对劳动人口的教育程度进行分类，对每一类教育程度的教育年限赋值；其次计算不同教育程度的劳动人口比重；最后计算地区人力资本水平。采用平均受教育年限法衡量中国人力资本水平的研究多根据中国国情将教育程度分为文盲、小学、中学、高中、大专及以上五种，不同之处主要体现在教育年限的取值。有研究对五种教育程度的教育年限依次赋值 0、6、9、12、16（詹新宇，2012）。也有研究认为文盲半文盲类别虽然没有接受过正规教育，但也有一定知识储备，因此教育年限应为1或2（李亚玲和汪戎，2006）。还有研究将“大专及以上”教育程度继续细分为大专、本科、研究生，分别对教育年限赋值15、16、20，具体测度投资不同类型高等教育获取的人力资本（吕一清等，2020）。在平均受教育年限法基础上，一些研究对区域人力资本进行初级、中级和高级三种层次的分类。初级人力资本是拥有小学教育程度的劳动力形成的人力资本；中级人力资本是拥有初中、高中教育程度的劳动力形成的人力资本；而高级人力资本是接受了大专及以上教育的劳动力形成的人力资本（刘晓红，2014；赵莎莎，2019）。

### （三）以劳动力认知能力和非认知技能的测度体现人力资本水平

虽然多数研究根据教育数据体现人力资本，但是教育年限的长短并不代表受教育质量的高低，特别是当教育内容与劳动力市场需求脱节严重时，平均受教育年限并不是人力资本的理想代理指标。鉴于此，近期围绕人力资本测度的研究聚焦能力、素养的衡量，将人力资本测度向质量维度延伸。中国社会科学院“人力资本测量、提升及积累”课题组设计的《成人基本能力测试》问卷包括阅读能力、数学能力与信息通信技术使用能力三个部分，线上调查2016年河南省三次产业1159名劳动者已直接测算人力资本水平，研究发现受访者平均能力较低，阅读能力和数学能力薄弱，其中第一产业技能水平最低，第二、三产业行业间技能水平差距较大（王韵含，2019）。

除认知技能，非认知技能对人力资本投资回报的影响同样引起学界广泛关注（孙旭等，2021），对非认知技能的测度成为具有理论及现实意义的新的研究方向。虽然对于如何准确测度非认知技能学界并未形成统一意见，但共识性的观点是使用科学的测度工具从多个维度进行全面考察（吴要武和宋映泉，2019）。测度工具既包括问卷等心理学测度工具（Heckman et al.，2006；Ziegler et al.，2011），也包括“行为产出”“经济偏好”等经济学分析工具（Humphries & Kosse，2017），而测度的维度主要包括成就目标、人际合作与情绪管理等（周金燕，2020）。

### （四）人力资本测度的局限与困难

上述几种常用的人力资本测度方法也存在一些局限。第一，收入法所需指标较多，更适用于分析数据条件较好的地区。第二，新技术的广泛应用拓展了人力资本的获取方式，如何准确分类人力资本投资途径是以成本法测度人力资本需要首先解决的问题。第三，识字率只反映了识字能力这类教育投资而忽视了其他能力，入学率表示的当年入学学生未必毕业时会加入劳动力队伍（唐纳德等，2009）。第四，LIBM方法假设不同地区的单位人力资本相等、平均受教育年限法假设受教育年限相同的劳动者具有等量人力资本，两种方法适用于经济差距较小的地区间人力资本水平的比较研究。

如何准确度量人力资本一直是人力资本研究的重点与难点（Liu，2011；United Nations，2016）。学界尚未形成人力资本衡量的共识性方法，原因主要集中在两个方面：一是对人力资本概念界定的分歧加大了衡量人力资本的难度。当代经济运动的新资源层出不穷，新的劳动特征不断出现，人力资本范畴的扩充反映着经济资源观的不断变化，尝试囊括所有这些特征以衡量人力资本似乎是难以实现的。二是人力资本是无形的，无法直接观测，只能通过间接指标替代衡量。各种间接指标都可视为人力资本的近似替代，但彼此之间又存在差异；与此同时，测算间接指标需要的数据与现实中可获取数据之间又存在误差，这些因素往往会影响人力资本测度的效果。

## 二、人力资本测度方法改进

基于第二章对人力资本理论的回溯，本书在第三章“人力资本的特征分析”章节论述了，对人力资本的使用与测度应考虑具体经济环境对劳动力具有技能的资本增值影响。在这一认识下，本书改进人力资本测度方法，在收入体现人力资本价值的研究思路下，考虑区域经济发展因素对人力资本形成的影响。具体参考凌继全和毛雁冰（2012）、杨和潘（Yang & Pan，2020）的人力资本测度方程，设f(·)

为单位人力资本：

$$f(\cdot) = W = e^{\beta S + x} \tag{4-5}$$

式（4－5）中，S 为受教育年限，β 为教育回报率，x 为区域经济发展水平变量。设 E 为劳动者数量，人力资本总量（THC）计算公式为：

$$THC = E \times f(\cdot) = E \times e^{\beta S + x} \tag{4-6}$$

将式（4－6）具体表示为 i 地区 t 年通过接受各类型教育获取的人力资本的总和，则人力资本总量、人均人力资本（uhc）的测度方程可表示为：

$$THC_{it} = \sum_{d=1}^{5} E_{itd} \times e^{\beta_d \times S_d + x_{it}} \quad uhc_{it} = \frac{\sum_{d=1}^{5} E_{itd} \times e^{\beta_d \times S_d + x_{it}}}{L_{it}} \tag{4-7}$$

其中，$E_{itd}$表示教育程度为 d 的就业人员数，$L_{it}$表示年末总人口。与平均受教育年限法相同，假设 d 代表五类受教育程度，其中 d＝1 代表未上过学、d＝2 代表小学教育程度、d＝3 代表初中教育程度、d＝4 代表高中教育程度，d＝5 代表高等教育程度。五类受教育程度对应不同受教育年限 $S_d$，对 $S_d$ 从“未上过学”到“高等教育程度”依次赋值 2、6、9、12 和 16。$\beta_d$ 代表各类受教育程度的教育回报率。教育回报率的取值受不同地区、不同时期的影响，并未形成一致的结果（郑筱婷等，2023）。本书对 $\beta_d$ 的取值根据第三章一般人力资本、特殊人力资本的设定，以高中教育（中等职业教育）为界划分，具体参考杨和潘（2020），令全国样本高中教育（中等职业教育）以下受教育程度的教育回报率为0.040、令高中教育（中等职业教育）及以上受教育程度的教育回报率为 0.108。需要说明的是，本书以高中教育回报率为标准，设定高中教育（中等职业教育）与高等教育的教育回报率相同，并非忽视高等教育更加突出的教育回报率以及对人力资本积累的重要作用，而是对一定时期里中国劳动力市场工资趋同现象的描述（刘新争，2017；胡凤霞和叶仁荪，2019），反映了市场对不同技能型人力资本、教育型人力资本的共同需求，以及与较低教育程度回报率的显著区别。近期研究对农村、城市高中教育回报率的测算区间与本书的取值十分相近（祁占勇和何佑石，2022；祁占勇等，2022）。最后，本书具体使用城镇居民人均可支配收入指标表征区域经济发展水平变量（$x_{it}$）。对 $x_{it}$ 的处理分为两步，先以不变价格对历年城镇居民人均可支配收入进行平减，再选取基准数值，以此对其他各年数据进行标准化处理。

本书对人力资本测度方法的改进有以下几方面的特点。（1）突出了高中教育、高等教育人力资本在经济发展中的作用。（2）考虑区域具体经济环境对人力资本积累的影响，体现了相同教育程度的劳动力在不同时空条件下收入报酬不同的经济现象。$x_{it}$ 剔除了价格因素，测算得出的人力资本实现横向、纵向可比。（3）考虑到教育提升人力资本的作用是非线性的，改进后的测度方法包括了指数形式，体现教育水平越高的劳动者越倾向于人力资本投资的现象。

现代经济发展对人力资本既有量的要求、又有质的要求。其中，量指人力资本的水平，包括较高的存量水平和较快的增量水平；质指人力资本结构的合理性，适当比例的特殊人力资本是获取技术、知识的保证。本书在式（4-7）计算得出的人力资本总量、人均人力资本基础上，设计了包含区域人力资本结构特征的人力资本结构高级化指标（hcs）和人力资本综合评价值指标（hc）。

（1）人力资本结构高级化指标（hcs）。本书根据刘智勇等（2018）采取向量夹角法测算人力资本结构高级化。计算过程与产业结构服务化相同：①分别估算从“未上过学”到“高等教育”五类受教育程度形成的人力资本数量；计算每一类教育程度的人力资本占人力资本总量的份额 $x_{id}$，d=1，2，3，4，5；②确定一个五维空间向量 $x_i=(x_{i1}, x_{i2}, x_{i3}, x_{i4}, x_{i5})$，同时确定基准向量 $\hat{x}=(1, 0, 0, 0, 0)$、$\hat{y}=(0, 1, 0, 0, 0)$、$\hat{z}=(0, 0, 1, 0, 0)$、$\hat{v}=(0, 0, 0, 1, 0)$、$\hat{u}=(0, 0, 0, 0, 1)$；③参考式（4-1）计算 $x_i$ 与基准向量的夹角 $\theta_{\hat{n}}$，$\hat{n}=\hat{x}, \hat{y}, \hat{z}, \hat{v}, \hat{u}$；④考虑到反余弦函数的特征，对 $\theta_{\hat{x}}$ 到 $\theta_{\hat{u}}$ 依次赋予权重值5、4、3、2、1；⑤计算i地区t年人力资本结构高级化指标：

$$hcs_{it} = \sum_{\hat{n}=\hat{x},\hat{y},\hat{z},\hat{v},\hat{u}} \theta_{\hat{n}} \times w_{\hat{n}} \tag{4-8}$$

（2）人力资本综合评价值指标（hc）。人力资本综合评价值由人均人力资本与人力资本结构高级化两部分组成，体现了地区人力资本量的水平和结构的分布特征，反映人力资本综合实力，衡量方法采用全局熵值法（王展昭和唐朝阳，2020；潘桔，2020；赵瑞芬和王小娜，2017），具体步骤如下：

引入全局思想，将 t 年 n 个评价指标 m 个区域组成的数据按照时间的先后排序，构成全局熵值评价矩阵 X：

$$X=(X^{1},\ X^{2},\ X^{3},\ \cdots,\ X^{t})'_{m\times n}=(x_{ij})_{mt\times n} \tag{4-9}$$

考虑到数据间在量纲、单位等方面可能会存在较大差异，无法合并计算，因此对 $x_{ij}$ 进行标准化处理：

$$x'_{ij}=(1-a)+a\times\frac{x_{ij}-\min x_{ij}}{\max x_{ij}-\min x_{ij}},\ a=99 \tag{4-10}$$

计算第 i 个区域对应的 j 指标在所有 j 指标中所占的比重 $f_{ij}$：

$$f_{ij}=\frac{x'_{ij}}{\sum_{j=1}^{n}\sum_{i=1}^{mt}x'_{ij}} \tag{4-11}$$

计算第 j 个指标的信息熵：

$$e_{j}=-\frac{1}{\ln(mt)}\sum_{i=1}^{mt}f_{ij}\ln f_{ij} \tag{4-12}$$

计算第 j 个指标的信息熵冗余度：

$$g_{j}=1-e_{j} \tag{4-13}$$

计算各个指标 j 的权重：

$$w_{j}=\frac{g_{j}}{\sum_{j=1}^{n}g_{j}} \tag{4-14}$$

计算人力资本综合评价值指标：

$$hc_{i}=\sum_{j=1}^{n}w_{j}x'_{ij} \tag{4-15}$$

## 三、中国人力资本发展的现实证据

### （一）数据来源

本部分以教育数据测度的人力资本作为地区人力资本水平的近似

替代，包括三组数据。

数据1：根据2006～2019年中国就业人员年末人数、就业人员受教育程度构成、按行业分的全国就业人员受教育程度构成、城镇居民人均可支配收入等数据，计算相关指标反映中国人力资本的发展趋势。数据来源于《中国劳动统计年鉴》（2007～2020年）、《中国人口和就业统计年鉴》（2007～2020年）。

数据2：根据2006～2019年中国30个省、自治区、直辖市（不含港澳台和西藏地区）就业人员年末人数、就业人员受教育程度构成、城镇居民人均可支配收入等数据，计算相关指标反映中国省域人力资本发展趋势。数据来源于《中国劳动统计年鉴》（2007～2020年）、《中国人口和就业统计年鉴》（2007～2020年），《中国统计年鉴》（2007～2020年），各省份历年统计年鉴。

数据3：根据高校毕业生就业质量报告，选取上海、山东、陕西作为代表省份。上海、山东样本数据时间跨度为2014～2019年，陕西2014年高校毕业生就业质量报告缺失行业流向数据，因此陕西样本数据时间跨度为2015～2019年。[①] 以高校毕业生行业流向信息，分地区分行业计算高等教育人力资本增量，比较省域行业人力资本的发展趋势。

### （二）中国人力资本的测度结果分析

#### 1. 全国人力资本测度结果分析

利用数据1，根据式（4－7）、式（4－8）分别计算2006～2019年全国人均人力资本和人力资本结构高级化指标，相关计算结果在表4－2中报告，同时绘制散点图4－4，图中正方形实心及其趋势线对应左坐标轴，圆形实心散点及其趋势线对应右坐标轴。

---

① 三省市高校毕业生就业质量年度报告来自各省教育厅网站。上海：上海市教育委员会（sh.gov.cn）；陕西：http：//jyt.shaanxi.gov.cn；山东：http：//edu.shandong.gov.cn/col/col12062/index.html。

表 4－2　　2006～2019 年全国人力资本测度结果

| 年份 | 人均人力资本 | 人力资本结构高级化 |
| --- | --- | --- |
| 2006 | 2.67 | 17.90 |
| 2007 | 2.80 | 18.00 |
| 2008 | 2.91 | 18.07 |
| 2009 | 3.09 | 18.20 |
| 2010 | 3.41 | 18.59 |
| 2011 | 3.88 | 19.07 |
| 2012 | 4.16 | 19.16 |
| 2013 | 4.39 | 19.25 |
| 2014 | 4.74 | 19.40 |
| 2015 | 5.40 | 19.63 |
| 2016 | 5.43 | 19.69 |
| 2017 | 5.75 | 19.71 |
| 2018 | 6.06 | 19.78 |
| 2019 | 6.62 | 20.00 |

资料来源：笔者根据《中国劳动统计年鉴》（2007～2020 年）、《中国人口和就业统计年鉴》（2007～2020 年）数据计算得出。

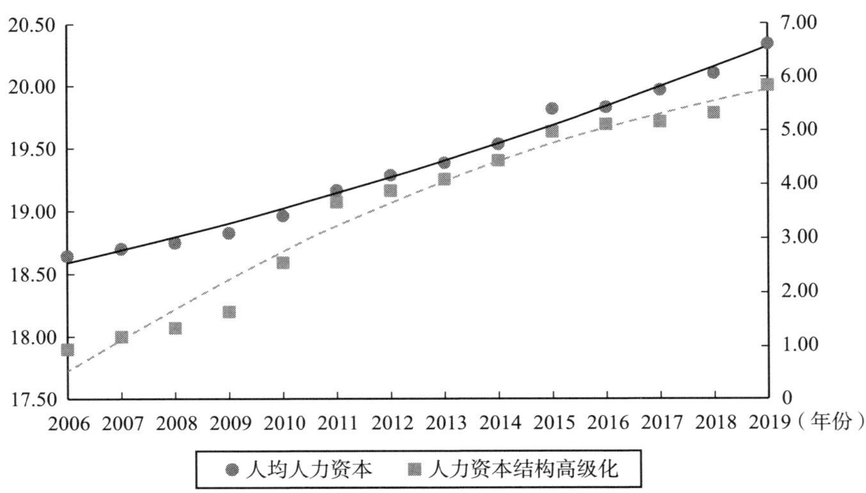


图 4－4　2006～2019 年全国人均人力资本、人力资本结构高级化发展趋势

从表4－2和图4－4可知，样本观察期内，全国人均人力资本稳定增长，从2006年的2.67增长至2019年的6.62，年均增长率7.23%；人力资本结构高级化程度也呈现了增长趋势，从2006年的17.90增长至2019年的20.00。为进一步观察14年间中国人力资本结构的变化趋势，将“未上过学”到“高等教育”五类受教育程度的人力资本占人力资本总量的比重数据在表4－3中汇报，并绘制散点图4－5。

**表4－3　　2006～2019年全国五类教育程度人力资本占人力资本总量比重**

单位：%

| 年份 | 未上过学 | 小学教育 | 初中教育 | 高中教育 | 高等教育 |
|---|---|---|---|---|---|
| 2006 | 3.84 | 20.00 | 33.80 | 22.77 | 19.58 |
| 2007 | 3.40 | 18.79 | 35.11 | 23.29 | 19.41 |
| 2008 | 3.00 | 18.23 | 35.47 | 23.62 | 19.68 |
| 2009 | 2.64 | 16.98 | 35.46 | 23.76 | 21.16 |
| 2010 | 1.75 | 14.36 | 33.11 | 24.00 | 26.79 |
| 2011 | 0.94 | 10.81 | 30.28 | 26.47 | 31.50 |
| 2012 | 0.92 | 10.27 | 29.44 | 26.57 | 32.79 |
| 2013 | 0.86 | 9.87 | 28.80 | 26.22 | 34.25 |
| 2014 | 0.80 | 9.40 | 27.34 | 25.68 | 36.79 |
| 2015 | 1.18 | 8.81 | 24.17 | 24.62 | 41.21 |
| 2016 | 1.09 | 8.58 | 23.94 | 24.25 | 42.13 |
| 2017 | 0.95 | 8.23 | 23.82 | 25.19 | 41.81 |
| 2018 | 0.94 | 7.89 | 23.40 | 24.89 | 42.88 |
| 2019 | 0.86 | 7.20 | 20.99 | 24.65 | 46.30 |

资料来源：笔者根据《中国劳动统计年鉴》（2007～2020年）、《中国人口和就业统计年鉴》（2007～2020年）数据计算得出。

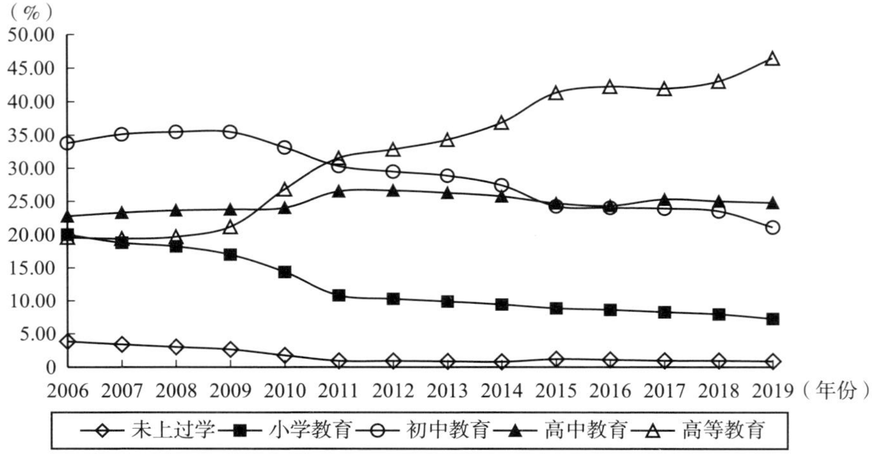


**图 4-5 2006~2019 年全国五类教育程度人力资本发展趋势**

从表 4-3、图 4-5 可以看出，样本观察期内，高等教育人力资本占人力资本总量的比重不断攀升，比重从 2006 年约 20% 增长至 2019 年的 46.3%。且于 2011 年超过初中教育程度人力资本所占比重，成为占比最高的一类教育程度人力资本。高中教育（中等职业教育）人力资本所占比重的变动幅度在 14 年间基本持平，自 2015 年起超过初中教育程度，位居第二。样本初期一直具有占比优势的初中教育程度人力资本呈现下降趋势，从 33.8% 降至 20.99%。此外，小学教育、未上过学两类教育程度的人力资本比重也呈现出了下降的趋势。可以认为，2006~2019 年中国人力资本在实现量的增长同时，人力资本结构也向更高层次逐渐演进，表现为高等教育人力资本比重的不断上升。

接下来根据数据 1 和式（4-7），从行业人力资本的角度分析观察期内中国人力资本发展趋势，测度结果如表 4-4 和图 4-6 所示。公共服务业人力资本占人力资本总量的比重显著高于其他行业，这是由于教育、卫生、医疗、文化等公共服务行业承担着输出人力资本的功能，自身发展对劳动力的知识技能水平要求较高。公共服务业人力资本比重在 2009~2013 年经历了下降趋势，此后开始缓慢提升，但 2019 年 40.44% 的比重值仍低于 2006 年 44.98% 的水平。公共服务业人力资本比重下降时期与生产性服务业人力资本、制造业人力资本比重上升的时期相重合，可以认为，其间更多比例的高技能、高知识储备劳动力选择进入生产性服务业和制造业行业。整体看，生产性服务业人力资本占人力资本总量的比重不断增长，从16.90%增长至27.41%，这与前文测度的生产性服务业发展水平不断提升的特征相对应。制造业人力资本呈现了上升下降交织的波动发展趋势，占人力资本总量的比重与生产性服务业相近。消费性服务业人力资本占人力资本总量的比重在14年间一直稳定在3%～5%，占比显著低于生产性服务业和公共服务业。研究发现，中国各类服务业配置人力资本能力存在较大差距，其中公共服务业人力资本比重最高，消费性服务业人力资本比重最低，生产性服务业人力资本比重增长最为显著。

**表4-4　2006～2019年全国分行业人力资本占人力资本总量比重**　单位：%

| 年份 | 制造业 | 生产性服务业 | 消费性服务业 | 公共服务业 |
|---|---|---|---|---|
| 2006 | 19.55 | 16.90 | 4.38 | 44.98 |
| 2007 | 20.70 | 17.21 | 4.34 | 44.40 |
| 2008 | 20.33 | 17.79 | 4.39 | 44.38 |
| 2009 | 18.40 | 18.57 | 3.93 | 47.17 |
| 2010 | 20.34 | 18.83 | 3.16 | 44.08 |
| 2011 | 22.00 | 17.12 | 4.90 | 40.80 |
| 2012 | 21.96 | 19.63 | 2.57 | 40.12 |
| 2013 | 23.30 | 21.53 | 2.80 | 35.18 |
| 2014 | 22.89 | 21.96 | 2.73 | 35.72 |
| 2015 | 22.22 | 24.09 | 2.71 | 35.54 |
| 2016 | 21.90 | 22.65 | 3.97 | 36.35 |
| 2017 | 20.54 | 24.71 | 3.34 | 36.70 |
| 2018 | 18.79 | 25.14 | 3.52 | 37.82 |
| 2019 | 16.45 | 27.41 | 3.03 | 40.44 |

资料来源：笔者根据《中国劳动统计年鉴》（2007～2020年）、《中国人口和就业统计年鉴》（2007～2020年）数据计算得出。

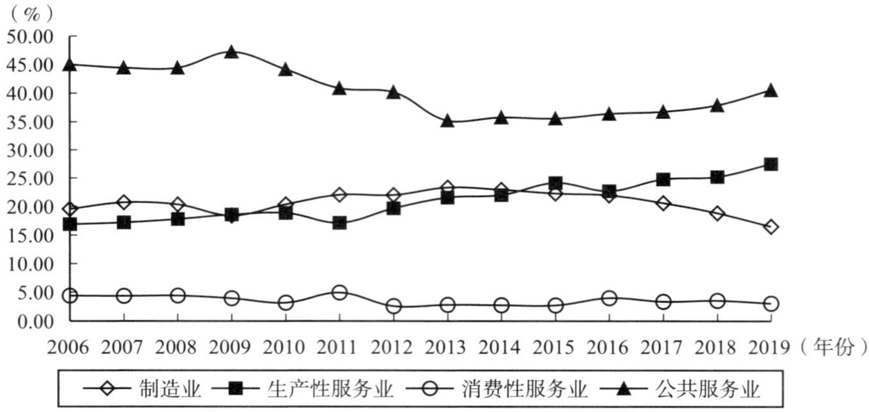


图 4-6　2006~2019 年全国分行业人力资本发展趋势

## 2. 中国省域人力资本测度结果分析

利用数据 2，根据式（4-7）计算得到 2006~2019 年全国省域人力资本总量。其中 $x_{it}$ 的处理分为两步，先以 2006 年为不变价格对各省城镇居民人均可支配收入进行平减，再以北京 2006 年城镇居民人均可支配收入为基础，其他省份各年数据根据北京 2006 年数值进行标准化处理，据此测算人力资本总量、人均人力资本。表 4-5 列举代表年度省域人力资本总量测度结果。

表 4-5　代表年度中国省域人力资本总量测度结果

| 省份 | 2006 年 | 2014 年 | 2017 年 | 2019 年 | 年均增长率（%） |
|---|---|---|---|---|---|
| 北京 | 8565.07 | 33956.54 | 54480.64 | 74524.09 | 18.11 |
| 天津 | 4589.36 | 15712.76 | 21381.24 | 27480.25 | 14.76 |
| 河北 | 10035.19 | 24296.26 | 33007.82 | 40727.83 | 11.38 |
| 山西 | 5001.34 | 11694.98 | 15732.52 | 18283.54 | 10.49 |
| 内蒙古 | 3135.26 | 9581.21 | 11593.99 | 13066.31 | 11.60 |
| 辽宁 | 7632.90 | 18129.28 | 21809.36 | 25431.69 | 9.70 |
| 吉林 | 3821.58 | 8151.14 | 10996.10 | 12489.01 | 12.13 |
| 黑龙江 | 4873.72 | 10368.58 | 13435.88 | 14315.40 | 8.64 |

续表

| 省份 | 2006 年 | 2014 年 | 2017 年 | 2019 年 | 年均增长率（%） |
|---|---|---|---|---|---|
| 上海 | 7406.37 | 33424.31 | 49774.29 | 65161.83 | 18.21 |
| 江苏 | 16674.49 | 42287.10 | 62599.30 | 73831.56 | 12.13 |
| 浙江 | 13860.41 | 51296.00 | 81068.90 | 107408.70 | 17.06 |
| 安徽 | 8003.94 | 21023.32 | 26166.01 | 33286.11 | 11.59 |
| 福建 | 6399.05 | 23168.07 | 32313.86 | 39021.81 | 14.92 |
| 江西 | 6178.10 | 13752.18 | 17118.15 | 20458.78 | 9.65 |
| 山东 | 17329.39 | 48087.85 | 58695.94 | 63710.14 | 10.53 |
| 河南 | 15003.36 | 36066.57 | 46003.01 | 55077.58 | 10.52 |
| 湖北 | 10282.05 | 22217.70 | 26153.46 | 30881.73 | 8.83 |
| 湖南 | 11094.08 | 26822.55 | 31072.87 | 36756.45 | 9.65 |
| 广东 | 22087.72 | 71631.17 | 113006.78 | 146651.22 | 15.68 |
| 广西 | 7652.98 | 14357.28 | 19204.61 | 22179.21 | 8.53 |
| 海南 | 1083.12 | 3167.90 | 3941.08 | 4970.76 | 12.44 |
| 重庆 | 3824.53 | 10412.43 | 14443.87 | 18206.78 | 12.75 |
| 四川 | 10392.09 | 24149.11 | 29611.55 | 36511.27 | 10.15 |
| 贵州 | 3534.98 | 8116.97 | 9980.94 | 12600.61 | 10.27 |
| 云南 | 5155.96 | 14270.78 | 17066.43 | 21682.13 | 11.68 |
| 陕西 | 5511.08 | 12836.57 | 14982.79 | 17618.39 | 9.35 |
| 甘肃 | 2541.24 | 7601.55 | 9453.52 | 11004.09 | 11.93 |
| 青海 | 660.60 | 1618.11 | 2068.31 | 2517.75 | 10.84 |
| 宁夏 | 777.61 | 1723.21 | 2610.32 | 3295.23 | 11.75 |
| 新疆 | 2410.71 | 6121.97 | 9575.98 | 11166.19 | 12.52 |

资料来源：笔者根据《中国劳动统计年鉴》（2007～2020 年）、《中国人口和就业统计年鉴》（2007～2020 年）、《中国统计年鉴》（2007～2020 年）以及各省份历年统计年鉴数据计算得出。

数据结果显示，在样本观察期内，各省份人力资本总量持续增长。其中，年均增长率最高的是上海，为 18.21%，其次分别是北京和浙江，增速位列前 5 的省份均属于东部沿海地区。部分中部、西部省份的增长势头明显，增速超过东部、东北部部分省份。例如，重庆年均增长率 12.75%，新疆年均增长率 12.52%，安徽年均增长率约为 11.59%。根据表 4－5 绘制图 4－7。可以看出，省域人力资本总量差距持续存在；经济发展水平较高的省份，如北京、上海、浙江的人力资本总量水平位居前列；人口基数较大的省份，如广东、江苏、山东、河南人力资本总量同样较高；研究结论与中央财经大学“经济学与公共政策优势学科创新平台”科研成果《中国人力资本报告 2021》基本一致。[①] 由此可见，中国省域人力资本总量水平的差异主要受教育水平、人口基数、经济发展水平等因素影响。

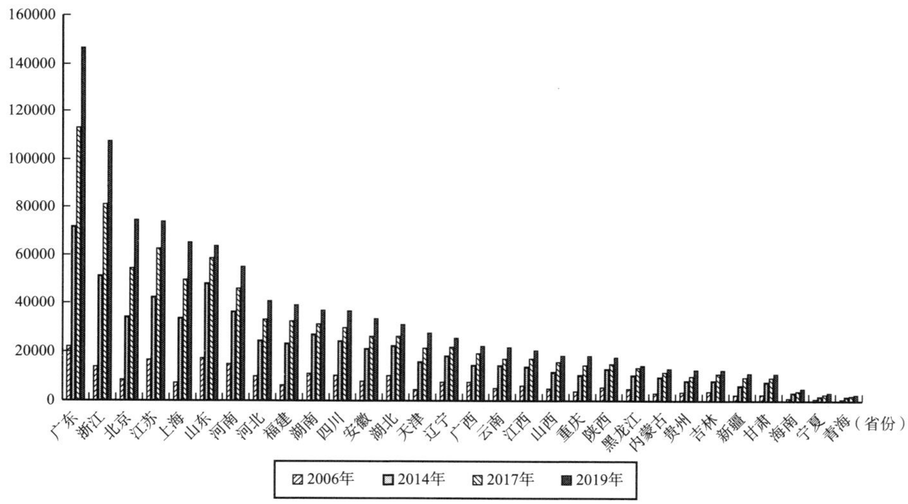


**图 4－7　代表年度中国省域人力资本总量发展趋势**

考虑到中国省域人口基数悬殊，总量发展水平与人均发展水平并不完全一致，并且总量水平无法体现结构特征，因此在人力资本总量基础上，根据式（4－15），测度由人均人力资本和人力资本结构高级化指标共同构造的人力资本综合评价值指标，体现中国省域人力资本

① 报告原文参见 http：//news. cufe. edu. cn/info/1002/52212. htm。

发展情况。首先在表4－6中汇报代表年度，即2006年、2014年、2017年和2019年30个省域人力资本综合评价值指标，其次绘制3D柱状图，见图4－8。

**表4－6　　　　代表年度中国省域人力资本综合评价值指标**

| 省份 | 2006年 | 2014年 | 2017年 | 2019年 | 年均增长率（%） |
|---|---|---|---|---|---|
| 北京 | 26.79 | 45.61 | 77.04 | 100.00 | 10.66 |
| 天津 | 20.01 | 32.87 | 50.97 | 63.44 | 9.28 |
| 河北 | 7.27 | 14.79 | 20.49 | 23.27 | 9.37 |
| 山西 | 9.40 | 15.92 | 21.84 | 24.22 | 7.55 |
| 内蒙古 | 7.02 | 16.31 | 22.10 | 24.65 | 10.14 |
| 辽宁 | 10.30 | 15.77 | 23.23 | 25.78 | 7.31 |
| 吉林 | 7.95 | 13.43 | 20.15 | 22.71 | 8.40 |
| 黑龙江 | 7.80 | 11.80 | 19.04 | 21.25 | 8.01 |
| 上海 | 21.71 | 33.09 | 64.84 | 80.03 | 10.55 |
| 江苏 | 9.61 | 19.30 | 30.10 | 33.37 | 10.05 |
| 浙江 | 10.59 | 25.55 | 44.24 | 53.95 | 13.35 |
| 安徽 | 3.89 | 12.74 | 17.29 | 22.38 | 14.41 |
| 福建 | 6.86 | 20.53 | 29.21 | 33.46 | 12.96 |
| 江西 | 5.72 | 12.80 | 16.56 | 19.73 | 9.99 |
| 山东 | 7.95 | 18.17 | 23.41 | 25.09 | 9.24 |
| 河南 | 7.57 | 13.88 | 19.62 | 23.27 | 9.02 |
| 湖北 | 8.00 | 15.86 | 19.86 | 22.90 | 8.42 |
| 湖南 | 7.44 | 17.29 | 20.91 | 24.42 | 9.57 |
| 广东 | 11.16 | 20.16 | 33.57 | 40.35 | 10.39 |
| 广西 | 7.19 | 12.43 | 17.51 | 19.31 | 7.89 |
| 海南 | 7.41 | 14.65 | 18.77 | 22.91 | 9.07 |
| 重庆 | 4.70 | 13.39 | 20.81 | 25.33 | 13.84 |
| 四川 | 3.40 | 11.53 | 15.55 | 19.48 | 14.38 |

续表

| 省份 | 2006 年 | 2014 年 | 2017 年 | 2019 年 | 年均增长率（%） |
|---|---|---|---|---|---|
| 贵州 | 1.15 | 8.20 | 10.68 | 14.49 | 21.48 |
| 云南 | 2.10 | 9.54 | 13.52 | 18.02 | 17.97 |
| 陕西 | 7.37 | 16.34 | 19.98 | 22.29 | 8.88 |
| 甘肃 | 1.10 | 12.03 | 16.53 | 19.11 | 24.58 |
| 青海 | 4.07 | 13.79 | 17.78 | 21.00 | 13.46 |
| 宁夏 | 5.93 | 12.84 | 19.47 | 23.40 | 11.13 |
| 新疆 | 7.95 | 14.13 | 20.70 | 22.36 | 8.28 |

资料来源：笔者根据《中国劳动统计年鉴》（2007～2020 年）、《中国人口和就业统计年鉴》（2007～2020 年）、《中国统计年鉴》（2007～2020 年）以及各省份历年统计年鉴数据计算得出。

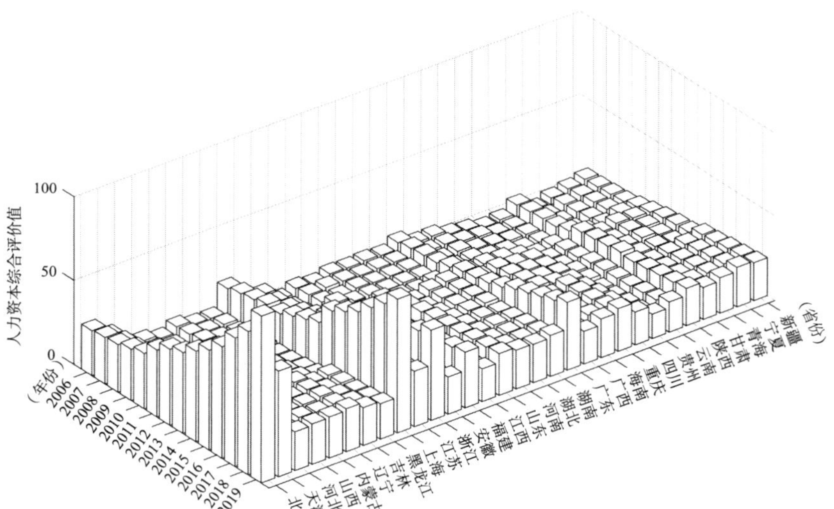


**图 4－8　2006～2019 年中国省域人力资本综合评价值发展趋势**

从表 4－6 和图 4－8 可以看出，样本期间各省份人力资本综合评价值均呈现出增长的趋势，并且西部部分省份年均增长率较为突出，其中甘肃年均增长率 24.58%，贵州年均增长率 21.48%，云南年均增长率 17.97%，表明无论从人均人力资本水平方面、还是从人力资本结构方面，西部省份均有所提升。与人力资本总量相似，中国省域人力资本综合评价值存在较大差异，综合各年情况，位列前五的省份均属于东部产业结构服务化水平较高的区域，其中以人力资本综合评价值指标表征的北京、上海人力资本优势更为明显。值得注意的是，一些人口基数较大、人力资本总量较高的省份如山东、四川、河南，在人力资本综合评价值指标的排序上优势并不十分突出。上述分析表明，当对人力资本水平的衡量考虑了人均量的水平和结构的高度，经济发达、产业结构服务化水平较高的地区具有更高水平的人力资本。

接下来采用数据3，根据式（4－7）测算 d＝5 时高等教育人力资本，以近似反映样本期间上海、山东、陕西行业人力资本发展现状，参考黄静和祝梦迪（2021），设高等教育回报率为45.1%。囿于行业数据可得性等困难，鲜少有研究分地区分行业测度人力资本。2014 年起，在教育部的统一要求下，高校和地区教育主管部门发布了毕业生就业质量年度报告，报告中公布的毕业生总人数、就业率、地域流向比例、行业流向比例等数据，为分区域测度行业人力资本提供参考与依据。本书在收集并整理数据基础上，最终选取上海、山东、陕西作为研究对象。一是三省份经济结构存在差异。其中上海代表经济发展高水平地区，生产性服务业在服务业中占据绝对优势，产业结构服务化进程实现了产业结构优化；山东三次产业部门较为齐全，劳动力人口和经济总量大，与中国整体经济结构相似；陕西能源产业偏重，反映中西部地区经济特征。二是三省份信息内容全面、数据质量较好，部分缺失数据取相邻年份数据的平均值处理。

由于样本是大专及以上毕业生流入劳动力市场的年度数据，因此测度的是行业高等教育人力资本增量指标。增量和存量均是衡量人力资本水平的角度，对于各项事业不断发展、不断转型升级的发展中大国，以增量指标衡量人力资本更能体现一定时期内中国人力资本动态增长状况（倪超和孟大虎，2017）。测度结果在表4－7中汇报，并绘制图4－9。

表 4－7　　上海、山东、陕西三省份行业人力资本发展趋势

| 省份 | 行业 | 2014 年 | 2015 年 | 2016 年 | 2017 年 | 2018 年 | 2019 年 |
|---|---|---|---|---|---|---|---|
| 上海 | 制造业 | 0.752 | 0.757 | 0.722 | 0.637 | 0.743 | 0.808 |
| | 消费性服务业 | 0.189 | 0.208 | 0.239 | 0.288 | 0.309 | 0.327 |
| | 生产性服务业 | 0.864 | 1.073 | 1.238 | 1.378 | 1.449 | 1.504 |
| | 公共服务业 | 0.918 | 0.883 | 1.027 | 1.286 | 1.350 | 1.416 |
| | 人力资本增量 | 2.955 | 3.132 | 3.454 | 3.817 | 4.125 | 4.326 |
| 山东 | 制造业 | 2.949 | 2.717 | 2.486 | 2.087 | 2.515 | 2.936 |
| | 消费性服务业 | 1.375 | 1.201 | 1.027 | 1.403 | 1.334 | 2.353 |
| | 生产性服务业 | 4.170 | 4.460 | 4.750 | 5.396 | 5.872 | 7.798 |
| | 公共服务业 | 5.052 | 7.336 | 9.620 | 11.819 | 13.026 | 11.229 |
| | 人力资本增量 | 15.439 | 17.361 | 19.284 | 22.185 | 24.708 | 27.423 |
| 陕西 | 制造业 | – | 0.948 | 0.711 | 0.638 | 0.697 | 0.684 |
| | 消费性服务业 | – | 0.580 | 0.794 | 0.763 | 0.902 | 0.830 |
| | 生产性服务业 | – | 1.895 | 2.341 | 2.341 | 2.453 | 2.769 |
| | 公共服务业 | – | 1.579 | 2.618 | 2.618 | 2.875 | 3.029 |
| | 人力资本增量 | – | 6.164 | 7.943 | 7.732 | 8.251 | 8.710 |

资料来源：笔者根据上海、山东、陕西三省份 2014～2019 年高校毕业生就业质量报告数据计算得出。

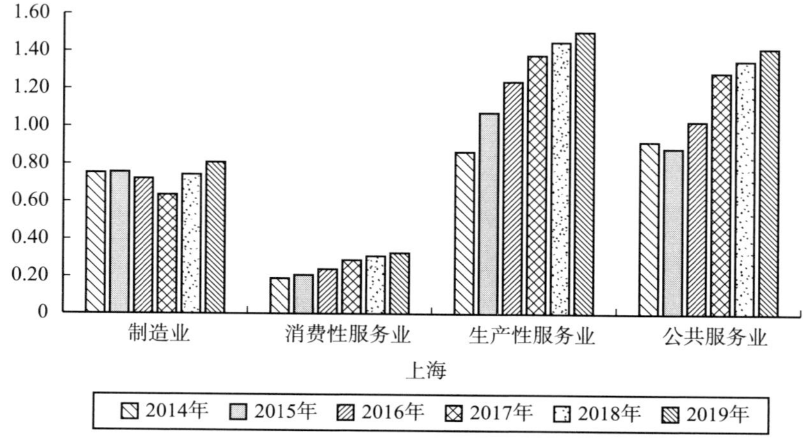

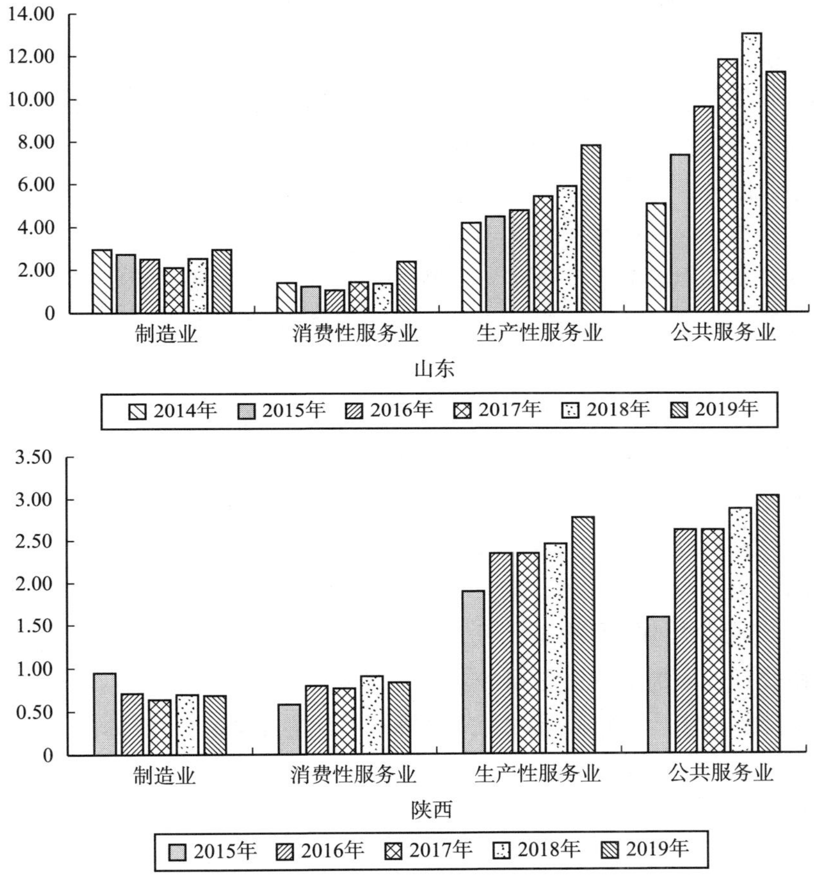


**图 4－9　上海、山东、陕西三省份行业人力资本发展趋势**

通过表 4－7、图 4－9 对比三省份行业人力资本发展现状。整体来看，上海、山东、陕西劳动力市场新增高等教育人力资本不断攀升。以 2017 年为分界点，分阶段讨论制造业高等教育人力资本发展趋势。2017 年以前，三省份制造业新增高等教育人力资本呈现了下降趋势；在 2017 年降至最低水平后开始缓慢回升，但与样本初期相对比，没有显著的增长趋势。其中上海、山东 2019 年制造业新增高等教育人力资本与 2014 年基本持平，陕西 2019 年制造业新增高等教育人力资本仍低于 2015 年水平。究其原因，一方面，2015 年出现的高端制造业回流至发达国家、部分产业因劳动成本提高而倒闭等现象，影响了制造业对人力资本的需求（黄春景，2015）。另一方面，这与服务业迅速发展的趋势密切相关。不难看出，三省份各类服务业的高等教育人力资本增量均呈现出较为显著的增长趋势，表明在产业结构向服务化转型的进程中，服务业对高等教育人力资本的吸收能力不断增强。通过进一步对比发现，区域间各类服务业高等教育人力资本发展趋势既存在共性特征，又存在差异。共性特征表现为三省份吸纳高等教育人力资本能力最弱的行业均为消费性服务业。差异体现在各地各类服务业吸纳新增高等教育人力资本的能力与优势显著不同：上海生产性服务业吸纳高等教育人力资本能力最强；山东公共服务业高等教育人力资本新增量高于生产性服务业、消费性服务业，与对全国行业人力资本发展现状的测度结果基本一致；陕西生产性服务业、公共服务业新增高等教育人力资本规模相似，消费性服务业高等教育人力资本增量水平与其他两类服务业差距最小。综上可以认为，人力资本在服务业内部的流向与产业结构的发展特征密切相关。例如，上海 2014～2019 年各年生产性服务业增加值约占总服务业的 60% 以上，生产性服务业占比的绝对优势影响了上海市高等教育人力资本的配置方向。

## 第三节　小　　结

本章选取向量夹角法作为测度产业结构服务化的具体方法，辅之以测度生产性服务业集聚水平、生产性服务业与制造业协同集聚水平。在收入体现人力资本价值的研究思路下，考虑了区域经济发展因素改进人力资本测度方法。从全国、省域两个层面描绘产业结构服务化、人力资本发展趋势。

研究结论如下：第一，全国层面产业结构的发展符合向服务业占优势比重顺向演进的一般规律；生产性服务业的比重不断攀升，产业结构在向服务化演进的过程中实现结构的优化。第二，省域产业结构服务化差距较小，但生产性服务业与制造业协同集聚水平在省域差距较大，表明虽然服务业规模扩张趋势趋同，但服务业的产业融合互动水平差距较大，部分省份产业结构服务化与产业结构优化之间存在差距，服务化的质量提升仍有较大空间。北京、上海、广东三省份产业结构服务化水平、生产性服务业与制造业协同集聚水平均位居全国前列。第三，全国人均人力资本稳定增长，人力资本结构向更高层次演进，消费性服务业人力资本占人力资本总量的比重显著低于生产性服务业和公共服务业。第四，当以人力资本总量、人力资本综合评价值指标测度人力资本，各省份人力资本均呈现增长趋势，西部地区人力资本增长势头强劲，但省域仍存在较大差异。代表省份吸纳高等教育人力资本能力最弱的行业均为消费性服务业，但地区间各行业配置新增高等教育人力资本的能力不同，这与地区行业发展趋势、服务业内部结构密切相关。

# 第五章　产业结构服务化对区域内部人力资本提升影响的实证研究

本章基于第三章产业结构服务化对区域人力资本提升影响的理论研究，采用中国省级面板数据和地级市面板数据，先以 PVAR 方法、动态面板数据模型构建中国产业结构服务化对区域内部人力资本提升影响的实证模型，验证假说 H1 在中国具体经济实践中是否成立。然后选取面板门槛模型，采用省级数据、地级市数据实证分析生产性服务业能否作为产业结构服务化影响区域内部人力资本的传导机制，验证假说 H2 在中国具体经济实践中是否成立。

## 第一节　基于 PVAR 方法构建产业结构服务化对区域内部人力资本提升影响的实证模型

### 一、PVAR 方法原理、变量数据选择与描述性统计

#### （一）PVAR 方法原理

第三章的理论分析阐释了，产业结构服务化水平的提高带动区域内部人力资本水平提升，同时构建产业结构服务化对区域内部人力资本提升影响的理论模型，提出假说 H1。据此，本章节采用省级数据，

基于PVAR方法（Panel Vector Autoregressive Models，简称PVAR方法）开展实证研究，在产业结构服务化、人力资本与经济增长三者形成的经济系统中，分析产业结构服务化对本地区人力资本提升的影响。

霍尔茨—埃金等（Holtz-Eakin et al.，1988）最早将VAR方法应用至面板数据，提出考虑了时变系数的PVAR方法。PVAR方法将VAR方法单一的时间维度扩展为时间空间双维度，充实了样本容量，兼具截面分析与时间序列分析特征，较好地处理了变量间的内生关系，使模型结果更加稳健，常被用来分析因果关系并不十分明确的变量间的单向影响或互动关系（张天顶等，2019；李言，2020；丁治国和李泊祎，2020；鲁欣和宋慧晶，2021；刘翠霞，2021）。

本书采用PVAR方法的原因在于，人力资本、产业结构与经济增长彼此之间可能互为因果，系统的运行方式和作用效果并不十分明确，整体关系较为复杂，易产生内生性问题，这符合PVAR方法的适用研究领域，诸多阐释中国产业发展与人力资本关系的实证研究采用了PVAR方法作为计量分析工具（杨飞虎等，2016；陈甬军和李环环，2019；吕荣杰等，2021；薛阳等，2022；谢汝宗等，2022）。

对PVAR方法的使用一般包括以下五个步骤：（1）确定模型的滞后阶数；（2）进行格兰杰因果关系检验，对互为格兰杰因果原因的变量进行PVAR分析；（3）根据确定的滞后阶数利用GMM方法估计参数；（4）使用乔里斯基分解法正交化随机误差项，根据外生性的强弱对变量排序，使用蒙特卡罗模拟生成脉冲响应图像；（5）进行脉冲响应分析和方差分解分析。

设p阶PVAR方法的矩阵表达式为：

$$\begin{gathered}Y_{it}=\Gamma_1 Y_{i,t-1}+\Gamma_2 Y_{i,t-2}+\Gamma_3 Y_{i,t-3}+\cdots+\Gamma_p Y_{i,t-p}+[I]_{it}\\ [I]_{it}=\alpha_i+\lambda_t+\mu_{it}\quad i=1,2,\cdots,N;\ t=1,2,\cdots,T\end{gathered}\tag{5-1}$$

其中，下标i表示地区，t代表时间；$Y_{it}=[Y_{it}^1, Y_{it}^2, \cdots, Y_{it}^k]$，k代表内生变量个数；Γ为系数矩阵，p为滞后阶数；列向量$\alpha_i$、$\lambda_t$、$\mu_{it}$分别代表个体效应、时间效应和扰动项。

### （二）变量数据选择与描述性统计

本章节使用的变量包括：（1）产业结构服务化（indu）。根据三次产业产值构成数据使用向量夹角法测算。（2）人力资本（hcs）。第三章对区域内部人力资本提升影响的数理推导侧重描述了伴随着产业结构服务化的进程，特殊人力资本比重不断增加、人力资本结构不断优化的人力资本提升过程，因此使用人力资本结构高级化指标表征人力资本，同时使用考虑了结构因素的人力资本综合评价值指标表征人力资本（hc）进行稳健性检验。（3）经济增长（lnuy）。由于地区间人口基数悬殊，总量概念往往掩盖地区经济增长的真实水平，为提升变量在地区间的可比性，使用人均实际 GDP 指标表征。人均实际 GDP 指标的测算首先以不变价格对历年 GDP 数据进行平减，以剔除价格变动的影响；其次在测算得到的实际 GDP 基础上计算人均实际 GDP；最后对人均实际 GDP 取对数消除异方差影响。

本章节采用中国 30 个省、自治区、直辖市（不含港澳台和西藏地区）2006～2019 年 14 年省级面板数据。数据来源于《中国统计年鉴》（2007～2020 年）、《中国劳动统计年鉴》（2007～2020 年）、《中国人口和就业统计年鉴》（2007～2020 年）以及各省份历年统计年鉴。表 5－1 是变量的描述性统计，同时汇报了 LLC（Levin－Lin－Chu）检验的结果，三变量在 1% 的水平下拒绝"所有个体是非平稳"的原假设，可以认为数据是平稳的。

**表 5－1　　省级数据 PVAR 方法变量描述性统计**

| 变量 | 符号 | N | Mean | SD | Min | Max | LLC |
|---|---|---|---|---|---|---|---|
| 人力资本 | hcs | 420 | 19.111 | 0.992 | 16.632 | 21.576 | －3.5962***<br>(0.0002) |
| 人力资本 | hc | 420 | 18.00 | 12.76 | 1.09 | 100.00 | －1.6833**<br>(0.0462) |

续表

| 变量 | 符号 | N | Mean | SD | Min | Max | LLC |
|---|---|---|---|---|---|---|---|
| 产业结构服务化 | indu | 420 | 6.631 | 0.340 | 5.643 | 7.655 | -6.5509***<br>(0.0000) |
| 经济增长 | lnuy | 420 | 2.042 | 0.554 | 0.512 | 3.487 | -7.6837***<br>(0.0000) |

注：** 和 *** 分别表示在5%和1%水平上显著。

## 二、模型构建与实证结果分析

### （一）模型构建

基于PVAR方法构建产业结构服务化对区域内部人力资本提升影响的实证模型。式（5-1）中的 $Y_{it}$ 可表示为 $Y_{it}=[indu_{it}, hcs_{it}, lnuy_{it}]'$，i、t分别代表区域与时间。当令：$X_{it}=[Y'_{it-1}Y'_{it-2}\cdots Y'_{it-p}]'=(indu_{it-1}, hcs_{it-1}, lnuy_{it-1}, \cdots, indu_{it-p}, hcs_{it-p}, lnuy_{it-p})'$，基于PVAR方法构建的产业结构服务化对区域内部人力资本提升影响的实证模型可表示为：

$$\begin{cases} indu_{it}=\Gamma^1 X_{it}+\alpha_i^1+\lambda_t^1+\mu_{it}^1 \\ hcs_{it}=\Gamma^2 X_{it}+\alpha_i^2+\lambda_t^2+\mu_{it}^2 \\ lnuy_{it}=\Gamma^3 X_{it}+\alpha_i^3+\lambda_t^3+\mu_{it}^3 \end{cases} \tag{5-2}$$

式（5-2）中，$\Gamma^k$①为系数矩阵；列向量 $\alpha_i^k$ 代表个体效应，采用Hermlet转换方法移除前项均值去除；$\lambda_t$ 代表时间效应，采用组内均值差分法去除；$\mu_{it}^k$ 代表扰动项。

### （二）实证结果分析

#### 1. 基准模型分析

采用PVAR方法需要进行格兰杰因果关系检验。如果在包含了X

① k=1，2，3。

变量、Y变量过去信息的条件下，对Y的预测效果优于只包含了Y的过去信息对Y预测的效果，则称变量X是引致变量Y的格兰杰原因（叶阿忠等，2017）。表5－2报告了变量间的格兰杰因果关系检验（Granger Test of Causality）结果，六项原假设均被拒绝，表明人力资本与产业结构服务化、人力资本与经济增长、产业结构服务化与经济增长三组关系的两变量互为彼此的格兰杰原因。

**表5－2　　省级数据PVAR方法格兰杰因果关系检验结果**

| 原假设 | 结果 | F－Statistic | Prob |
|---|---|---|---|
| 人力资本不是产业结构服务化的格兰杰原因 | 拒绝 | 3.394 | 0.071 |
| 产业结构服务化不是人力资本的格兰杰原因 | 拒绝 | 11.001 | 0.001 |
| 经济增长不是人力资本的格兰杰原因 | 拒绝 | 8.413 | 0.005 |
| 人力资本不是经济增长的格兰杰原因 | 拒绝 | 9.056 | 0.004 |
| 经济增长不是产业结构服务化的格兰杰原因 | 拒绝 | 6.723 | 0.013 |
| 产业结构服务化不是经济增长的格兰杰原因 | 拒绝 | 26.354 | 0.000 |

考虑到中国各区域资源禀赋、经济发展水平差距较大，本书参考杨尧均和章和杰（2020），将全国样本分为东部地区、中部地区、西部与东北部地区三组，分区域探究产业结构服务化对区域人力资本提升的影响。

使用PVAR方法需要综合Akaike信息准则（AIC）、Baysian信息准则（BIC）、Hannan和Quinn信息准则（HQIC）判定PVAR方法的最优滞后阶数，结果如表5－3所示。中部地区样本、西部与东北部地区样本的AIC、BIC、HQIC信息值先减小后增大，因此最优滞后阶数均为2阶。东部地区样本的三种信息值随着滞后阶数的增大而持续变小，因此最优滞后阶数为3阶。

表 5－3　　省级数据 PVAR 方法 AIC、BIC 和 HQIC 信息值

| 地区 | 滞后阶数 | AIC | BIC | HQIC |
| --- | --- | --- | --- | --- |
| 东部地区 | 1 | －6.935 | －6.029 | －6.568 |
| | 2 | －7.544 | －6.365 | －7.066 |
| | 3 | －8.135 * | －6.650 * | －7.534 * |
| 中部地区 | 1 | －7.445 | －6.592 | －7.106 |
| | 2 | －9.406 * | －8.212 * | －8.934 * |
| | 3 | －9.247 | －7.676 | －8.632 |
| 西部与东北部地区 | 1 | －5.810 | －4.861 | －5.425 |
| | 2 | －7.412 * | －6.229 * | －6.931 * |
| | 3 | －7.076 | －5.626 | －6.487 |

注：＊表示在 10% 水平上显著。

根据确定的最优滞后阶数使用系统 GMM 方法估计系数，估计结果如表 5－4 所示。①当人力资本作为被解释变量，东部地区产业结构服务化对人力资本的滞后 1 期～3 期影响为正，滞后 2 期～3 期至少在 10% 的显著性水平下通过检验。而在中部地区、西部和东北部地区样本下，产业结构服务化滞后 1 期对人力资本的影响为负，滞后 2 期影响为正，滞后 2 期小于滞后 1 期绝对值，滞后 1 期、2 期的影响均不显著。②当产业结构服务化作为被解释变量，东部地区人力资本滞后 1 期～3 期的影响为正，且滞后 1 期、3 期正向影响显著。中部地区、西部与东北部地区人力资本滞后 1 期系数为负。③当经济增长作为被解释变量，东部地区人力资本滞后 1 期～3 期的影响均为正，滞后 1 期在 5% 的显著性水平下通过检验。与之相反，中部地区、西部与东北部地区人力资本滞后 1 期～2 期系数均为负值。④从系数方向和显著性水平方面整体看，人力资本与产业结构服务化的关系在中部地区、西部与东北部地区两组样本下较为一致，与东部地区样本的估计结果存在较大差异。

表 5-4　　省级数据 PVAR 方法回归结果

| | 东部地区 | | 中部地区 | | 西部与东北部地区 | |
|---|---|---|---|---|---|---|
| | | | h_indu | | | |
| L. h_indu | 0.665*** | (9.10) | 0.765*** | (4.54) | 0.415 | (1.63) |
| L. h_hcs | 0.071* | (1.75) | -0.077* | (-1.68) | -0.084 | (-1.62) |
| L. h_lnuy | -0.461 | (-1.05) | 0.553* | (1.69) | -0.139 | (-0.39) |
| L2. h_indu | 0.238 | (1.10) | -0.166 | (-1.42) | 0.019 | (0.13) |
| L2. h_hcs | 0.027 | (0.85) | 0.016 | (0.58) | -0.005 | (-0.22) |
| L2. h_lnuy | 0.440 | (1.10) | -0.256 | (-0.72) | 0.388 | (0.95) |
| L3. h_indu | 0.024 | (0.13) | – | – | – | – |
| L3. h_hcs | 0.040* | (1.67) | – | – | – | – |
| L3. h_lnuy | -0.305 | (-1.27) | – | – | – | – |
| | | | h_hcs | | | |
| L. h_indu | 0.060 | (0.21) | -0.563 | (-0.97) | -0.170 | (-0.27) |
| L. h_hcs | 0.811*** | (4.72) | 0.644*** | (4.74) | 0.733*** | (4.80) |
| L. h_lnuy | 2.012 | (1.55) | 3.521** | (2.49) | 1.823 | (1.57) |
| L2. h_indu | 1.189* | (1.85) | 0.455 | (0.81) | 0.022 | (0.06) |
| L2. h_hcs | 0.058 | (0.44) | -0.075 | (-0.59) | -0.198** | (-2.24) |
| L2. h_lnuy | -5.029*** | (-4.06) | -2.595* | (-1.82) | -0.987 | (-0.75) |
| L3. h_indu | 2.752*** | (3.97) | – | – | – | – |
| L3. h_hcs | -1.148* | (-1.76) | – | – | – | – |
| L3. h_lnuy | -0.019 | (-0.20) | – | – | – | – |
| | | | h_lnuy | | | |
| L. h_indu | 0.070* | (1.82) | 0.033 | (0.40) | -0.124 | (-1.49) |
| L. h_hcs | 0.041** | (2.12) | -0.029 | (-1.29) | -0.056** | (-2.53) |
| L. h_lnuy | 1.348*** | (4.11) | 1.906*** | (13.7) | 1.677*** | (11.43) |
| L2. h_indu | -0.017 | (-0.25) | -0.104** | (-2.08) | -0.069** | (-2.05) |
| L2. h_hcs | 0.006 | (0.52) | -0.024** | (-2.07) | -0.011 | (-0.92) |
| L2. h_lnuy | -0.542 | (-1.52) | -0.803*** | (-4.97) | -0.555*** | (-3.34) |

续表

| | 东部地区 | | 中部地区 | | 西部与东北部地区 | |
|---|---|---|---|---|---|---|
| h_lnuy | | | | | | |
| L3. h_indu | -0.013 | (-0.20) | - | - | - | - |
| L3. h_hcs | 0.011 | (1.13) | - | - | - | - |
| L3. h_lnuy | -0.016 | (-0.11) | - | - | - | - |

注：*、** 和 *** 分别表示在 10%、5% 和 1% 水平上显著，括号内为 t 值。

根据系统 GMM 估计结果构建脉冲响应函数。使用蒙特卡罗模拟 1000 次后生成脉冲响应图 5-1 ~ 图 5-3。图中上下两条细短虚线表示 95% 置信区间上下限，中间实线代表冲击轨迹与振幅大小。

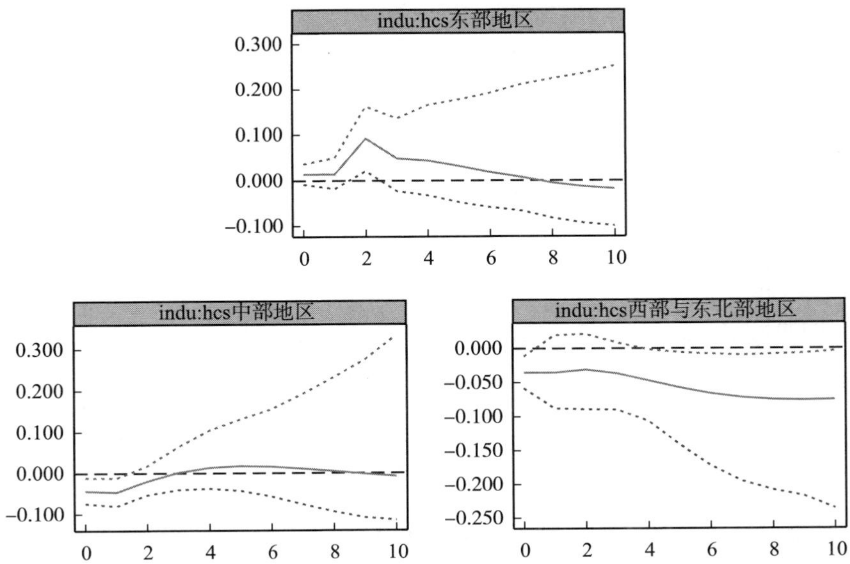


Impulse: Response　Errors are 5% on each side generated by Monte-Carlo with 1000 reps

**图 5-1　省级数据 PVAR 方法产业结构服务化对人力资本的影响**

图 5-1 是产业结构服务化对人力资本的冲击作用。面对一个产业结构服务化的冲击，中部、西部与东北部地区人力资本在当期呈现负

向响应。随后，中部地区表现出增长趋势，但西部与东北部地区下降趋势一直存在；结合置信区间的影响进一步分析，由于零水平线基本处于中部、西部与东北部地区脉冲响应函数图像的置信区间内，因此在这些地区，产业结构服务化对人力资本的影响整体并不显著。与之相反，对于东部地区，在受到产业结构服务化的一个标准差冲击后，人力资本在当期产生了正向影响，于第 2 期达到峰值后开始下降，考虑到置信区间的取值范围，正向影响约在第 3 期消失。

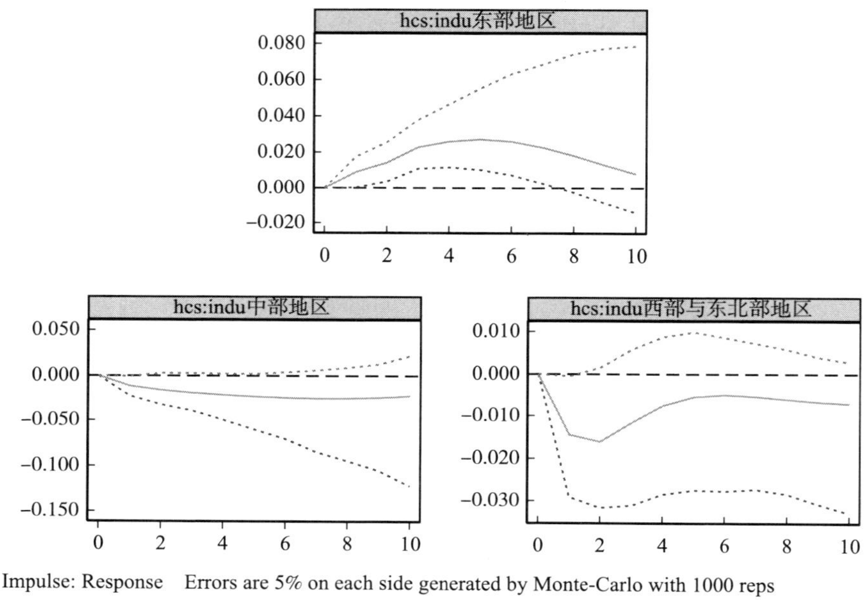


**图 5-2　省级数据 PVAR 方法人力资本对产业结构服务化的影响**

图 5-2 是人力资本对产业结构服务化的冲击作用。受人力资本标准差冲击，中部、西部与东北部地区的产业结构服务化产生负向响应；结合置信区间看，中部地区的负向影响持久显著，西部与东北部地区的负向影响至第 2 期后不再显著。与之相反，东部地区产业结构服务化在受到冲击后表现出上升的趋势，且持续时间较长，正效应约持续到第 7 期后不再显著。

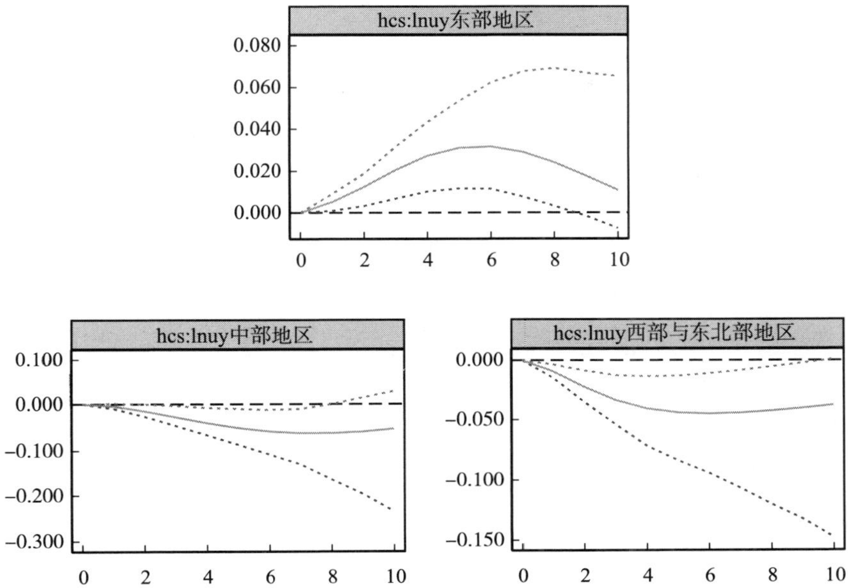


Impulse: Response  Errors are 5% on each side generated by Monte-Carlo with 1000 reps

**图 5－3　省级数据 PVAR 方法人力资本对经济增长的影响**

图 5－3 是人力资本对经济增长的影响，面对人力资本的标准差冲击，中部、西部与东北部地区经济增长呈现了显著的负向影响，且负向响应的峰值基本相似。而东部地区人力资本对经济增长的影响呈现出稳健长效且显著的正向冲击作用。

**2. 稳健性检验**

采用变量替换法进行稳健性检验。以人力资本综合评价值指标（hc）代替人力资本结构高级化指标（hcs）表征人力资本，并将样本分为东部地区、东北部地区、中部地区、西部地区四组，分组使用 PVAR 方法分析，以佐证产业结构服务化对本地区人力资本提升的区域异质性影响。最优滞后阶数的选取如表 5－5 所示，确定东部地区的最优滞后阶数为 3 阶,[①] 剩余地区的最优滞后阶数为 1 阶。

**表 5－5　省级数据 PVAR 方法稳健性检验的 AIC、BIC 和 HQIC 信息值**

| 地区 | 滞后阶数 | AIC | BIC | HQIC |
|---|---|---|---|---|
| 东部地区 | 1 | 2. 225 | 2. 783 * | 2. 452 |
| | 2 | 2. 287 | 2. 975 | 2. 566 |
| | 3 | 2. 102 * | 2. 936 | 2. 440 * |
| 东北部地区 | 1 | 0. 286 * | 0. 726 * | 0. 439 * |
| | 2 | 1. 724 | 2. 359 | 1. 937 |
| | 3 | 2. 888 | 3. 728 | 3. 157 |
| 中部地区 | 1 | －0. 227 * | 0. 279 * | －0. 251 * |
| | 2 | 0. 039 | 0. 703 | 0. 302 |
| | 3 | 0. 429 | 1. 266 | 0. 756 |
| 西部地区 | 1 | 1. 711 * | 2. 279 * | 1. 942 * |
| | 2 | 1. 717 | 2. 410 | 1. 998 |
| | 3 | 2. 126 | 2. 960 | 2. 464 |

注：＊表示在 10% 水平上显著。

表 5－6 表明，当以人力资本综合评价值指标表征的人力资本作为被解释变量，东部地区产业结构服务化滞后 1 期～2 期的影响显著为正，系数值分别为 9. 521、17. 800，滞后三期影响显著为负，系数值为－17. 820。而东北部、中部、西部地区滞后 1 期项的响应显著为负，系数取值分别为－18. 030、－8. 554 和－17. 920，区域差异明显。根据系统 GMM 估计结果生成脉冲响应图 5－4。

① 根据 AIC、BIC 和 HQIC 三种准则判断的东部地区的最优滞后阶数并不相同，因此需要结合主观判断。常用的判断依据是：BIC 和 HQIC 准则优于 AIC 准则（Lütkepohl，2013）。本书确定东部地区的最优滞后阶数为 3 阶。原因有两个方面：一是对比 1 阶、3 阶生成的脉冲响应函数图像发现，响应变化趋势与显著性水平一致。二是虽然滞后阶数越大自由度越低，但能提供更多变量滞后期对另一个变量当期值的影响。

**表 5－6　　省级数据 PVAR 方法的稳健性检验回归结果**

| 变量 | 东部地区 | | 东北部地区 | | 中部地区 | | 西部地区 | |
|---|---|---|---|---|---|---|---|---|
| h_hc | | | | | | | | |
| L. h_hc | 0.927*** | (4.69) | 1.280*** | (−6.00) | 1.151*** | (13.97) | 1.268*** | (7.32) |
| L. h_indu | 9.521*** | (3.65) | −18.030* | (−1.89) | −8.554*** | (−3.44) | −17.920** | (−2.30) |
| L2. h_hc | 0.066 | (0.31) | – | – | – | – | – | – |
| L2. h_indu | 17.800** | (2.18) | – | – | – | – | – | – |
| L3. h_hc | −0.185 | (−1.09) | – | – | – | – | – | – |
| L3. h_indu | −17.820** | (−2.43) | – | – | – | – | – | – |
| h_indu | | | | | | | | |
| L. h_hc | −0.006 | (−1.26) | 0.015** | (2.12) | 0.016*** | (3.80) | 0.010** | (2.04) |
| L. h_indu | 0.761*** | (4.90) | 0.216 | (0.68) | 0.435*** | (3.34) | 0.420* | (1.85) |
| L2. h_hc | 0.003 | (0.86) | – | – | – | – | – | – |
| L2. h_indu | 0.346 | (1.64) | – | – | – | – | – | – |
| L3. h_hc | 0.001 | (0.29) | – | – | – | – | – | – |
| L3. h_indu | −0.122 | (−0.59) | – | – | – | – | – | – |

注：*、** 和 *** 分别表示在 10%、5% 和 1% 水平上显著，括号内为 t 值。

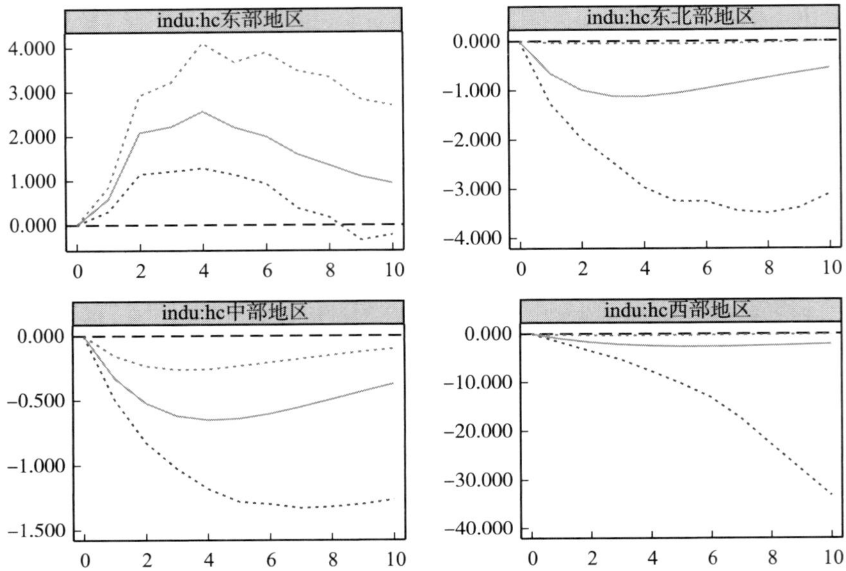


**图 5－4　省级数据 PVAR 方法稳健性检验产业结构服务化对人力资本的影响**

图 5－4 表明，面对产业结构服务化的一个标准差冲击，中国四大经济区域的人力资本产生了两种截然相反的响应趋势：东部地区产生了正向响应，响应强劲持续时间较长；东北部、中部、西部地区的人力资本在受到产业结构服务化的冲击后产生了负向响应。进一步结合置信区间分析。东部地区的正向响应直至第 8 期结束，其余三大经济区域的负向影响虽有收敛趋势，但持续时间较长。

基准模型分析与稳健性检验发现：脉冲响应在中部地区、西部和东北部地区的发展趋势、振幅大小相似，显著区别于东部地区。具体来说：①东部地区产业结构服务化促进人力资本提升，人力资本促进了经济增长，假说 H1 得到验证；②中部、西部与东北部地区产业结构服务化对人力资本无正向影响，人力资本的经济增长效应不显著，假说 H1 在这些地区并不成立；③当以人力资本综合评价值指标替代人力资本结构高级化指标衡量人力资本，产业结构服务化对区域内部人力资本提升的影响同样存在区域异质性，实证结果较为稳健。

# 第二节 基于动态面板数据模型构建产业结构服务化对区域内部人力资本提升影响的实证模型

## 一、动态面板数据模型原理、变量数据选择与描述性统计

### （一）动态面板数据模型原理

本节采用地级市数据，基于动态面板数据模型（Dynamic Panel Data Model）开展实证研究，分析产业结构服务化对区域内部人力资本提升的影响，为第三章理论分析提供经验支持。

经济理论认为，个体当前行为由于惯性和部分调整会受到过去行为的影响（陈强，2014）。面板数据因包括了变量的滞后项，可构成动态面板数据，并对个体动态行为建模。动态面板数据模型可分为两类，一类是横截面维度大于时间维度的短动态面板数据模型，另一类是时间维度大于横截面维度的长动态面板数据模型。动态面板数据模型的一般形式表示为：

$$Y_{it} = \Gamma Y_{i,t-1} + \gamma Z_{it} + \beta X_{it} + \alpha_i + \lambda_t + \mu_{it} \qquad (5-3)$$

其中，$Y_{i,t-1}$为被解释变量一阶滞后项，$Z_{it}$为解释变量，$X_{it}$为控制变量，γ、Γ、β 为系数矩阵，$\alpha_i$、$\lambda_t$、$\mu_{it}$分别代表个体效应、时间效应和扰动项。

### （二）变量数据选择与描述性统计

本书构建的动态面板数据模型包括以下变量：（1）人力资本（ln-edupcd）。囿于数据原因，获取地级市层面就业人员受教育程度信息的难度较大，因此本节采用惯用的地级市人力资本测度指标——每万人在校大学生数量表征人力资本。（2）产业结构服务化（indu）。采用与 PVAR 方法一致的向量夹角法测度产业结构服务化。与此同时，采用三

次产业产值构成的加权平均方法测度产业结构服务化（instrc）以进行稳健性检验，具体测度方法参考本书第四章。(3) 控制变量（X）。①生产性服务业与制造业协同集聚水平（xt_pm），采用第四章生产性服务业与制造业协同集聚指数测度，以体现服务化发展质量。当“两业融合”发展水平越高，对高技能人力资本需求越强劲，人力资本提升越明显。同时，以生产性服务业集聚水平（agg_pro）、生产性服务业与公共服务业协同集聚水平（xt_pg）表示产业结构服务化发展质量，进行稳健性检验。其中，对 agg_pro 的测算采用第四章产业集聚指数测度方法；对 xt_pg 的测算基于 agg_pro、公共服务业集聚水平（agg_pg）测算结果，采用第四章产业协同集聚指数测度方法。[①] ②城镇化水平（city），使用市辖区人口占全市人口比重表征，在回归分析中对该指标的百分数形式取对数。③经济增长水平（gdp），采用 GDP 增长率表征。④财政资源（fisoir），参考王智勇和李瑞（2021），采用地方财政支出与财政收入之比表示地级市获取财政资源的能力，并在回归分析中使用财政资源变量的滞后一期（L. fisoir）。⑤数字基础设施（lninternetuser），采用国际互联网用户数（万户）表征，先进的信息化水平意味着更多通过线上获取知识，进行人力资本投资的机会。⑥技术水平（tech），由于技术的发展与应用一方面提高人力资本的效率和质量，另一方面为产业结构服务化提供技术和基础设施支持，将同时对人力资本与产业结构服务化产生影响，因此以时间演进代表技术水平，设 2003 年技术水平为 1，2004 年技术水平为 2，以此类推，并采用 ln(t + 1) 形式近似体现技术演进的速度。⑦教育科研财政支出占比（lnexpenditure），以教育科学技术支出占地方财政一般预算类支出比重衡量，以该指标百分数形式取对数、并取滞后一期进行回归分析。⑧教育财政支出占比（lneduexpr），以教育支出占地方财政一般预算类支出比重

---

① 公共服务业包括水利、环境和公共设施管理业；居民服务、修理和其他服务业；教育；卫生和社会工作；文化体育和娱乐业；公共管理、社会保障和社会组织。生产性服务业与公共服务业协同集聚水平（xt_pg）测度公式为：$xt\_pg = \left[1 - \frac{|agg\_pro - agg\_pg|}{agg\_pro + agg\_pg}\right] + (agg\_pro + agg\_pg)$。

衡量，数据处理方式与 lnexpenditure 变量相同。⑨城市序列变量（cityrank），城市序列排位靠前的城市往往是省会城市、副省级城市，或者本省经济发展水平较高的城市，与排序靠后的城市在经济发展、资源获取等方面差距较大，需控制这一因素对实证结果的影响。⑩地区虚拟变量东部地区（east）、西部地区（west）、中部地区（central）、东北部地区（north）。其中 east = 1 表示城市属于东部地区。同理，west = 1、central = 1、north = 1 分别代表城市属于西部地区、中部地区和东北部地区。⑪对外开放度（open），以人民币汇率中间价折算的各地级市实际利用外商投资额占地区生产总值的比重衡量。⑫此外，由于本书的实证分析涉及产业结构、产业集聚，为更好地克服遗漏变量产生的估计偏误问题，以地形起伏度指标表征地理因素变量（rdls），[①] 体现地形地貌等自然特征以及交通因素对回归结果产生的影响（王智勇，2019）。

本章节采用的是中国 30 个省、自治区、直辖市（不含港澳台和西藏地区）2003 ~2019 年 276 个地级市相关数据，数据来源于《中国城市统计年鉴》（2004 ~2020 年）。变量的描述性统计如表 5 –7 所示。

**表 5 –7　地级市数据动态面板数据模型变量描述性统计**

| 变量 | 符号表示 | N | Mean | SD | Min | Max |
|---|---|---|---|---|---|---|
| 人力资本 | lnedupcd | 4580 | 4.485 | 1.118 | –0.524 | 7.179 |
| 产业结构服务化 | indu | 4688 | 6.408 | 0.366 | 5.408 | 7.652 |
| 产业结构服务化 | instrc | 4688 | 2.247 | 0.149 | 1.099 | 2.832 |
| 生产性服务业与制造业协同集聚水平 | xt_pm | 4688 | 2.390 | 0.542 | 0.537 | 4.676 |
| 生产性服务业与公共服务业协同集聚水平 | xt_pg | 4688 | 2.753 | 0.486 | 0.762 | 5.284 |
| 生产性服务业集聚水平 | agg_pro | 4688 | 0.789 | 0.302 | 0.036 | 3.933 |

① 本书采用的地形起伏度数据取自：游珍、封志明、杨艳昭：《中国地形起伏度公里网格数据集》，载于《全球变化数据仓储》2018 年第 3 期。

续表

| 变量 | 符号表示 | N | Mean | SD | Min | Max |
|---|---|---|---|---|---|---|
| 财政资源 | fisoir | 4689 | 2.725 | 1.809 | 0.649 | 39.031 |
| 经济增长 | gdp | 4680 | 0.111 | 0.044 | -0.194 | 0.377 |
| 数字基础设施 | lninternetuser | 4658 | 3.608 | 1.505 | -0.929 | 9.527 |
| 城镇化水平 | city | 4680 | 0.353 | 0.239 | 0.034 | 1.000 |
| 技术水平 | tech | 4692 | 9.000 | 4.900 | 1.000 | 17.000 |
| 教育科研财政支出占比 | lnexpenditure | 4689 | 2.943 | 0.261 | 0.101 | 3.907 |
| 教育财政支出占比 | lneduexpr | 4688 | 2.624 | 1.026 | -3.107 | 3.901 |
| 对外开放度 | open | 4241 | 0.021 | 0.023 | 0 | 0.375 |
| 城市序列 | cityrank | 4692 | 7.496 | 6.548 | 1 | 53 |
| 地区虚拟变量东部地区 | east | 4692 | 0.312 | 0.463 | 0.000 | 1.000 |
| 地区虚拟变量西部地区 | west | 4692 | 0.282 | 0.450 | 0 | 1 |
| 地区虚拟变量中部地区 | central | 4692 | 0.282 | 0.450 | 0 | 1 |
| 地区虚拟变量东北部地区 | north | 4692 | 0.123 | 0.328 | 0 | 1 |
| 地理因素 | rdls | 4692 | 0.662 | 0.739 | 0.001 | 3.814 |

## 二、模型构建与实证结果分析

### （一）模型构建

基于动态面板数据模型的一般形式（5-3），构建产业结构服务化对区域内部人力资本提升影响的基准模型（5-4）：

$$\begin{aligned}lnedupcd_{it} = {} & \rho_1 lnedupcd_{i,t-1} + \rho_2 indu_{it} + \rho_3 xt\_pm_{it} + \rho_4 L.fisoir_{it} + \rho_5 gdp_{it} \\ & + \rho_6 lninternetuser_{it} + \rho_7 city_{it} + \rho_8 tech_{it} + \rho_9 L.lnexpenditure_{it} \\ & + \rho_{10} open_{it} + \rho_{10} cityrank_{it} + \rho_{11} east_{it} + \rho_{12} rdls_{it} + \alpha_i + \lambda_t + \mu_{it}\end{aligned} \tag{5-4}$$

在模型中，$\alpha_i$ 为地区效应，$\lambda_t$ 为时间效应，$\mu_{it}$表示扰动项。

## （二）实证结果分析

### 1. 基准模型分析

表5－8 中列（1）是固定效应估计方法的估计结果，列（2）是 GLS 估计方法的估计结果。回归结果表明，全国层面产业结构服务化显著促进区域内部人力资本提升。考虑到基准模型（5－4）中解释变量与被解释变量之间存在的双向因果关系可能导致内生性问题，而固定效应估计方法和 GLS 方法均无法解决内生性问题，因此需要使用能够较好处理内生性问题的系统 GMM 估计方法，获取更加稳健的回归结果。系统 GMM 的估计结果在表 5－8 中列（3）汇报，其中 AR（1）检验的 p 值小于 0.1，AR（2）检验的 p 值大于 0.1，表明不会出现序列自相关，能够克服内生性问题；Hansen 检验值大于 0.1 且远小于 1.0，表明不存在过度识别问题，检验结果表明模型设计具有合理性。

**表5－8　　地级市数据动态面板数据模型回归结果**

| 被解释变量 | lnedupcd | lnedupcd | lnedupcd |
|---|---|---|---|
| | （1） | （2） | （3） |
| | 固定效应 | GLS 回归 | GMM 回归 |
| L. lnedupcd | – | – | 0.835***<br>（23.46） |
| indu | 0.649***<br>（4.04） | 0.856***<br>（23.09） | 0.189**<br>（2.39） |
| xt_pm | 0.056<br>（1.47） | 0.135***<br>（8.39） | 0.048<br>（1.45） |
| L. fisoir | −0.011<br>（−1.25） | −0.026***<br>（−7.19） | 0.008<br>（1.39） |
| gdp | 0.070<br>（0.23） | 0.136<br>（1.19） | 0.145<br>（0.71） |

续表

| 被解释变量 | lnedupcd<br>(1)<br>固定效应 | lnedupcd<br>(2)<br>GLS 回归 | lnedupcd<br>(3)<br>GMM 回归 |
|---|---|---|---|
| lninternetuser | 0.072 ***<br>(2.80) | 0.081 ***<br>(9.86) | 0.058 ***<br>(2.61) |
| city | 0.094 **<br>(2.03) | 0.283 ***<br>(7.28) | 0.059<br>(1.43) |
| tech | -2.394 *<br>(-1.89) | -2.805 ***<br>(-7.18) | -0.427 **<br>(-2.36) |
| L. lnexpenditure | -0.111 *<br>(-1.77) | -0.178 ***<br>(-7.87) | 0.031<br>(0.71) |
| open | 0.077<br>(0.07) | 1.216 ***<br>(4.55) | -0.492<br>(-0.84) |
| cons | 6.714 **<br>(1.98) | 5.953 ***<br>(5.22) | - |
| 时间固定效应 | Yes | Yes | Yes |
| 地区固定效应 | Yes | Yes | Yes |
| Observation | 3868 | 3867 | 3838 |
| AR (1) p-value | - | - | 0.000 |
| AR (2) p-value | - | - | 0.212 |
| Hansen 检验值 | - | - | 0.298 |

注：*、** 和 *** 分别表示在 10%、5% 和 1% 水平上显著，列（1）、列（2）括号内为 z 值，列（3）括号内为 t 值。

系统 GMM 回归结果表明：①全国层面产业结构服务化（indu）促进区域内部人力资本提升。产业结构服务化提高一个单位，人力资本提高 0.189 个单位，且在 5% 水平通过显著性检验。由于样本时间跨度为 2003~2019 年，其间中国产业结构服务化进程伴生着产业结构的优化升级，因此全国层面服务化水平提升能够促进人力资本积累，回归结果与理论预期相一致。②生产性服务业与制造业协同集聚水平（xt_pm）对人力资本提升产生正向影响，但影响并不显著，未通过显著性检验。③数字基础设施（lninternetuser）影响显著为正，表明信息基础设施建设的加快将提供更多获取区域内外部知识外溢的机会，促进人力资本积累。④技术水平对人力资本提升的影响显著为负，这似乎与理论预期相左。一种可能的解释是，技术进步本质上不会阻碍人力资本的积累，但会在一定时期对人力资本价值和需求产生不利影响，即当技术进步引致的自动化、数字化取代重复性工作，甚至淘汰一些职业和专业，并且其创造的新职业与领域还未形成有效的知识技能积累，此时会造成人力资本折旧过快、人力资本水平下降的趋势（见表5-9）。

**表5-9 地级市数据动态面板数据模型回归结果（增加rdls、cityrank和east变量）**

| 被解释变量 | lnedupcd | lnedupcd |
|---|---|---|
| | (1) | (2) |
| | GMM 回归 | GMM 回归 |
| L. lnedupcd | 0.822*** (23.20) | 0.782*** (20.78) |
| indu | 0.212*** (2.93) | 0.255*** (3.17) |
| xt_pm | 0.059* (1.69) | 0.086** (2.10) |
| L. fisoir | 0.005 (0.79) | 0.004 (0.72) |
| gdp | 0.081 (0.39) | 0.157 (0.68) |
| lninternetuser | 0.053** (2.25) | 0.066** (2.62) |

续表

| 被解释变量 | lnedupcd | lnedupcd |
|---|---|---|
| | (1) | (2) |
| | GMM 回归 | GMM 回归 |
| city | 0.060<br>(1.53) | 0.046<br>(1.24) |
| tech | -0.451 **<br>( -2.63) | -0.516 ***<br>( -2.77) |
| L. lnexpenditure | 0.022<br>(0.51) | 0.041<br>(0.92) |
| open | -0.253<br>( -0.48) | 0.074<br>(0.14) |
| rdls | 0.024 *<br>(1.70) | 0.004<br>(0.22) |
| cityrank | - | -0.004 *<br>( -1.82) |
| east | - | -0.098 ***<br>( -2.85) |
| 时间固定效应 | Yes | Yes |
| 地区固定效应 | Yes | Yes |
| Observation | 3838 | 3838 |
| AR（1） p-value | 0.000 | 0.000 |
| AR（2） p-value | 0.212 | 0.216 |
| Hansen 检验值 | 0.282 | 0.301 |

注：*、** 和 *** 分别表示在 10%、5% 和 1% 水平上显著，括号内为 t 值。

本书接下来分别加入地理因素变量（rdls）、城市序列变量（cityrank）和地区虚拟变量东部地区（east）进行回归分析，克服遗漏变量引致的估计偏误问题。如表 5 -9 列（1）所示，当加入了变量 rdls，产业结构服务化（indu）系数的显著性和数值都有所提高，对区域内部人力资本提升的影响从0.189增长至0.212；生产性服务业与制造业协同集聚水平（xt_pm）对人力资本提升的影响从0.048增长至0.059，且通过10%水平的显著性检验。这表明，“两业融合”是激活人力资本的动力，当生产性服务业与制造业产业集聚水平越高，生产的知识技术密集特征越显著，劳动力满足岗位高技能高知识需求的过程即人力资本提升的过程。值得注意的是，rdls变量自身对人力资本的积累并未呈现理论预期的显著负向影响。究其原因，本部分实证分析的人力资本变量使用万人在校大学生数表征，其与中国高等教育资源分布密切相关。中国高等教育发展受政府干预影响深远，虽然优质高等教育资源更多集中在经济相对发达的地区，但考虑到区域教育资源分布的均衡性，中国政府多次调整高校设置并在相对落后地区设置高等院校，这些干预措施，从整体上降低了中国高校分布与地形起伏要素之间的负向关联（刘远，2017）。

列（2）汇报的是增加城市序列变量（cityrank）、地区虚拟变量东部地区（east）的回归结果。产业结构服务化（indu）、生产性服务业与制造业协同集聚水平（xt_pm）对人力资本提升影响的系数数值和显著性水平均有所提升，表明忽视两变量会导致估计偏误问题。其中产业结构服务化的人力资本积累效应为0.255，生产性服务业与制造业协同集聚水平对人力资本的影响为0.086。城市序列变量显著为负，意味着各省排序靠前的城市，因资源优势突出、经济发展水平较高，人力资本增长较为明显，回归结果与理论预期相一致。东部地区变量系数为－0.098，在1%水平上通过显著性检验，表明样本观察期内非东部地区人力资本提升的趋势比东部地区更为强劲，这与本书第四章中国人力资本发展趋势的测度结论相吻合。

**2. 稳健性检验**

本书使用变量替换法进行稳健性检验。以三次产业产值构成的加权平均方法代替向量夹角法测度产业结构服务化（instrc），进行稳健性检验，回归结果汇报在表5－10的列（1）~列（3）。

表 5－10　　地级市数据动态面板数据模型稳健性检验（替换 indu 为 instrc）

| 被解释变量 | lnedupcd | lnedupcd | lnedupcd |
|---|---|---|---|
| | (1) | (2) | (3) |
| | GMM 回归 | GMM 回归 | GMM 回归 |
| L. lnedupcd | 0.775***<br>(19.10) | 0.784***<br>(21.22) | 0.779***<br>(22.05) |
| instrc | 0.620***<br>(3.43) | 0.693***<br>(3.78) | 0.602***<br>(3.61) |
| xt_pm | 0.081**<br>(1.97) | – | – |
| agg_pro | – | 0.072**<br>(2.47) | – |
| xt_pg | – | – | 0.084***<br>(2.62) |
| L. fisoir | 0.005<br>(0.92) | 0.001<br>(0.12) | −0.001<br>(−0.19) |
| gdp | 0.259<br>(1.19) | 0.200<br>(0.93) | 0.241<br>(1.14) |
| lninternetuser | 0.084***<br>(2.97) | 0.089***<br>(3.12) | 0.077***<br>(3.28) |
| city | 0.067<br>(1.63) | 0.087**<br>(2.24) | 0.063*<br>(1.68) |
| tech | −0.507***<br>(−3.51) | −0.595***<br>(−3.59) | −0.441***<br>(−3.17) |
| L. lnexpenditure | 0.057<br>(1.35) | 0.030<br>(0.74) | 0.034<br>(0.11) |
| rdls | 0.003<br>(0.15) | −0.004<br>(−0.22) | 0.004<br>(0.20) |

续表

| 被解释变量 | lnedupcd | lnedupcd | lnedupcd |
|---|---|---|---|
| | (1) | (2) | (3) |
| | GMM 回归 | GMM 回归 | GMM 回归 |
| cityrank | -0.005 *<br>(-1.77) | -0.003<br>(-1.24) | -0.003<br>(-1.27) |
| open | 0.110<br>(0.21) | 0.396<br>(0.75) | 0.297<br>(0.61) |
| east | -0.103 ***<br>(-2.82) | -0.093 ***<br>(-2.82) | -0.077 **<br>(-2.17) |
| 时间固定效应 | Yes | Yes | Yes |
| 地区固定效应 | Yes | Yes | Yes |
| Observation | 3839 | 3839 | 3839 |
| AR（1） p-value | 0.000 | 0.000 | 0.000 |
| AR（2） p-value | 0.227 | 0.237 | 0.224 |
| Hansen 检验值 | 0.281 | 0.373 | 0.378 |

注：*、** 和 *** 分别表示在 10%、5% 和 1% 水平上显著，括号内为 t 值。

如列（1）所示，当变换了产业结构服务化的测度方法（instrc），服务业占比攀升对区域内部人力资本提升的正向影响仍然显著，系数值为 0.620，并通过 1% 水平的显著性检验；生产性服务业与制造业的协同集聚水平与人力资本提升呈显著正相关关系，系数值为 0.081，表明服务化质的提升有助于人力资本积累。如列（2）所示，当以生产性服务业集聚水平反映地区服务化发展质量，产业结构服务化对人力资本提升的正向影响显著；生产性服务业集聚水平的提升同样对人力资本积累产生正向显著的影响，系数值为 0.072。这是由于，生产性服务业以人力资本作为主要投入要素，其发展将推动更多人力资本嵌入到社会生产之中，实证结果与理论预期相吻合。如列（3）所示，当以生产性服务业与公共服务业协同集聚指数表征服务化质的发展水平，产业结构服务化对全国层面人力资本提升的正向影响显著，系数值为

0.602。生产性服务业与公共服务业协同集聚水平的系数值为0.084，在1%的显著性水平下通过检验。由于公共服务业的教育、医疗等服务行业是获取人力资本的重要投资途径，因此生产性服务业与公共服务业产业集聚水平越高，代表人力资本投资的需求越强劲、供给渠道越畅通，对人力资本提升的促进作用愈加明显。

在以向量夹角法测度产业结构服务化变量（indu）的基础上，以生产性服务业集聚水平（agg_pro）、生产性服务业与公共服务业协同集聚水平（xt_pg）替换生产性服务业与制造业协同集聚水平（xt_pm）进行稳健性检验，回归结果如表5-11所示。

**表5-11　地级市数据动态面板数据模型稳健性检验（替换xt_pm为xt_pg、agg_pro）**

| 被解释变量 | lnedupcd<br>(1)<br>GMM回归 | lnedupcd<br>(2)<br>GMM回归 |
|---|---|---|
| L. lnedupcd | 0.763***<br>(18.64) | 0.780***<br>(19.01) |
| indu | 0.210***<br>(2.70) | 0.250***<br>(2.93) |
| xt_pg | 0.084**<br>(2.44) | - |
| agg_pro | - | 0.191***<br>(2.63) |
| L. fisoir | 0.001<br>(0.21) | -0.001<br>(-0.10) |
| gdp | 0.232<br>(1.15) | 0.228<br>(1.08) |
| lninternetuser | 0.128***<br>(2.95) | 0.081***<br>(3.07) |

续表

| 被解释变量 | lnedupcd | lnedupcd |
|---|---|---|
| | (1) | (2) |
| | GMM 回归 | GMM 回归 |
| city | 0.085*<br>(1.84) | 0.042<br>(1.14) |
| tech | -0.571***<br>(-2.78) | -0.508**<br>(-2.59) |
| L. lnexpenditure | 0.026<br>(0.56) | 0.030<br>(0.68) |
| rdls | 0.002<br>(0.13) | -0.003<br>(-0.17) |
| cityrank | -0.004<br>(-1.55) | -0.003<br>(-1.25) |
| open | 0.088<br>(0.16) | 0.247<br>(0.52) |
| east | -0.089**<br>(-2.40) | -0.090**<br>(-2.33) |
| 时间固定效应 | Yes | Yes |
| 地区固定效应 | Yes | Yes |
| Observation | 3838 | 3838 |
| AR（1）p-value | 0.000 | 0.000 |
| AR（2）p-value | 0.250 | 0.219 |
| Hansen 检验值 | 0.362 | 0.246 |

注：*、** 和 *** 分别表示在 10%、5% 和 1% 水平上显著，括号内为 t 值。

根据列（1），当以生产性服务业与公共服务业协同集聚水平（xt_pg）代替生产性服务业与制造业协同集聚水平（xt_pm），体现服务化发展质量，产业结构向服务化演进对全国层面人力资本提升的正向作用依然显著，即产业结构服务化提高一个单位，人力资本增加 0.210

个单位；生产性服务业与公共服务业协同集聚水平提高一个单位，人力资本提高 0.084 个单位，两变量均通过显著性检验。根据列（2），当以生产性服务业集聚水平（agg_pro）体现服务化发展质量，产业结构服务化对全国人力资本的提升作用仍然显著，系数为 0.250；生产性服务业集聚水平对人力资本的正向影响显著存在，该变量提高一个单位，人力资本提升 0.191 个单位。稳健性检验表明，样本观察期内，中国服务业量的发展和质的提升均对人力资本产生正向影响，与基准模型的回归结果相一致。

本书最后分别以西部地区（west）、中部地区（central）、东北部地区（north）替换东部地区（east）进行稳健性检验，回归结果见表 5-12 列（1）~列（3）。当变更地区虚拟变量，产业结构服务化（indu）、生产性服务业与制造业协同集聚水平（xt_pm）对人力资本的影响与基准模型回归结果相一致，均显著促进人力资本的积累与提升，表明中国产业结构的服务化趋向具有人力资本积累效应。地区虚拟变量 west、central、north 的系数均为正，但仅中部地区的系数 0.055 通过 5% 的显著性检验，表明从地区差异的角度分析，中部地区人力资本相较于其他地区增长趋势更加明显。

**表 5-12　　地级市数据动态面板数据模型回归结果（替换地区虚拟变量 east）**

| 被解释变量 | lnedupcd | lnedupcd | lnedupcd |
|---|---|---|---|
| | (1) | (2) | (3) |
| | GMM 回归 | GMM 回归 | GMM 回归 |
| L. lnedupcd | 0.791***<br>(19.98) | 0.789***<br>(20.16) | 0.795***<br>(19.54) |
| indu | 0.187**<br>(2.39) | 0.190**<br>(2.35) | 0.214**<br>(2.69) |
| xt_pm | 0.070**<br>(1.99) | 0.070**<br>(1.93) | 0.074**<br>(1.94) |

续表

| 被解释变量 | lnedupcd | lnedupcd | lnedupcd |
|---|---|---|---|
| | (1) | (2) | (3) |
| | GMM 回归 | GMM 回归 | GMM 回归 |
| L. fisoir | 0.005<br>(0.81) | 0.005<br>(0.86) | 0.007<br>(1.23) |
| gdp | 0.157<br>(0.74) | 0.151<br>(0.69) | 0.167<br>(0.83) |
| lninternetuser | 0.070 ***<br>(2.92) | 0.067 ***<br>(2.87) | 0.071 ***<br>(3.03) |
| city | 0.050<br>(1.14) | 0.054<br>(1.22) | 0.028<br>(0.64) |
| tech | -0.373 **<br>(-2.27) | -0.382 **<br>(-2.27) | -0.464 **<br>(-2.69) |
| L. lnexpenditure | 0.029<br>(0.62) | 0.027<br>(0.56) | 0.067<br>(1.38) |
| rdls | 0.006<br>(0.26) | 0.022<br>(1.15) | 0.022<br>(1.17) |
| cityrank | -0.006 ***<br>(-2.67) | -0.006 **<br>(-2.65) | -0.006 **<br>(-2.66) |
| open | -0.228<br>(-0.42) | -0.168<br>(-0.27) | -0.289<br>(-0.46) |
| west | 0.038<br>(1.01) | - | - |
| central | - | 0.055 **<br>(2.03) | - |
| north | - | | 0.010<br>(0.31) |
| 时间固定效应 | Yes | Yes | Yes |
| 地区固定效应 | Yes | Yes | Yes |

续表

| 被解释变量 | lnedupcd | lnedupcd | lnedupcd |
|---|---|---|---|
| | (1) | (2) | (3) |
| | GMM 回归 | GMM 回归 | GMM 回归 |
| Observation | 3838 | 3838 | 3838 |
| AR (1) p-value | 0.000 | 0.000 | 0.000 |
| AR (2) p-value | 0.220 | 0.219 | 0.211 |
| Hansen 检验值 | 0.494 | 0.364 | 0.433 |

注：** 和 *** 分别表示在 5% 和 1% 水平上显著，括号内为 t 值。

稳健性检验表明，基准模型的研究结论依旧成立，即产业结构服务化量的积累和质的优化均能显著提升全国层面人力资本水平。这表明从整体看，中国产业结构服务化进程正在摆脱传统服务业拉动、转而向高端服务业不断演进，逐渐实现各类产业集聚这一产业发展高级形态，进而对人力资本提升产生显著正向影响。

**3. 异质性分析**

前面有关 PVAR 方法的实证研究发现，产业结构服务化对区域内部人力资本提升的影响存在区域异质性，因此本书在基准模型（5－4）基础上，参考詹新宇和刘文彬（2020），设置 east × indu 变量进行异质性分析，系统 GMM 回归结果报告在表 5－13 的列（1）~列（4）中。

**表 5－13　地级市数据动态面板数据模型异质性分析结果**

| 被解释变量 | lnedupcd | lnedupcd | lnedupcd | lnedupcd |
|---|---|---|---|---|
| | (1) | (2) | (3) | (4) |
| | 全样本 | 子样本 | 全样本 | 子样本 |
| L. lnedupcd | 0.792***<br>(21.43) | 0.867***<br>(24.98) | 0.842***<br>(28.86) | 0.883***<br>(21.83) |
| indu | 0.130<br>(1.58) | 0.091<br>(1.19) | – | – |

续表

| 被解释变量 | lnedupcd | lnedupcd | lnedupcd | lnedupcd |
|---|---|---|---|---|
| | (1) | (2) | (3) | (4) |
| | 全样本 | 子样本 | 全样本 | 子样本 |
| instrc | – | – | 0.389 ** (2.14) | 0.304 (1.42) |
| east | -1.415 * (-1.91) | -1.36 * (-1.78) | -1.37 * (-1.79) | -1.143 * (-1.98) |
| east × indu | 0.201 * (1.79) | 0.192 * (1.68) | – | – |
| east × instrc | – | – | 0.565 * (1.70) | 0.450 * (1.86) |
| 控制变量 | Yes | Yes | Yes | Yes |
| 时间固定效应 | Yes | Yes | Yes | Yes |
| 地区固定效应 | Yes | Yes | Yes | Yes |
| Observation | 4229 | 2129 | 4229 | 2129 |
| AR（1）p-value | 0.002 | 0.000 | 0.000 | 0.000 |
| AR（2）p-value | 0.217 | 0.999 | 0.210 | 0.989 |
| Hansen 检验值 | 0.365 | 0.150 | 0.626 | 0.502 |

注：*、** 和 *** 分别表示在 10%、5% 和 1% 水平上显著，括号内为 t 值。

观察表 5-13 中的列（1）发现，地区虚拟变量与产业结构服务化的交乘项（east × indu）系数为 0.201，在 10% 的水平上通过显著性检验，表明与对照组中西部、东北部地区相比，东部地区产业结构服务化对区域内部人力资本提升的影响更大。此外，east 的系数为 -1.415，并在 10% 的水平上通过显著性检验，表明从地区差异的角度分析，样本观察期内非东部地区人力资本提升的趋势比东部地区更为强劲，这与前文实证分析结果相一致，进一步增强研究结论的稳健性。

本书通过选择子样本和变量替换法进行稳健性检验。考虑到 2012 年中国第三产业占 GDP 比重首次超过第二产业，服务化发展趋势凸显，选择2012~2019年数据作为子样本进行稳健性检验。表5-13中的列(2)表明，当将样本观察期调整到2012~2019年，east、east×indu的系数分别为-1.36和0.192，且通过显著性检验。列(3)~列(4)表明，当以三次产业产值构成的加权平均方法测度产业结构服务化(instrc)，东部地区产业结构通过向服务化演进对区域内部人力资本的影响相较于中西部、东北部地区依然优势明显，与此同时，东北部地区与内陆腹地人力资本追赶趋势依旧存在，区域间产业结构服务化的人力资本积累效应具有明显的异质性，对各经济区域人力资本增长趋势的判断与PVAR方法的估计结果一致，加强实证研究结论的稳定性。

本书接下来使用分位数回归模型，比较不同层次的产业结构服务化对区域内部人力资本提升产生的影响强弱。

表5-14汇报了在第20%、40%、60%、80%四个分位点处，产业结构服务化(indu)对人力资本的回归结果。可以看出，产业结构服务化对人力资本提升具有显著的正向影响，且呈现出先增加后下降的“倒U形”变化特征，表明随着产业结构向服务化的演进，人力资本增长势头明显，但并未呈现出持续增长的状态：80%分位点的系数值1.093相较于60%分位点的系数值1.178有所下降。这意味着，当产业结构服务化水平较高，人力资本高度集聚，通过进一步提升服务化水平以促进人力资本投资的效果将会受到其他因素的制约，回归结果符合对边际报酬递减经济现象的一般性认识。此外，生产性服务业与制造业协同集聚指数对人力资本的影响在各分位点处均呈现出显著的正相关关系，系数值变化同样呈现先升高后降低的“倒U形”影响，约在40%分位点处上升至较高水平。

**表5-14　　　　地级市数据分位数回归模型分析结果**

| 变量 | lnedupcd | lnedupcd | lnedupcd | lnedupcd |
|---|---|---|---|---|
| | (1) | (2) | (3) | (4) |
| | 20%分位点 | 40%分位点 | 60%分位点 | 80%分位点 |
| indu | 0.554***<br>(0.004) | 0.863***<br>(0.007) | 1.178***<br>(0.005) | 1.093***<br>(0.007) |

续表

| 变量 | lnedupcd | lnedupcd | lnedupcd | lnedupcd |
|---|---|---|---|---|
| | (1) | (2) | (3) | (4) |
| | 20%分位点 | 40%分位点 | 60%分位点 | 80%分位点 |
| xt_pm | 0.350***<br>(0.004) | 0.441***<br>(0.004) | 0.372***<br>(0.004) | 0.304***<br>(0.005) |
| L. fisoir | -0.091***<br>(0.000) | -0.081***<br>(0.002) | -0.045***<br>(0.001) | -0.021***<br>(0.002) |
| gdp | 0.748***<br>(0.082) | 0.966***<br>(0.035) | 1.799***<br>(0.034) | 1.856***<br>(0.034) |
| lninternetuser | 0.176***<br>(0.001) | 0.143***<br>(0.003) | 0.123***<br>(0.001) | 0.144***<br>(0.002) |
| city | 0.130***<br>(0.002) | 0.158***<br>(0.003) | 0.188***<br>(0.002) | 0.284***<br>(0.002) |
| rdls | 0.002<br>(0.002) | -0.000<br>(0.001) | -0.030***<br>(0.003) | 0.027***<br>(0.002) |
| tech | 0.148***<br>(0.021) | 0.100***<br>(0.008) | 0.068***<br>(0.003) | 0.015***<br>(0.005) |
| L. lneduexpr | 0.016**<br>(0.008) | 0.021***<br>(0.003) | 0.015***<br>(0.001) | 0.032***<br>(0.002) |
| cityrank | -0.056***<br>(0.001) | -0.036***<br>(0.000) | -0.035***<br>(0.000) | -0.030***<br>(0.000) |
| open | 5.079***<br>(0.067) | 3.529***<br>(0.074) | 2.371***<br>(0.108) | 2.227***<br>(0.110) |
| east | -0.164***<br>(0.005) | -0.240***<br>(0.003) | -0.225***<br>(0.002) | -0.288***<br>(0.007) |
| Observations | 3867 | 3867 | 3867 | 3867 |

注：** 和 *** 分别表示在5%和1%水平上显著。

表5-15和表5-16是基于地级市数据分位数回归模型的稳健性检验。首先使用生产性服务业集聚水平变量（agg_pro）替换生产性服务业与制造业协同集聚水平变量（xt_pm）体现服务化发展质量以进行稳健性检验。如表5-15所示，随着产业结构服务化水平的提升，其对人力资本积累的影响不断增强，系数值从0.530增长至1.005后有所回落。生产性服务业集聚水平对人力资本提升的影响也同样呈现出先增长后下降的发展趋势。当使用三次产业产值构成的加权平均方法测度产业结构服务化（instrc），如表5-16所示，不同分位点处产业结构服务化对人力资本提升的影响不同，产业结构服务化水平越高，其对人力资本提升的正向影响愈加显著，稳健性检验与基准回归结果相一致。

**表5-15　地级市数据分位数回归模型稳健性检验分析结果（替换 xt_pm 为 agg_pro）**

| 变量 | lnedupcd | lnedupcd | lnedupcd | lnedupcd |
|---|---|---|---|---|
| | (1) | (2) | (3) | (4) |
| | 20%分位点 | 40%分位点 | 60%分位点 | 80%分位点 |
| indu | 0.530***<br>(0.024) | 0.754***<br>(0.009) | 1.005***<br>(0.008) | 0.968***<br>(0.005) |
| agg_pro | 0.579***<br>(0.011) | 0.761***<br>(0.007) | 0.672***<br>(0.004) | 0.671***<br>(0.004) |
| L. fisoir | -0.120***<br>(0.002) | -0.120***<br>(0.001) | -0.094***<br>(0.003) | -0.079***<br>(0.001) |
| gdp | 0.314***<br>(0.060) | 2.774***<br>(0.060) | 2.425***<br>(0.067) | 2.364***<br>(0.043) |
| lninternetuser | 0.166***<br>(0.002) | 0.121***<br>(0.004) | 0.163***<br>(0.002) | 0.152***<br>(0.001) |
| city | 0.102***<br>(0.005) | 0.150***<br>(0.004) | 0.191***<br>(0.001) | 0.273***<br>(0.001) |

续表

| 变量 | lnedupcd<br>(1)<br>20%分位点 | lnedupcd<br>(2)<br>40%分位点 | lnedupcd<br>(3)<br>60%分位点 | lnedupcd<br>(4)<br>80%分位点 |
|---|---|---|---|---|
| rdls | -0.016**<br>(0.006) | -0.033***<br>(0.004) | -0.024***<br>(0.009) | -0.004*<br>(0.002) |
| tech | 0.110***<br>(0.004) | 0.346***<br>(0.013) | 0.115***<br>(0.005) | 0.095***<br>(0.005) |
| L. lneduexpr | 0.026***<br>(0.002) | -0.028***<br>(0.004) | 0.009***<br>(0.001) | 0.019***<br>(0.001) |
| cityrank | -0.057***<br>(0.000) | -0.038***<br>(0.000) | -0.031***<br>(0.001) | -0.021***<br>(0.000) |
| open | 5.793***<br>(0.081) | 3.442***<br>(0.069) | 4.508***<br>(0.073) | 4.055***<br>(0.028) |
| east | -0.107***<br>(0.006) | -0.104***<br>(0.003) | -0.210***<br>(0.004) | -0.207***<br>(0.002) |
| Observations | 3867 | 3867 | 3867 | 3867 |

注：*、** 和 *** 分别表示在10%、5%和1%水平上显著。

**表5-16　地级市数据分位数回归模型稳健性检验分析结果（替换 indu 为 instrc）**

| 变量 | lnedupcd<br>(1)<br>20%分位点 | lnedupcd<br>(2)<br>40%分位点 | lnedupcd<br>(3)<br>60%分位点 | lnedupcd<br>(4)<br>80%分位点 |
|---|---|---|---|---|
| instrc | 1.394***<br>(0.014) | 1.988***<br>(0.012) | 2.552***<br>(0.009) | 2.570***<br>(0.027) |
| agg_pro | 0.302***<br>(0.003) | 0.460***<br>(0.003) | 0.373***<br>(0.004) | 0.278***<br>(0.001) |
| L. fisoirl | -0.112***<br>(0.001) | -0.085***<br>(0.001) | -0.076***<br>(0.001) | -0.043***<br>(0.001) |

续表

| 变量 | lnedupcd | lnedupcd | lnedupcd | lnedupcd |
|---|---|---|---|---|
| | (1) | (2) | (3) | (4) |
| | 20%分位点 | 40%分位点 | 60%分位点 | 80%分位点 |
| gdp | 1.355 ***<br>(0.087) | 0.933 ***<br>(0.049) | 1.667 ***<br>(0.039) | 2.575 ***<br>(0.090) |
| lninternetuser | 0.146 ***<br>(0.002) | 0.137 ***<br>(0.001) | 0.134 ***<br>(0.002) | 0.109 ***<br>(0.002) |
| city | 0.138 ***<br>(0.002) | 0.221 ***<br>(0.003) | 0.210 ***<br>(0.001) | 0.331 ***<br>(0.008) |
| rdls | -0.012 ***<br>(0.002) | 0.032 ***<br>(0.003) | -0.013 ***<br>(0.002) | 0.022 ***<br>(0.006) |
| tech | 0.227 ***<br>(0.014) | 0.087 ***<br>(0.004) | 0.122 ***<br>(0.004) | 0.140 ***<br>(0.018) |
| L. lneduexpr | 0.023 ***<br>(0.003) | 0.021 ***<br>(0.001) | 0.005 ***<br>(0.001) | 0.030 ***<br>(0.001) |
| cityrank | -0.056 ***<br>(0.000) | -0.036 ***<br>(0.000) | -0.035 ***<br>(0.000) | -0.034 ***<br>(0.000) |
| open | 4.630 ***<br>(0.061) | 3.201 ***<br>(0.044) | 2.293 ***<br>(0.091) | 1.787 ***<br>(0.149) |
| east | -0.109 ***<br>(0.004) | -0.266 ***<br>(0.008) | -0.219 ***<br>(0.002) | -0.298 ***<br>(0.006) |
| Observations | 3867 | 3867 | 3867 | 3867 |

注：*** 表示在1%水平上显著。

基于地级市数据构建的动态面板数据模型的基准模型分析、稳健性检验、异质性分析结果表明：①样本观察期内，中国产业结构服务化对区域内部人力资本提升的正向影响显著，且产业结构服务化水平越高，其对人力资本的促进作用愈加明显。②生产性服务业集聚水平、生产性服务业与制造业协同集聚水平、生产性服务业与公共服务业协同集聚水平等变量的提升对人力资本的促进作用稳健，表明服务业质的发展能够促进人力资本投资与积累。③地级市数据下中国产业结构服务化对区域内部人力资本的提升影响存在区域异质性，这与省级数据下 PVAR 方法的回归结果相一致，表明服务化发展提升区域内部人力资本需要特定传导机制，值得进一步深入阐释。

## 第三节　基于面板门槛模型构建产业结构服务化对区域内部人力资本提升影响的传导机制模型

### 一、面板门槛模型原理与传导机制模型构建

本节分别采用省级数据与地级市数据，基于面板门槛模型实证分析产业结构服务化对区域内部人力资本提升影响的传导机制，为理论假说提供验证平台。

借鉴陈等（Chen et al.，2020）的研究，[①] 本书的研究思路是：在分析产业结构服务化对区域内部人力资本提升影响时，先确定机制变量——生产性服务业，分析产业结构服务化对生产性服务业的作用与显著性水平；再论述生产性服务业发展对区域内部人力资本提升的影响。鉴于本书第三章论证了相较于其他产业，知识技术密集的生产性服务业有助于人力资本积累，基于此，在本章节的传导机制分析中，重点探讨中国各区域产业结构服务化能否有效推动生产性服务业发展。当证实了中国产业结构服务化对生产性服务业的影响在中国东部及其他经济区域存在差异，结合生产性服务业与人力资本之间的正向关联，

---

① 周黎安等四位经济学家在 *American Economic Review* 发表文章 *Arrival of young talent: The send-down movement and rural education in China*。在机制分析部分，文章以机制变量，density of primary school teachers、density of secondary school teachers 对自变量 local density of received SDYs × post1968 做回归，回归结果表明机制存在。对于机制变量是否影响因变量 years of education 的分析，文章通过理论推导而非使用计量经济学方法完成。

即可以认为，产业结构服务化对人力资本的不同作用效果通过生产性服务业这一传导机制产生。

### （一）面板门槛模型原理

本章节实证分析具体使用面板门槛模型（Panel Threshold Model）。该模型由汉森（Hansen，1999）提出，认为对门槛值 $\gamma$ 进行参数估计和假设检验，能够避免因主观判定造成的偏误，模型的一般形式可表示为：

$$Y_{it} = u_i + \beta_1' \times X_{it} \times I(q_{it} \leqslant \gamma_1) + \beta_2' \times X_{it} \times I(\gamma_1 < q_{it} \leqslant \gamma_2) + \beta_3' \times X_{it} \times I(q_{it} > \gamma_2) + \varepsilon_{it} \tag{5-5}$$

其中，$X_{it}$为外生变量，与扰动项 $\varepsilon_{it}$不相关；$\varepsilon_{it}$独立同分布；$q_{it}$为门槛变量，解释变量可作为门槛变量；$\gamma_1$、$\gamma_2$ 分别为两个门槛值。由式（5－5）可以拓展为多门槛模型情形。

汉森（1999）认为，使用门槛回归方法，需要首先验证门槛值是否显著存在。他采用“自体抽样法”（Bootstrap）计算 $\alpha$ 显著性水平下似然比检验（Likelihood Ratio Test）统计量 LR 的渐近分布临界值 $c(\alpha)$，以检验门槛效应的显著性。其中，10% 的显著性水平的临界值为6.53，5% 的显著性水平的临界值为 7.35，1% 的显著性水平的临界值为 10.59。如果 $LR(\gamma)$ 的值大于 $c(\alpha)$，则在 $\alpha$ 显著性水平下拒绝原假设，此时存在门槛效应。对于系数的估计，汉森（1999）建议采用两阶段最小二乘方法，根据门槛值 $\gamma$ 估算相应的残差平方和 SSR，在 SSR 中选出最小 $\hat{\gamma}$，根据 $\hat{\gamma}$ 估算不同区间（regime）的系数。通过判断不同区间系数的大小以及显著性水平，面板门槛模型可以发现变量之间的结构变换问题，提升模型对现实经济运动的解释力，被广泛应用于产业发展研究中（谢周亮和李志影，2020；郑小强和蒲泱竹，2021；宋泽明和宁凌，2021；张晓飞和肖阳，2022），这些研究为本书的模型构造、变量设置提供参照。

本书采用面板门槛模型，将技术水平设为门槛变量，分析产业结构服务化在不同技术区间内对生产性服务业产生的影响，其合理性在于：①根据前面的数理推导，技术水平 $A_j$ 为阶梯函数，积累到一定程度后跃升至更高水平，使生产性服务业的产值比重 $Y_s/(Y_u + Y_s)$ 增加，因此地区技术水平既是生产性服务业发展的基础，也是制约生产性服务业发展的重要因素。②根据产业结构服务化对区域内部人力资本提升的理论分析，当服务业产值比重或就业比重占据了绝对优势，生产性服务业或蓬勃发展或快速萎缩，产业结构向服务化演进对生产性服务业的影响较为复杂，线性模型的解释效果可能并不理想。基于以上两点原因，采用可以分析结构性变化与间接影响的面板门槛模型阐述产业结构服务化对生产性服务业的影响。

### （二）传导机制模型构建

本书构建了产业结构服务化对区域内部人力资本提升影响的传导机制模型（5－6）：

$$agg\_pro_{it} = \alpha_0 + \theta_1 \times indu_{it} \times I(lnup_{it} \leqslant \gamma_1) + \theta_2 \times indu_{it} \times I(lnup_{it} > \gamma_1) + \cdots + \theta_{2n-1} \times indu_{it} \times I(lnup_{it} \leqslant \gamma_n) + \theta_{2n} \times indu_{it} \times I(lnup_{it} > \gamma_n) + \beta X_{it} + \varepsilon_{it} \quad (5-6)$$

其中，$lnup_{it}$ 为门槛变量技术水平，$agg\_pro_{it}$ 代表被解释变量生产性服务业集聚水平，$indu_{it}$ 代表解释变量产业结构服务化，$X_{it}$ 为控制变量，β 为系数矩阵，$\alpha_0$ 为截距项，$\varepsilon_{it}$ 为扰动项。I(·) 为示性函数，当括号内的表达式为假时 I(·) 取 0，反之取 1。示性函数将样本划分为若干区间，$\gamma_q$，q＝1，1，2，2，…，n，n 依次为待估计的门槛值，每个区间依次对应系数为 $\theta_j$，j＝1，2，…，2n－1，2n。

## 二、基于省级数据的传导机制实证分析

### （一）变量数据选择与描述性统计

基于省级数据进行传导机制分析采用的变量有以下几项：（1）被解释变量：生产性服务业集聚水平（agg_pro）。使用第四章构建的生产性服务业集聚指数表征生产性服务业集聚水平，体现地区生产性服务业发展趋势，测度方法与第四章采用的区位熵模型一致。（2）核心解

释变量：产业结构服务化（indu）。采用向量夹角法测度产业结构服务化；同时使用三次产业产值构成的加权平均方法测度产业结构服务化（instrc）进行稳健性检验。（3）门槛变量：技术水平（lnup）。技术水平可以作为结构发生变化的节点，使产业结构服务化与生产性服务业发展之间的非线性关系在技术发展的不同阶段中呈现，选取人均专利授权量指标表征技术水平，实际测算中对人均专利授权量取对数，消除异方差影响。（4）控制变量：①以人力资本综合评价值指标表征人力资本（hc），人力资本量的增长、结构的优化助推知识技术密集的生产性服务业的发展。②以固定资产投资指标表征物质资本（lnk），测度方法参考单豪杰（2008）的永续盘存法。物质资本深化是提高生产效率的重要途径，先进设备的引入、技术的研发创新以及基础设施的建设需要大量资本投入，对生产性服务业的发展起到关键支撑作用。③以生产性服务业与公共服务业的协同集聚水平指标表征生产性服务业与公共服务业协同集聚水平（xt_pg），测度方法参考第四章产业协同集聚指数方法。④以城镇人口与总人口比值表征城镇化水平（city），城镇化水平与产业发展的内在联动复杂多向（姚德文和孙国峰，2016）。

本节样本采用了中国30个省、自治区、直辖市（不包括西藏地区和港澳台地区）2006～2019年的数据。数据来源于国泰安CSMAR系列研究数据库、中经网统计数据库、《中国统计年鉴》（2007～2020年）以及各省份历年统计年鉴。变量的描述性统计如表5－17所示，其中LLC检验表明，所有变量在1%的显著性水平下拒绝原假设，不存在单位根，是平稳序列。

**表5－17　　省级数据面板门槛模型变量描述性统计**

| 变量 | 符号 | N | Mean | SD | Min | Max | LLC |
|---|---|---|---|---|---|---|---|
| 生产性服务业集聚水平 | agg_pro | 420 | 1.227 | 0.404 | 0.621 | 3.045 | －12.644***<br>(0.0000) |
| 产业结构服务化 | instrc | 420 | 2.318 | 0.239 | 1.138 | 2.834 | －12.943***<br>(0.0000) |

续表

| 变量 | 符号 | N | Mean | SD | Min | Max | LLC |
|---|---|---|---|---|---|---|---|
| 产业结构服务化 | indu | 420 | 6.63 | 0.34 | 5.64 | 7.66 | -6.5509***<br>(0.0000) |
| 技术水平 | lnup | 420 | 1.299 | 1.253 | -1.732 | 4.097 | -13.204***<br>(0.0000) |
| 人力资本 | hc | 420 | 18.00 | 12.76 | 1.09 | 100.00 | -1.6833***<br>(0.0000) |
| 物质资本 | lnk | 420 | 10.95 | 1.073 | 7.792 | 13.21 | -14.242***<br>(0.0000) |
| 生产性服务业与公共服务业协同集聚水平 | xt_pg | 420 | 3.045 | 0.388 | 0.275 | 0.896 | -11.104***<br>(0.0027) |
| 城镇化水平 | city | 420 | 0.551 | 0.137 | 0.275 | 0.896 | -12.073***<br>(0.0000) |

注：*** 表示在 1% 水平上显著。

### （二）实证结果分析

PVAR 方法、动态面板数据模型的回归结果共同揭示了，产业结构服务化对区域内部人力资本的提升作用存在区域异质性，东部地区服务业发展的人力资本积累效应显著优于其他地区。据此将省级面板数据分为两组，组 1 是东部地区，组 2 是中西部、东北部地区，通过面板门槛模型分组进行回归分析，探究生产性服务业能否作为产业结构服务化提升人力资本的传导机制。

表 5-18 是根据自助法（bootstrap）反复抽样 1000 次构造的各组 F Statistic 及其对应的 p-value 值，组 1（东部地区）样本的 F 统计量在单门槛模型中通过 5% 的显著性检验，在二门槛、三门槛模型中没有通过显著性检验，因此组 1 只存在一个门槛值。组 2（东北部、中西部地区）样本的 F 统计量在单门槛通过 10% 的显著性检验，但二门槛、三门槛模型均无法通过检验，因此组 2 存在一个门槛值。

表 5－18　　省级数据门槛效应检验结果

| 组别 | 门槛数 | F Statistic | p-value | 10% 临界值水平 | 5% 临界值水平 | 1% 临界值水平 |
|---|---|---|---|---|---|---|
| 组 1 | 1 | 24. 27 | 0. 0100 | 13. 1148 | 15. 4101 | 22. 5276 |
|  | 2 | 6. 78 | 0. 1300 | 9. 3251 | 10. 9005 | 16. 8405 |
|  | 3 | 23. 16 | 0. 1700 | 29. 8344 | 45. 8645 | 77. 6393 |
| 组 2 | 1 | 24. 70 | 0. 0800 | 17. 0938 | 20. 8287 | 24. 3944 |
|  | 2 | 17. 10 | 0. 1500 | 24. 7955 | 31. 0539 | 38. 0491 |
|  | 3 | 7. 99 | 0. 8300 | 26. 7615 | 29. 1159 | 39. 6814 |

表 5－18 同时汇报了两组样本的门槛值估计结果，图 5－5 是与两组样本门槛值相对应的门槛值似然比函数图。图中虚线是 LR 统计量的临界值，最低点表示的是真实门槛值。如图 5－5 所示，从上到下两张子图分别是组 1$\gamma_1$（Gamma1）、组 2$\gamma_1'$（Gamma1′），对应了两个门槛估计值 3. 8149 和 0. 8122，临界值均高于门槛值，且曲线走势与虚线存在焦点，可以认为门槛值真实有效。

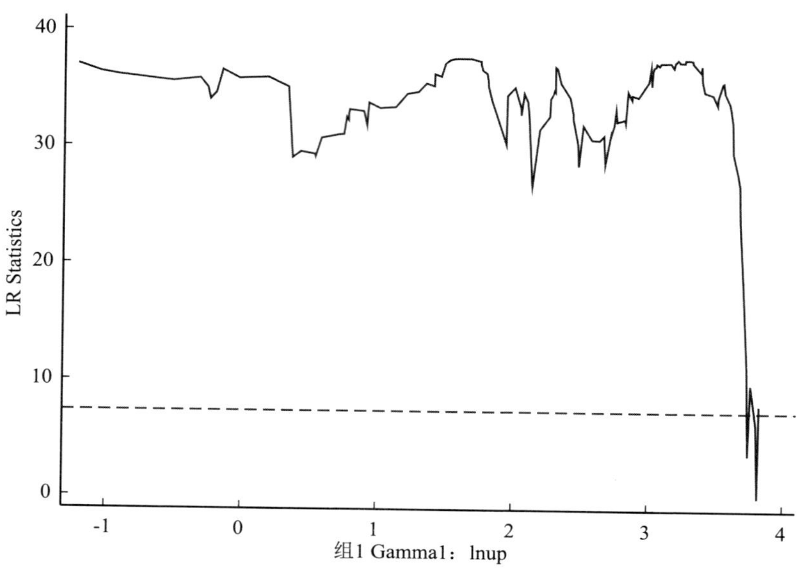

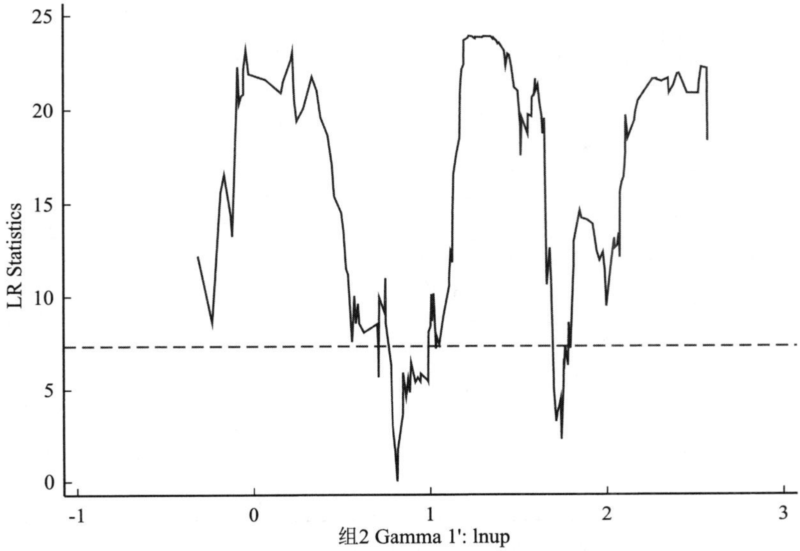


**图 5－5　省级数据门槛值似然比函数**

各经济区域面板门槛模型的基准回归结果及稳健性检验如表 5－19、表 5－20 所示。考虑到控制变量人力资本（hc）、生产性服务业与公共服务业协同集聚水平（xt_pg）分别可能同生产性服务业集聚水平（agg_pro）存在双向因果关系，参考孙传旺等（2019）、王智勇和李瑞（2021），在实际测算中采用人力资本的滞后四期、生产性服务业与公共服务业协同集聚水平滞后一期控制内生性问题。

**表 5－19　　省级数据面板门槛模型估计结果（东部地区）**

| 基准回归列（1） | | 稳健性检验列（2） | |
|---|---|---|---|
| $indu_{it} \cdot I\ (lnup_{it} \leqslant 3.8149)$ | 0.541 **<br>（2.05） | $instrc_{it} \cdot I\ (lnup_{it} \leqslant 3.8149)$ | 3.780 ***<br>（4.36） |
| $indu_{it} \cdot I\ (lnup_{it} > 3.8149)$ | 0.468 *<br>（1.78） | $instrc_{it} \cdot I\ (lnup_{it} > 3.8149)$ | 3.613 ***<br>（4.14） |
| L4. hc | 0.002<br>（0.52） | L4. hc | －0.003<br>（－0.69） |

续表

| 基准回归列（1） | | 稳健性检验列（2） | |
|---|---|---|---|
| L. xt_pg | 0.300***<br>(3.57) | L. xt_pg | 0.216***<br>(2.81) |
| lnk | 0.522***<br>(4.33) | lnk | 0.335***<br>(2.75) |
| city | -5.48***<br>(-4.26) | city | -5.015***<br>(-4.45) |
| cons | -5.432***<br>(-4.11) | cons | -8.791***<br>(-6.04) |
| Observation | 100 | Observation | 100 |
| $R^2$ | 0.713 | $R^2$ | 0.868 |

注：*、**和***分别表示在10%、5%和1%水平上显著，括号内为t值。

如表5-19列（1）所示，在组1东部地区样本下，当 $lnup_{it} \leq 3.8149$，产业结构服务化对生产性服务业的影响为0.541，通过5%的显著性检验；当 $lnup_{it} > 3.8149$，产业结构服务化对生产性服务业的影响为0.468，通过10%的显著性检验。这表明，在任意技术区间内，东部地区产业结构向服务化演进对生产性服务业存在促进作用。当变换了产业结构服务化的测度方法，如表5-19列（2）所示，各技术区间内产业结构服务化对生产性服务业的正向影响仍然成立。

**表5-20　省级数据面板门槛模型的稳定性检验（中西部、东北部地区）**

| 基准回归列（1） | | 稳健性检验列（2） | |
|---|---|---|---|
| $indu_{it} \cdot I(lnup_{it} \leq 0.8122)$ | -0.003<br>(-0.13) | $instrc_{it} \cdot I(lnup_{it} \leq 0.8122)$ | -0.025<br>(-0.13) |
| $induc_{it} \cdot I(lnup_{it} > 0.8122)$ | -0.016<br>(-0.18) | $instrc_{it} \cdot I(lnup_{it} > 0.8122)$ | -0.064<br>(-0.31) |
| L4. hc | 0.008*<br>(1.87) | L4. hc | 0.008*<br>(1.96) |

续表

| 基准回归列（1） | | 稳健性检验列（2） | |
|---|---|---|---|
| L. xt_pg | 0. 204 ***<br>（4. 13） | L. xt_pg | 0. 209 ***<br>（4. 19） |
| lnk | 0. 258 ***<br>（4. 24） | lnk | 0. 252 ***<br>（4. 14） |
| city | -1. 126<br>（-1. 54） | city | -1. 021<br>（-1. 37） |
| cons | -1. 753 ***<br>（-2. 65） | cons | -1. 704 **<br>（-3. 11） |
| Observation | 280 | Observation | 280 |
| $R^2$ | 0. 758 | $R^2$ | 0. 757 |

注：*、** 和 *** 分别表示在 10%、5% 和 1% 水平上显著，括号内为 t 值。

如表 5-20 列（1）所示，在组 2 东北部、中部和西部地区样本下，$lnup_{it} \leq 0.8122$，产业结构服务化对生产性服务业的影响为 -0. 003；当 $lnup_{it} > 0.8122$，影响为 -0. 016，均未通过显著性检验。这表明，东北部、中西部地区产业结构服务化在各个技术区间内未见对生产性服务业的正向促进作用。在此基础上，当变换了产业结构服务化的测度方法，如表 5-20 列（2）所示，上述结论仍然成立，即在任意技术水平区间内，产业结构服务化水平对生产性服务业的发展未产生正向促进作用，系数间未见明显的结构突变趋势。

综上所述，基于省级数据的面板门槛模型的实证分析表明，区域间产业结构服务化通过技术对生产性服务业的带动促进作用呈现分化特征。

## 三、基于地级市数据的传导机制实证分析

### （一）变量数据选择与描述性统计

基于地级市数据进行的传导机制分析采用的变量包括生产性服务

业集聚水平（agg_pro）、人力资本（lnedupcd）、产业结构服务化（indu 或 instrc）、生产性服务业与制造业协同集聚水平（xt_pm）、财政资源（fisoir）、数字基础设施（lninternetuser）、城镇化水平（city）、技术水平（lnpatent）等变量。与省级数据的实证研究相一致，考虑模型的内生性问题，在实际测算中采用人力资本的滞后四期（L4. lnedupcd）（王智勇和李瑞，2021）、生产性服务业与制造业协同集聚水平滞后一期（L. xt_pm）进行回归分析。样本取自中国 30 个省、自治区、直辖市（不含港澳台和西藏地区）2003～2019 年 276 个地级市相关数据，数据来源于《中国城市统计年鉴》（2004～2020 年）。变量的描述性统计如表 5－21 所示。

**表 5－21　　　　地级市数据面板门槛模型变量描述性统计**

| 变量 | 符号表示 | N | Mean | SD | Min | Max |
|---|---|---|---|---|---|---|
| 生产性服务业集聚水平 | agg_pro | 4688 | 0.789 | 0.303 | 0.036 | 3.934 |
| 人力资本 | lnedupcd | 4580 | 4.485 | 1.118 | －0.524 | 7.179 |
| 产业结构服务化 | instrc | 4688 | 2.247 | 0.149 | 1.099 | 2.832 |
| 产业结构服务化 | indu | 4688 | 6.408 | 0.366 | 5.408 | 7.652 |
| 生产性服务业与制造业协同集聚水平 | xt_pm | 4688 | 2.390 | 0.542 | 0.537 | 4.676 |
| 财政资源 | fisoir | 4689 | 2.725 | 1.809 | 0.649 | 39.030 |
| 数字基础设施 | lninternetuser | 4658 | 3.608 | 1.505 | －0.929 | 9.527 |
| 城镇化水平 | city | 4680 | 0.353 | 0.239 | 0.034 | 1.000 |
| 技术水平 | lnpatent | 4687 | 2.584 | 1.500 | 0.198 | 9.578 |

### （二）实证结果分析

将中国划分为东部、东北部与中部、西部三大经济区域，表 5－22 汇报了各经济区域门槛效应的检验结果。对于东部地区，观察 F 统计量发现，技术水平在 1% 的水平上通过了单门槛、双门槛显著性检验，但三门槛模型无法通过检验；对于西部地区，技术水平在 1% 的显著性水平上通过单门槛检验、在10%的水平上通过双门槛检验，但无法通过三门槛检验。对于东北部和中部地区，技术水平仅在5%的显著性水平上通过了单门槛检验，存在单门槛效应。

表5－22　　　　地级市数据门槛效应检验结果

| 组别 | 门槛数 | F Statistic | p-value | 10%临界值水平 | 5%临界值水平 | 1%临界值水平 |
|---|---|---|---|---|---|---|
| 东部地区 | 1 | 70.81 | 0.000 | 12.133 | 16.886 | 30.517 |
| | 2 | 58.08 | 0.000 | 19.079 | 26.363 | 32.478 |
| | 3 | 15.83 | 0.480 | 33.282 | 38.212 | 42.547 |
| 西部地区 | 1 | 47.56 | 0.000 | 10.846 | 12.604 | 17.299 |
| | 2 | 12.81 | 0.080 | 12.560 | 13.576 | 26.091 |
| | 3 | 10.74 | 0.480 | 14.372 | 16.813 | 23.858 |
| 东北部与中部地区 | 1 | 14.08 | 0.020 | 10.451 | 12.496 | 15.179 |
| | 2 | 6.88 | 0.260 | 10.222 | 10.755 | 15.277 |
| | 3 | 3.78 | 0.740 | 9.934 | 12.284 | 15.155 |

根据门槛效应检验结果计算各经济区域门槛值，并报告在表5－23中。

表5－23　　　　地级市数据门槛值估计结果

| 组别 | lnpatent门槛值 | lnpatent门槛值 |
|---|---|---|
| 东部地区 | 1.9591 | 1.9908 |
| 西部地区 | 1.9423 | 1.9789 |
| 东北部与中部地区 | 1.9059 | |

各经济区域面板门槛模型的回归结果及稳健性检验如表5－24～表5－26所示。观察表5－24列（1），通过对东部地区不同技术水平的逐层分辨，发现产业结构服务化对生产性服务业产生正向影响，与省级数据的实证结果一致。随着技术水平的不断跃迁，正向影响不断

放大，当技术水平 $lnpatent_{it} \leq 1.9591$，产业结构服务化促进生产性服务业提升 0.153 个单位，并在 1% 的水平上通过显著性检验；当技术水平超过这一水平，即 $1.9591 < lnpatent_{it} \leq 1.9908$，产业结构服务化对生产性服务业集聚水平的正向影响有所提高，从 0.153 上升到 0.180，且影响显著；当技术水平进一步提升并高于 1.9908，产业结构服务化增加一个单位，生产性服务业集聚水平增加至 0.213 个单位，正向影响依然显著。对东部地区的分析结果表明，技术水平层次越高，产业结构服务化对生产性服务业的正向影响愈加显著，并存在非线性特征。以变量替换法进行稳健性检验，结果在列（2）中汇报，当变换了产业结构服务化的测度方法，在各个技术区间内，东部地区产业结构服务化对生产性服务业的正向影响依旧显著，且随着技术水平的不断提高，正向作用不断提升。

**表 5-24　地级市数据面板门槛模型估计结果（东部地区）**

| 基准回归列（1） | | 稳健性检验列（2） | |
|---|---|---|---|
| $indu_{it} \cdot I(lnpatent_{it} \leq 1.9591)$ | 0.153***<br>(2.17) | $instrc_{it} \cdot I(lnpatent_{it} \leq 1.9591)$ | 0.389***<br>(2.39) |
| $indu_{it} \cdot I(1.9591 < lnpatent_{it} \leq 1.9908)$ | 0.180***<br>(2.58) | $instrc_{it} \cdot I(1.9591 < lnpatent_{it} \leq 1.9908)$ | 0.454***<br>(2.89) |
| $indu_{it} \cdot I(lnpatent_{it} > 1.9908)$ | 0.213***<br>(3.09) | $instrc_{it} \cdot I(lnpatent_{it} > 1.9908)$ | 0.554***<br>(3.49) |
| L. xt_pm | 0.363***<br>(9.86) | L. xt_pm | 0.364***<br>(10.03) |
| $L4lnedupcd_{it}$ | -0.015<br>(-0.57) | $L4.\ lnedupcd_{it}$ | -0.015<br>(-0.57) |
| city | -0.134<br>(-0.96) | city | -0.147<br>(-1.05) |
| lninternetuser | -0.013***<br>(-2.51) | lninternetuser | -0.013***<br>(-2.68) |

续表

| 基准回归列（1） | | 稳健性检验列（2） | |
|---|---|---|---|
| L. fisoir | 0.004<br>(0.22) | L. fisoir | 0.004<br>(0.23) |
| cons | −0.913***<br>(3.49) | cons | −0.913***<br>(3.49) |
| Observation | 992 | Observation | 992 |

注：*** 表示在 1% 水平上显著，括号内为 t 值。

表 5－25 报告了西部地区面板门槛模型回归结果。当 $lnpatent_{it} \leq 1.9423$，西部地区服务化趋势不利于生产性服务业发展，且负向影响显著。当 $1.9423 < lnpatent_{it} \leq 1.9789$、$lnpatent_{it} > 1.9789$，产业结构服务化水平增加一个单位，生产性服务业分别减少 0.071、0.057 个单位，并且均未通过显著性检验。基准模型的回归结果与稳健性检验均表明，在西部各技术区间内，技术进步与产业结构服务化趋势不相适应，未呈现产业结构服务化对生产性服务业的显著正向影响。

**表 5－25　地级市数据面板门槛模型估计结果（西部地区）**

| 基准回归列（1） | | 稳健性检验列（2） | |
|---|---|---|---|
| $indu_{it} \cdot I(lnpatent_{it} \leq 1.9423)$ | −0.093*<br>(−1.67) | $instrc_{it} \cdot I(lnpatent_{it} \leq 1.9423)$ | −0.037<br>(−0.30) |
| $indu_{it} \cdot I(1.9423 < lnpatent_{it} \leq 1.9789)$ | −0.071<br>(−1.30) | – | – |
| $indu_{it} \cdot I(lnpatent_{it} > 1.9789)$ | −0.057<br>(−1.03) | $instrc_{it} \cdot I(lnpatent_{it} > 1.9423)$ | 0.028<br>(0.24) |
| L. xt_pm | 0.224***<br>(4.32) | L. xt_pm | 0.238***<br>(4.22) |
| L4. $lnedupcd_{it}$ | −0.017<br>(−1.11) | L4. $lnedupcd_{it}$ | −0.024<br>(−1.47) |

续表

| 基准回归列（1） | | 稳健性检验列（2） | |
|---|---|---|---|
| city | -0.158<br>(-1.0) | city | -0.203<br>(-1.26) |
| lninternetuser | -0.001***<br>(-0.17) | lninternetuser | -0.005<br>(-0.88) |
| L. fisoir | 0.006<br>(0.96) | L. fisoir | 0.006<br>(0.336) |
| cons | 0.959**<br>(2.43) | cons | -0.515*<br>(1.68) |
| Observation | 906 | Observation | 906 |

注：*、** 和 *** 分别表示在 10%、5% 和 1% 水平上显著，括号内为 t 值。

表 5-26 报告了东北部、中部地区面板门槛模型结果，在单门槛值划分的两个技术区间内，东北部、中部地区服务业发展对生产性服务业起到正向促进作用，系数值分别为 0.060、0.074，但正向影响均不显著，服务业发展对技术知识密集的生产性服务业的集聚影响仍有较大提升空间；稳健性检验结果在列（2）中汇报，与列（1）的基准回归结果一致，这在一定程度上增强研究结论的可靠性。

**表 5-26　地级市数据面板门槛模型估计结果（东北部地区、中部地区）**

| 基准回归列（1） | | 稳健性检验列（2） | |
|---|---|---|---|
| $indu_{it} \cdot I(lnpatent_{it} \leq 1.9059)$ | 0.060<br>(0.64) | $instrc_{it} \cdot I(lnpatent_{it} \leq 1.9059)$ | 0.062<br>(0.34) |
| $indu_{it} \cdot I(lnpatent_{it} > 1.9059)$ | 0.074<br>(0.80) | $instrc_{it} \cdot I(lnpatent_{it} > 1.9059)$ | 0.104<br>(0.58) |
| L. xt_pm | 0.239*<br>(2.68) | L. xt_pm | 0.236**<br>(2.67) |
| L4. $lnedupcd_{it}$ | -0.061<br>(-2.49) | L4. $lnedupcd_{it}$ | -0.060<br>(-2.36) |

续表

| 基准回归列（1） | | 稳健性检验列（2） | |
|---|---|---|---|
| city | -0.126<br>（-0.51） | city | -1.111<br>（-0.46） |
| lninternetuser | 0.020*<br>（1.89） | lninternetuser | 0.021<br>（1.97） |
| L. fisoir | 0.016*<br>（1.89） | L. fisoir | 0.018*<br>（2.00） |
| cons | 0.094<br>（0.15） | cons | -0.515*<br>（-1.68） |
| Observation | 420 | Observation | 420 |

注：*和**分别表示在10%和5%水平上显著，括号内为t值。

综上所述，基于省级数据、地级市数据构建的面板门槛模型的回归结果表明，中国产业结构服务化在不同技术水平下对生产性服务业的影响呈现出区域异质特征，东部地区产业结构向服务化演进对生产性服务业的提升作用优于其他经济区域，这与中国地区间发展不平衡、不充分的经济事实相吻合。

（1）东部地区的实证结果表明，在任意技术水平下，产业结构服务化对生产性服务业发展具有显著正向影响。比较省级数据、地级市数据的回归结果发现，当技术超过了一定水平，正向影响能否放大并不稳健。对此一种可能的解释是，当技术达到一定高度，农业、工业生产的智能化水平提升，产业结构服务化对生产性服务业发展的正向影响取决于各类产业的发展能否保持对生产性服务业的强劲需求。例如有研究指出，出于产业同构和过度集聚等现象，长三角地区制造业与生产性服务业协同集聚关系低于预期，不利于形成对生产性服务业的有效需求（陈晓峰和周晶晶，2020）。在农业现代化过程中，由于农业产前、产后环节发展滞后，农业产业链条较短，需求不足制约农业生产性服务业成为生产性服务业新的增长点（姜长云，2020）。此外，根据第三章的理论论述，技术在工业领域的大规模投入加速了生产的自动化进程，从工业领域淘汰的劳动力由于知识技术结构与生产性服务业岗位不匹配而短期更倾向流入技能要求更低的消费性服务业中，生产性服务业可能缺乏人力资本支撑，人力资本在行业间的错配也是潜在原因之一。例如基于省级数据、地级市数据测度的东部地区面板门槛模型的回归结果均表明，人力资本对生产性服务业发展的正向促进作用不显著。

（2）东北部、中部和西部地区的实证结果表明，在任意技术区间内，产业结构服务化都无法对生产性服务业的发展产生积极影响。这是因为，一是与东部地区相比，东北部、中西部地区科技创新能力较弱，制造业整体处于产业链中低端位置，现阶段创新研发实力以及技术落地转换实力薄弱（韩莹和孙丽文，2022），制造业转型升级驱动不足，难以形成推动生产性服务业持续发展的有力支撑。二是东北部、中西部自身生产性服务业发展水平不高。以西部地区为例，生产性服务业法人单位数、城镇单位就业人员数、私营企业和个体就业人员数以及投资的总体规模与东部地区相比差距较大（余贵玲等，2017）。服务业的发展可能由消费型服务业迅速扩张引致。消费型服务业低知识技术密集特征决定了，其发展对人力资本无显著提升影响。三是东北部、中西部地区各省呈现出省会城市“一城独大”的发展特征，生产性服务业多集中在省会城市，与周边地区分工协作产业体系尚未较好构建，省域内部产业布局与经济发展差异限制了生产性服务业发展的空间。面板门槛模型的回归结果也从一个侧面反映了当前中国中西部、东北部省份服务业迅速扩张需要规避“脱实向虚”倾向、防止“鲍莫尔成本病”对经济增长的侵蚀，实现产业结构服务化对生产性服务业的带动促进作用。

鉴于东部地区产业结构服务化促进了生产性服务业发展，东北部、中西部地区产业结构服务化发展并未对生产性服务业发展起到正向促进作用，结合本书第三章论述的生产性服务业知识技术密集特征对人力资本的正向影响，可以认为，生产性服务业能够解释产业结构服务化对区域内部人力资本提升影响存在区域异质性的原因，可视为连接产业结构服务化与区域内部人力资本提升的一种传导机制，假说 H2 得到验证。

## 第四节　小　　结

本章基于 2006～2019 年中国省级数据，采用 PVAR 方法构建产业结构服务化对区域内部人力资本提升影响的实证模型；基于 2003～2019 年中国地级市经济数据，采用动态面板数据模型构建产业结构服务化对区域内部人力资本提升影响的实证模型，分析当前中国产业结构显著的服务化特征对区域内部人力资本提升的具体影响。随后，为探究影响背后的机制，基于面板门槛模型构建产业结构服务化对区域内部人力资本提升影响的传导机制模型，分别采用省级数据、地级市数据展开实证分析。

研究结论如下：第一，基于省级数据的实证结果表明，区域间产业结构向服务化演进对本地区人力资本的影响存在区域异质性。其中，东部地区产业结构服务化带动人力资本提升，人力资本提升促进经济增长；而在中西部与东北部地区，产业结构服务化对人力资本无正向促进作用，人力资本的经济增长效应并未有效发挥；假说 H1 仅在东部地区的经济实践中成立。基于地级市数据的实证结果佐证了区域异质性的存在，即东部地区产业结构服务化对区域内部人力资本的正向促进作用显著优于对照组中西部、东北部地区。第二，中国产业结构服务化对生产性服务业提升的影响存在区域异质性。当将技术水平设为门槛变量，各技术区间内东部地区产业结构服务化促进了生产性服务业的发展；而在其他经济区域内未见产业结构服务化通过技术进步对生产性服务业产生的正向影响。鉴于生产性服务业较高的知识技术密集属性以及与人力资本提升之间的正向关联，可视为产业结构服务化影响区域内部人力资本提升的传导机制。第三，基于地级市数据的回归分析揭示了，样本观察期内全国层面产业结构服务化量的积累和质的提升是拉动人力资本提升的动力，产业结构服务化水平越高，其对人力资本的提升作用愈加明显。

# 第六章　产业结构服务化对人力资本空间溢出效应的实证研究

本章基于第三章的理论研究，采用省级数据、地级市数据，选取SpVAR方法实证分析代表性冲击源地区产业结构服务化对人力资本的空间溢出效应，检验假说H3、H4在中国具体经济实践中是否成立；选取SLX模型分析产业转移能否作为产业结构服务化影响周边地区人力资本提升的传导机制，检验假说H5在中国具体经济实践中是否成立。

## 第一节　空间自相关分析

### 一、空间权重矩阵W的设计

在空间计量经济学的分析中，区域之间的空间相关关系通过空间权重矩阵的设定体现，因此合理选择空间权重矩阵是进行空间计量分析的前提和基础。空间权重矩阵的设定基于空间距离的量化方式，常用的量化方式有邻接距离、地理距离、经济距离和技术距离等，量化方式的不同决定了空间分析结果的不同。考虑到单个量化方式无法全面测度空间的相关关系，研究多选择量化区域间的综合距离。本节以地理距离和经济距离量化综合距离，构建空间嵌套权重矩阵。

地理距离。地理距离是指根据空间地理坐标计算的两区域之间的欧式距离，i、j 两地间的欧式距离用 $d_{ij}$ 表示。对地理距离的测算使用半正矢公式（Haversine Formula），根据两地经纬度计算区域间的球面距离。鉴于地理学第一定律认为，所有事物都与其他事物相关，但是近处的事物比远处的事物更相关；同时考虑到空间效应随着距离的增加衰减得更慢（李泽众和沈开艳，2019），本书构造地理距离空间权重矩阵 $W^d$，矩阵中的元素 $w_{ij}^d$ 表示为：

$$w_{ij}^d = \begin{cases} 0, & i = j \\ 1/(d_{ij})^2, & i \neq j \end{cases} \tag{6-1}$$

经济距离。经济距离考虑了地区之间经济因素。依据两区域某项经济指标的差值即可量化经济距离，常用经济指标包括 GDP、人均 GDP。本书参考董会忠等（2022）、周五七和陶靓（2021）、王松茂等（2020）、王传荣和付婷婷（2018）的研究，采用各地区样本观察期内剔除了价格因素的人均实际 GDP 的均值 $\overline{Y}_i$ 构建经济空间权重矩阵 $W^e$，矩阵中的元素 $w_{ij}^e$ 表示为：

$$w_{ij}^e = \begin{cases} 0, & i = j \\ 1/|\overline{Y}_i - \overline{Y}_j|, & i \neq j \end{cases} \tag{6-2}$$

综合距离。对地理距离、经济距离赋予权重，得到的综合距离考虑了地区间多维因素的影响，由此构造嵌套的空间权重矩阵。本书具体参考王冠祎和刘丰硕（2022），计算的嵌套权重矩阵 W 如式（6-3）所示：

$$W = \begin{cases} 0, & i = j \\ W_d \times W_e, & i \neq j \end{cases}$$

$$W = \begin{bmatrix} D(1, 1) & D(1, 2) & \cdots & D(1, n) \\ D(2, 1) & D(2, 2) & \cdots & D(2, n) \\ \vdots & \vdots & \ddots & \vdots \\ D(n, 1) & D(n, 2) & \cdots & D(n, n) \end{bmatrix}$$

$$D(i, j), \ i = 1, 2, \cdots, n; \ j = 1, 2, \cdots, n \tag{6-3}$$

其中，D(i, j) 表示 i、j 两地的综合距离，体现地区间地理与经济之间的相关性。

## 二、空间自相关检验

### （一）空间自相关检验介绍

空间建模分析的前提是变量间存在空间自相关，常用的空间自相关检验方法包括全局 Moran's I 指数、局部 Moran's I 指数。

**1. 全局 Moran's I 指数**

全局 Moran's I 指数（Global Moran's I）最早应用于全局聚类检验，在空间计量研究中多用于分析变量的全局自相关，关注区域整体的空间自相关程度。全局 Moran's I 指数的值介于 -1 ~ 1，当全局 Moran's I 指数值大于 0，代表存在空间正自相关；值越接近 1，表明具有相似的属性集聚在一起的特征越明显。当全局 Moran's I 指数值小于 0，则代表变量存在空间负自相关；值越接近 -1，表明相异的属性集聚在一起的趋势越显著。当全局 Moran's I 指数等于 0，表明变量在空间呈随机性。

**2. 局部 Moran's I 指数**

衡量局域空间自相关的常用指标是局部 Moran's I 指数（Local Moran's I），该指标可以逐年检验局部地区是否存在相似或相异观察值的集聚现象。局部 Moran's I 指数大于 0 代表一个高值被高值包围，或者一个低值被低值包围；局部 Moran's I 指数小于 0 代表一个高值被低值包围，或者一个低值被高值包围。对局部 Moran's I 指数的分析多借助散点图等可视化形式。横轴表示某年某区域观测值，纵轴表示标准化后的局部 Moran's I 指数（空间滞后），两者之间的相关关系通过图中散点表示出来。散点图的四个象限代表四种局部空间关联模式：右上象限（第一象限）代表观测值大于均值，其空间滞后也大于均值；左下象限（第三象限）代表观测值小于均值，其空间滞后也小于均值；左上象限（第二象限）代表观测值小于均值，但其空间滞后大于均值；右下象限（第四象限）代表观测值大于均值，但其空间滞后小于均值。第一、第三象限代表空间正自相关，第二、第四象限代表空间负自相关。

### （二）全局 Moran's I 指数的空间自相关检验分析

表 6 - 1 汇报的是在本书设计的空间嵌套权重矩阵 W 下，基于省级数据测算的人力资本（hc）、产业结构服务化（indu）两个变量的全局 Moran's I 指数。数据来源与第五章第一节"基于 PVAR 方法构建产业结构服务化对区域内部人力资本提升影响的实证模型"一致。

**表 6 - 1　　省级数据全局 Moran's I 指数的空间自相关检验结果**

| 年份 | hc | | indu | |
|---|---|---|---|---|
| | Moran's I | p-value | Moran's I | p-value |
| 2006 | 0. 325 | 0. 000 | 0. 128 | 0. 073 |
| 2007 | 0. 314 | 0. 000 | 0. 131 | 0. 058 |
| 2008 | 0. 325 | 0. 000 | 0. 153 | 0. 038 |
| 2009 | 0. 331 | 0. 000 | 0. 145 | 0. 048 |
| 2010 | 0. 361 | 0. 000 | 0. 182 | 0. 016 |
| 2011 | 0. 345 | 0. 000 | 0. 195 | 0. 010 |
| 2012 | 0. 341 | 0. 000 | 0. 195 | 0. 010 |
| 2013 | 0. 352 | 0. 000 | 0. 192 | 0. 011 |
| 2014 | 0. 349 | 0. 000 | 0. 200 | 0. 009 |
| 2015 | 0. 354 | 0. 000 | 0. 156 | 0. 035 |
| 2016 | 0. 350 | 0. 000 | 0. 172 | 0. 022 |
| 2017 | 0. 344 | 0. 000 | 0. 178 | 0. 018 |
| 2018 | 0. 340 | 0. 000 | 0. 124 | 0. 077 |
| 2019 | 0. 328 | 0. 000 | 0. 176 | 0. 002 |

如表 6 - 1 所示，在 2006 ~ 2019 年，人力资本的全局 Moran's I 指数值在 0. 35 左右小幅度波动，且均在 1% 的显著性水平上拒绝变量间不存在任何空间相关性的原假设。这表明从整体看，中国人力资本分布现状表现出高值与高值相聚、低值与低值相聚的空间正相关性特征。产业结构服务化的 Moran's I 指数值介于 0. 128 ~ 0. 200，均值为 0. 166，

绝大多数年份在5%的显著性水平上拒绝不存在任何相关性的原假设。这表明从整体看，中国产业结构服务化同样存在高—高相聚、低—低相聚的空间正相关特征。检验结果表明两变量均通过全局空间自相关检验。

### （三）基于局部 Moran's I 指数的局域空间自相关检验

图6－1为嵌套空间权重矩阵W下，基于省级数据绘制的代表年度2006年、2013年、2018年与2019年人力资本局部 Moran's I 散点图。2006年，多数省份分布在第三、第四象限，人力资本表现为水平较低的省份相互聚集、水平较高的省份被水平较低的省份环绕；在样本观察期的后期，各省集中落在第一象限和第三象限，省域的局部空间相关性表现为“高—高”“低—低”的集聚特征。整体看，分布在第一象限且呈现“高—高”集聚特征的省份全部为东部沿海发达地区。散点图与人力资本的全局空间相关性检验结果基本一致，反映出中国人力资本在区域间存在一定程度的分布不均现象。

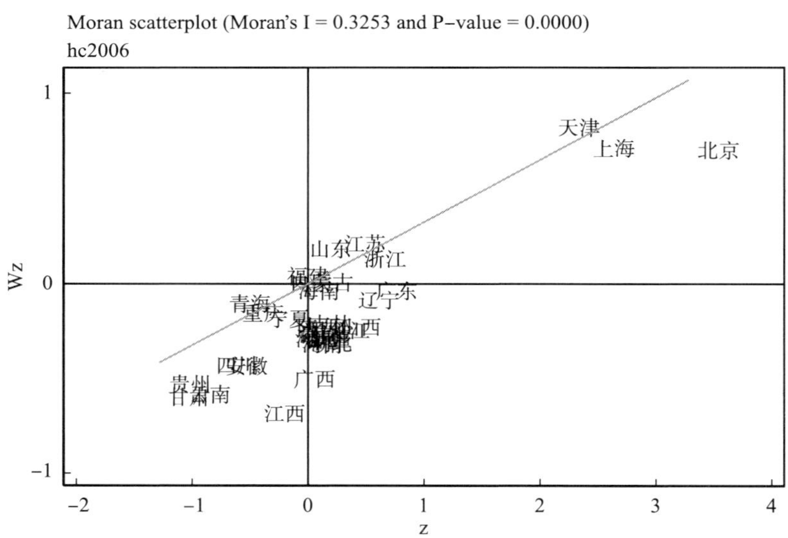

Moran scatterplot (Moran's I = 0.3522 and P–value = 0.0000)
hc2013

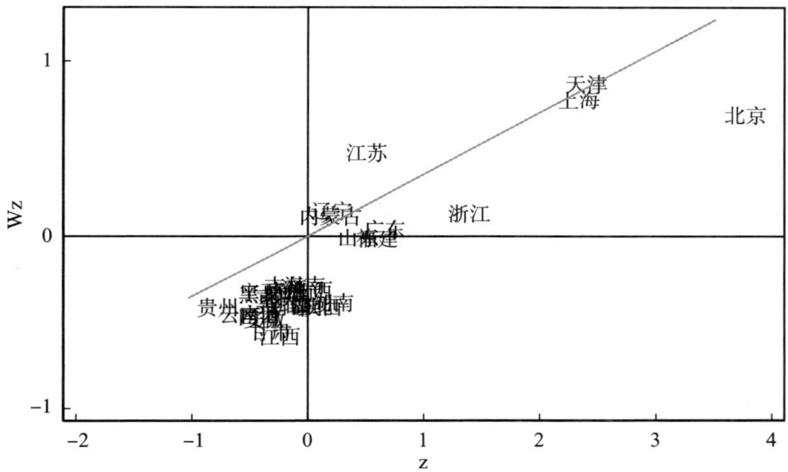


Moran scatterplot (Moran's I = 0.3397 and P–value = 0.0000)
hc2018

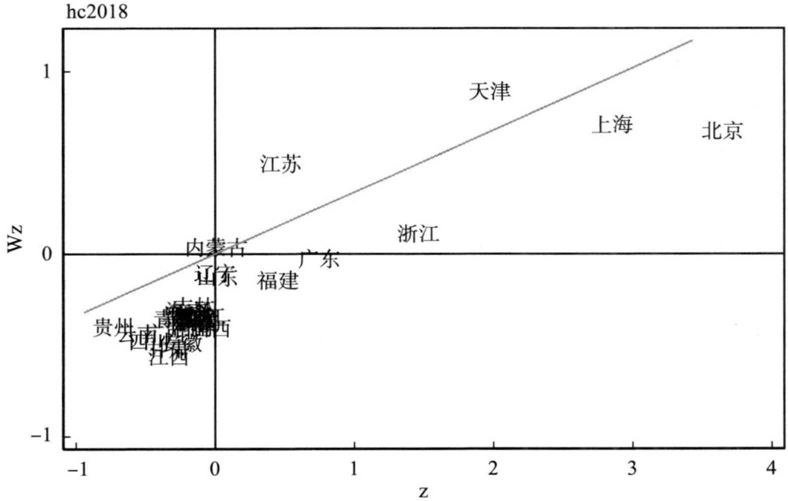

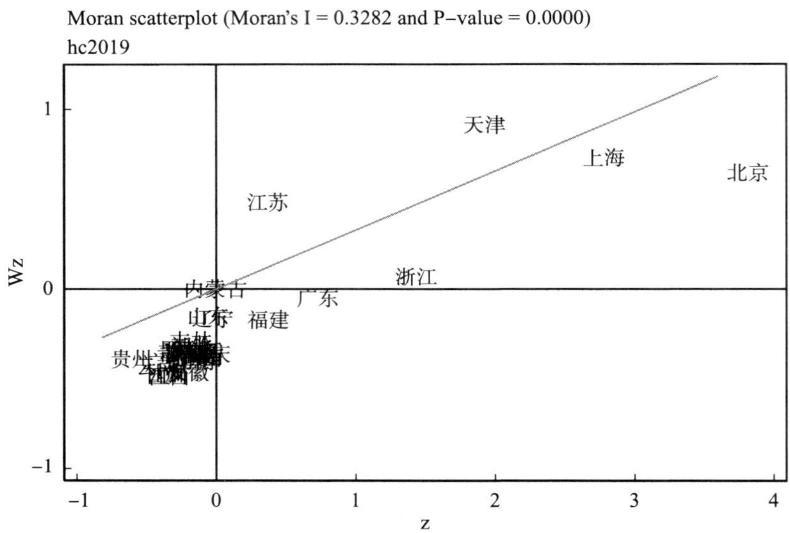


**图 6－1　省级数据代表年度人力资本的局部 Moran's I 散点图**

图 6－2 为嵌套空间权重矩阵 W 下，基于省级数据绘制的代表年度 2006 年、2013 年、2018 年与 2019 年产业结构服务化的局部 Moran's I 散点图。各省份主要落在第一、第三和第四象限，少数东部沿海发达省份，如北京市、上海市、天津市、江苏省、浙江省表现为“高—高”的集聚特征；其余东部省份，如广东省、山东省、福建省在多数年份落在第四象限，表明本身具有较高的产业结构服务化水平，但毗邻省份产业结构的服务化水平较低；中西部省份主要落在第三、第四象限，既存在“低—低”正的空间自相关，又存在“低—高”负的空间自相关。

Moran scatterplot (Moran's I = 0.1280 and P−value = 0.0734)
indu2006

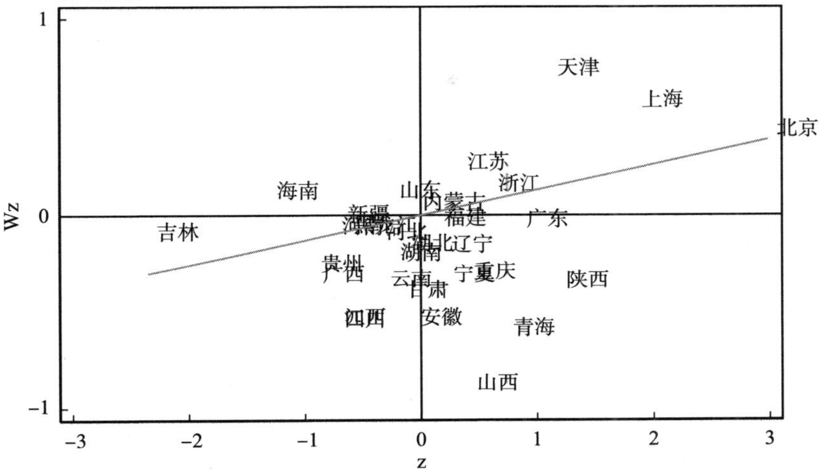


Moran scatterplot (Moran's I = 0.1922 and P−value = 0.0114)
indu2013

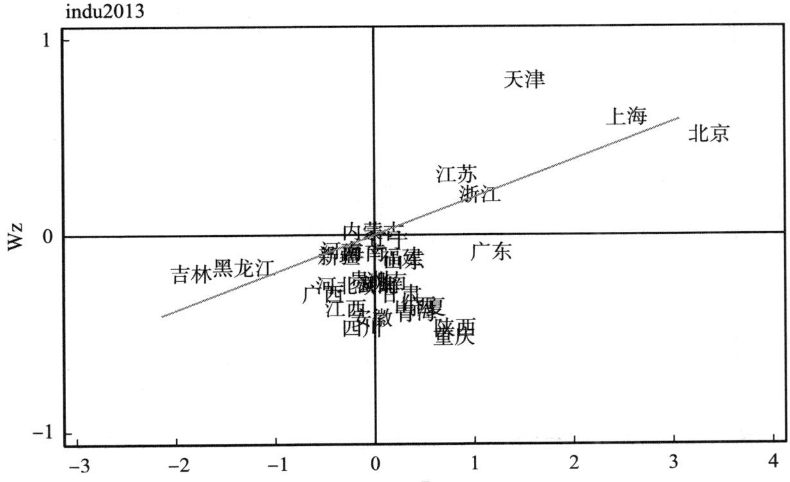

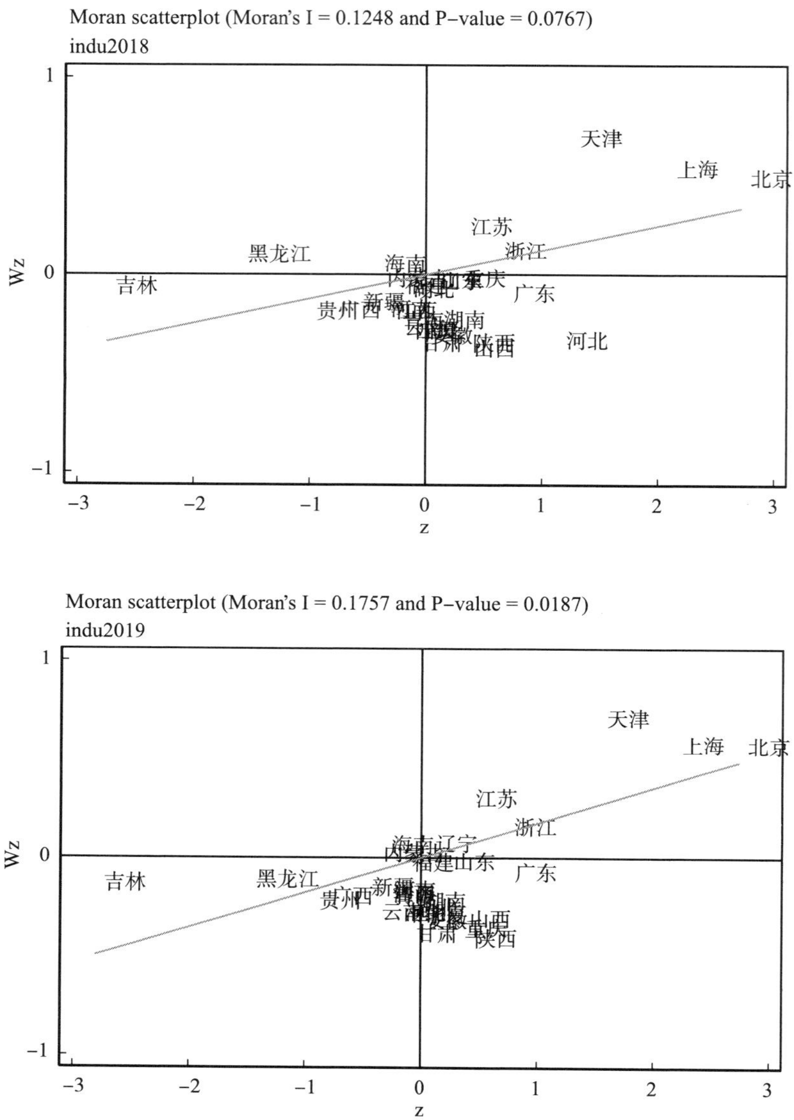


**图 6－2　省级数据代表年度产业结构服务化的局部 Moran's I 散点图**

根据式（6－3），基于地级市数据，计算嵌套空间权重矩阵 $W^C$，绘制代表年度 2003 年、2006 年、2013 年、2014 年、2019 年的人力资本（lnedupcd）、产业结构服务化（indu）局部 Moran's I 散点图，数据来源与第五章第二节“基于动态面板数据模型构建产业结构服务化对区域内部人力资本提升影响的实证模型”一致；$W^C$ 的计算所需人均 GDP 数据来源于《中国城市统计年鉴》（2004～2020 年），检验结果见图 6－3、图 6－4。

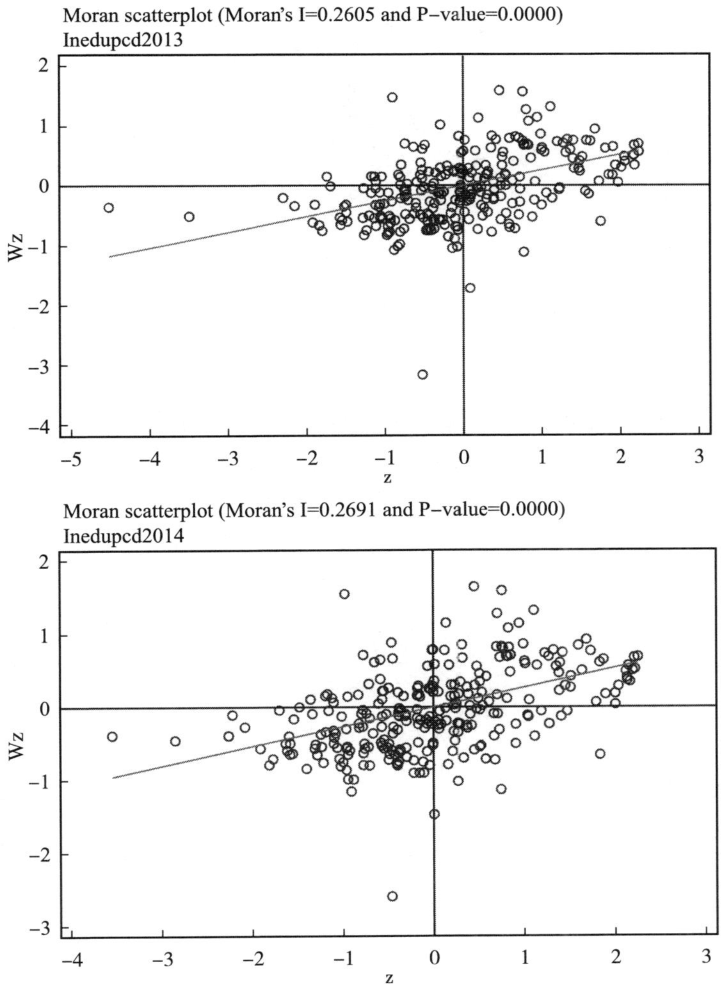


**图 6－3　地级市数据代表年度人力资本的局部 Moran's I 散点图**

Moran scatterplot (Moran's I = 0.3670 and P−value = 0.0000)
indu2003

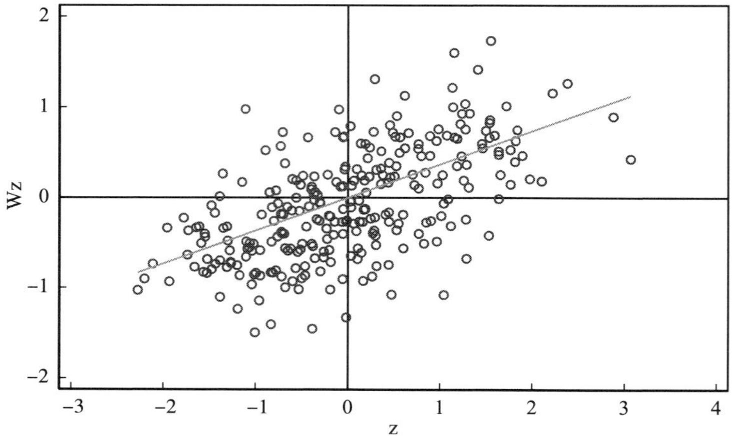


Moran scatterplot (Moran's I = 0.3841 and P−value = 0.0000)
indu2006

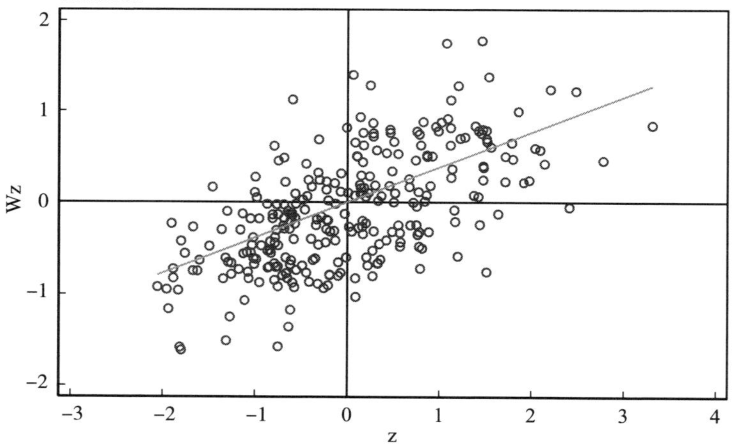

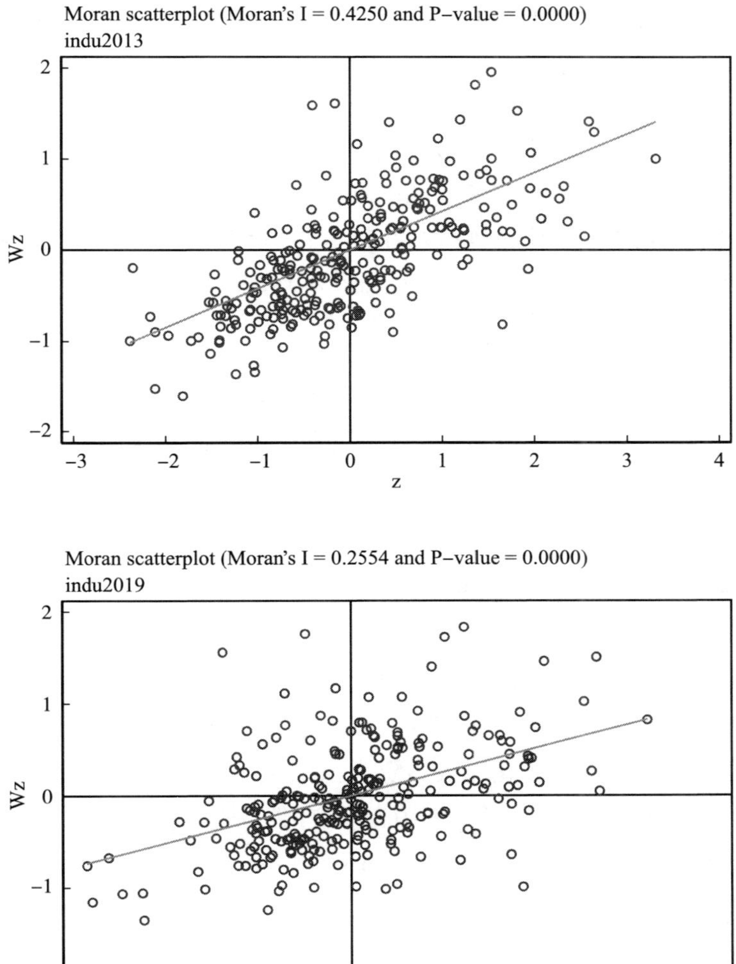


**图 6 –4　地级市数据代表年度产业结构服务化的局部 Moran's I 散点图**

因地级市研究对象数量较大，图中不再一一标注城市名称。从图 6 –3 可知，2013 年、2014 年人力资本的局部 Moran's I 指数分别为 0. 2605 与 0. 2691，在 1% 水平上通过显著性检验，呈现正的空间自相关特征；从图 6 –4 可知，代表年度产业结构服务化的局部 Moran's I 指数虽波动幅度较大，但正的空间自相关特征显著，表明具有相似产业结构服务化特征的地级市在空间上相邻。

对地级市数据的分析与对省级数据的分析呈现出共性特征：产业结构服务化与人力资本存在显著的空间自相关关系，适用于空间计量分析。区域间产业结构服务化的聚类关系较为复杂，各地产业结构服务化水平存在明显分化趋势；人力资本水平相近的区域呈现集聚特征，人力资本在区域间存在一定程度的分布不均现象。

## 第二节　基于 SpVAR 方法构建产业结构服务化对人力资本空间溢出效应的实证模型

### 一、SpVAR 方法原理

第三章的理论分析阐释了，产业结构服务化水平的提高会对周边地区人力资本产生正向的空间溢出效应以及负向的空间溢出效应，同时构建了产业结构服务化对人力资本空间溢出效应的理论模型，提出假说 H3、H4。据此，本章节采用省级数据，基于 SpVAR 方法（Spatial Vector Autoregressive Models，简称 SpVAR 方法）开展实证研究，验证产业结构服务化能否对人力资本产生空间溢出效应。

最早提出 SpVAR 方法的是贝恩斯托克和费尔森（Beenstock & Felsenstion，2007），该研究基于以色列 1987～2004 年九个地区的人均收入、人口、房屋价格、房屋存量等数据，采用 SpVAR 方法分析四变量之间的关系。此后，学者们从模型设定（Conley & Dupor，2003；Neusser，2004；施震凯等，2017；曾岚婷和叶阿忠，2020）、估计方法（Mutl，2009；Monteiro，2009；Brady，2011）等方面进行拓展。

SpVAR 方法在 PVAR 方法基础上加入了空间权重矩阵，模型的设计同时包含了时间滞后与空间相关两个维度，能够分析互为因果的两个变量之间的空间溢出影响，常被用来讨论某区域变量受到一个标准差大小的新息冲击后，对其他地区变量的当期值和未来值产生的影响（王周伟等，2015）。由于空间权重矩阵的存在，SpVAR 方法的冲击源会在横截面之间传递。鉴于地区间的地理距离和经济距离不同，冲击对不同横截面的影响存在差异（郭国强，2013），因此 SpVAR 方法能够产生 n×K 个冲击源（n 为区域总数，K 为内生变量的个数），冲击源数量远大于 PVAR 方法。本书采用 SpVAR 方法的原因在于，产业结构服务化与人力资本之间可能互为因果，而 SpVAR 方法能够较好处理内生性问题。此外，SpVAR 方法的脉冲响应函数能够逐一甄别冲击源地区产业结构服务化对不同响应地区人力资本空间溢出的强弱影响，符合本书的研究内容和研究目的。

设一阶时间滞后和一阶空间滞后的 SpVAR 方法为：

$$Y_{it} = \Gamma Y_{it-1} + BY_{it-1}^{*} + \eta_i + \mu_{it}$$

$$Y_{it} = \begin{bmatrix} Y_{it}^{1} \\ \vdots \\ Y_{it}^{K} \end{bmatrix}, \quad Y_{it-1} = \begin{bmatrix} Y_{it-1}^{1} \\ \vdots \\ Y_{it-1}^{K} \end{bmatrix}, \quad Y_{it-1}^{*} = \begin{bmatrix} Y_{it-1}^{1*} \\ \vdots \\ Y_{it-1}^{K*} \end{bmatrix} \tag{6-4}$$

$$\Gamma = \begin{bmatrix} \gamma_{11} & \cdots & \gamma_{1K} \\ \vdots & \ddots & \vdots \\ \gamma_{K1} & \cdots & \gamma_{KK} \end{bmatrix}, B = \begin{bmatrix} \beta_{11} & \cdots & \beta_{1K} \\ \vdots & \ddots & \vdots \\ \beta_{K1} & \cdots & \beta_{KK} \end{bmatrix}, \eta_i = \begin{bmatrix} \eta_{1i} \\ \vdots \\ \eta_{Ki} \end{bmatrix}, \mu_{it} = \begin{bmatrix} \mu_{1it} \\ \vdots \\ \mu_{Kit} \end{bmatrix}$$

i 表示区域，t 代表时间，$\eta_i$、$\mu_{it}$ 分别表示为固定效应和扰动项，Γ、B 分别为系数矩阵，$Y_{it-1}$、$Y_{it-1}^{*}$ 依次代表内生变量时间、空间滞后一期项。其中：

$$Y_{it-1}^{*} = WY_{it-1}, \quad W = \begin{bmatrix} 0 & D(1, 2) & \cdots & D(1, n) \\ D(2, 1) & 0 & \cdots & D(2, n) \\ \vdots & \vdots & \ddots & \vdots \\ D(n, 1) & D(n, 2) & \cdots & 0 \end{bmatrix} \tag{6-5}$$

W 是空间权重矩阵，D(i, j) 表示 i 地与 j 地之间的距离。

将式（6-4）展开，第 k 个方程可以表示为：

$$Y_{it}^{k} = \sum_{m=1}^{K} \gamma_{km} \times Y_{it-1}^{k} + \sum_{m=1}^{K} \beta_{km} \times Y_{it-1}^{k*} + \eta_{ki} + \mu_{kit} \tag{6-6}$$

$$Y_{it-1}^{k*} = \sum_{j=1}^{n} D(i, j) \times Y_{it-1}^{k} \tag{6-7}$$

根据郭国强（2013）、吴燕（2017）的研究，使用差分 GMM 方法估计 SpVAR 系数，估计分为五步。第一步，利用一阶差分 $\Delta Y_{it-1}$ 对工具变量 $Y_{i1}$，$Y_{i2}$，…，$Y_{it-2}$，$Y_1^*$，$Y_2^*$，…，$Y_{it-2}^*$ 进行回归，得到残差序列 $\hat{e}_i$，并根据 $\hat{e}_i$ 计算方差协方差矩阵 $\hat{\Sigma}$。第二步，根据 $\hat{\Sigma}$ 最小化计算新的残差序列以及方差协方差矩阵。第三步，重复步骤二直到估计的参数达到收敛条件，并得到最终参数估计值 $\hat{\Pi} = [\hat{\Gamma}' \quad \hat{B}']'$。第四步，根据 $\hat{\Pi}$ 计算最终的残差序列与方差协方差矩阵 $\hat{\Omega}_1$。第五步，基于 $\hat{\Omega}_1$ 计算系数与截距项估计值。

## 二、产业结构服务化对人力资本空间溢出效应的实证模型构建

### （一）变量选择、数据说明

根据第三章的相关论述，采用 SpVAR 方法分析产业结构服务化对人力资本的空间溢出效应。SpVAR 方法的变量与第五章第二节 PVAR 方法的稳健性检验所使用的变量相同，以人力资本综合评价值指标表征人力资本变量（hc），以基于产值构成数据、采用向量夹角法测度的产业结构服务化指标表征产业结构服务化变量（indu）。数据样本取自中国 30 个省份（不含西藏自治区和港澳台地区），时间跨度自 2006～2019 年。

### （二）模型构建

基于 SpVAR 方法构建产业结构服务化对人力资本的空间溢出效应实证模型，具体形式如式（6－8）所示：

$$Y_{it} = \Gamma Y_{it-1} + BY_{it-1}^{*} + \eta_i + \mu_{it}$$

$$Y_{it} = \begin{bmatrix} hc_{it} \\ indu_{it} \end{bmatrix}, \ Y_{it-1} = \begin{bmatrix} hc_{it-1} \\ indu_{it-1} \end{bmatrix}, \ Y_{it-1}^{*} = \begin{bmatrix} hc_{it-1}^{*} \\ indu_{it-1}^{*} \end{bmatrix} \tag{6-8}$$

$$\Gamma = \begin{bmatrix} \gamma_{11} & \gamma_{12} \\ \gamma_{21} & \gamma_{22} \end{bmatrix},\ B = \begin{bmatrix} \beta_{11} & \beta_{12} \\ \beta_{21} & \beta_{22} \end{bmatrix},\ \eta_i = \begin{bmatrix} \eta_{1i} \\ \eta_{2i} \end{bmatrix},\ \mu_{it} = \begin{bmatrix} \mu_{1it} \\ \mu_{2it} \end{bmatrix}$$

将式（6－8）展开，得：

$$\begin{cases} hc_{it} = \gamma_{11} \cdot hc_{it-1} + \gamma_{12} \cdot indu_{it-1} + \beta_{11} \cdot hc^{*}_{it-1} + \beta_{12} \cdot indu^{*}_{it-1} + \eta_{1i} + \mu_{1it} \\ indu_{it} = \gamma_{21} \cdot hc_{it-1} + \gamma_{22} \cdot indu_{it-1} + \beta_{21} \cdot hc^{*}_{it-1} + \beta_{22} \cdot indu^{*}_{it-1} + \eta_{2i} + \mu_{2it} \end{cases} \tag{6-9}$$

其中：

$$\begin{cases} hc^{*}_{it} = \sum_{j=1}^{30} D(i,j) \cdot hc_{it-1} \\ indu^{*}_{it} = \sum_{j=1}^{30} D(i,j) \cdot indu_{it-1} \end{cases} \tag{6-10}$$

## 三、产业结构服务化对人力资本空间溢出效应的实证结果分析

### （一）差分 GMM 估计结果分析

在第五章 PVAR 方法的实证研究中，本书对产业结构服务化（indu）和人力资本（hc）两个变量进行了面板单位根检验和格兰杰因果关系检验，再结合本章第一节空间自相关检验的结论，三项基础检验保证了采用 SpVAR 方法的有效性，为后续脉冲响应函数分析做好准备。接下来采用差分 GMM 方法估算 SpVAR 方法的系数，结果如表 6－2 所示。

**表 6－2　　SpVAR 方法系数估计**

| 变量 | $hc_{it}$ | | $indu_{it}$ | |
|---|---|---|---|---|
| $hc_{it-1}$ | 0.6854*** | (7.3970) | －8.6217*** | (－3.6657) |
| $indu_{it-1}$ | －0.0018 | (－0.5357) | －0.4774*** | (－5.7387) |
| $hc^{*}_{it-1}$ | 0.7989*** | (5.9661) | 5.9661*** | (4.0596) |
| $indu^{*}_{it-1}$ | 0.0099** | (2.0986) | 2.0986** | (2.2190) |

注：*、** 和 *** 分别表示在 10%、5% 和 1% 水平上显著，括号内为 t 值。

观察表 6 - 2 可知，绝大多数系数能够通过显著性检验，且空间项的系数全部显著为正，表明产业结构向服务化演进会通过时空传导机制对周边地区人力资本产生影响，围绕产业结构服务化影响区域人力资本提升的研究加入空间因素具有合理性。

（二）脉冲响应分析

SpVAR 方法能够产生 n × K 个冲击源，因此本章节冲击源总数为 60。限于篇幅，选取北京、上海、广东作为代表性冲击源地区，其合理性在于：北京、上海、广东已步入后工业化时期，高收入、产业结构服务化特征显著，劳动、资本和技术密集型产业转出程度位居中国前列（孙晓华等，2018）。选取冲击源地区周边 18 个省份作为响应地区，响应地区选取的依据一是基于地缘优势，部分响应地区与冲击源地区地理邻接；二是突出经济关联程度，部分响应地区属于京津冀、南部沿海、长江经济带；三是所选省份覆盖中国四大传统经济区域和 10 个国家级承接产业转移示范区。观察对象的选取体现了中国产业发展的特征，具体介绍如表 6 - 3 所示。

**表 6 - 3　SpVAR 方法三组研究对象的冲击源地区和响应地区**

| 冲击源地区（3 个省份） | 响应地区（18 个省份） |
| --- | --- |
| 北京 | 天津、内蒙古、河北、山西、河南、辽宁 |
| 上海 | 浙江、江苏、安徽、江西、湖北、湖南、重庆、四川、贵州、云南 |
| 广东 | 福建、广西、湖南、江西 |

图 6 - 5 的三幅子图是考虑了时空交互作用后，分别模拟的北京、上海、广东产业结构服务化的一个正向标准差冲击对周边地区人力资本的影响效果，其中实线由左侧纵坐标轴度量、虚线由右侧纵坐标轴度量。

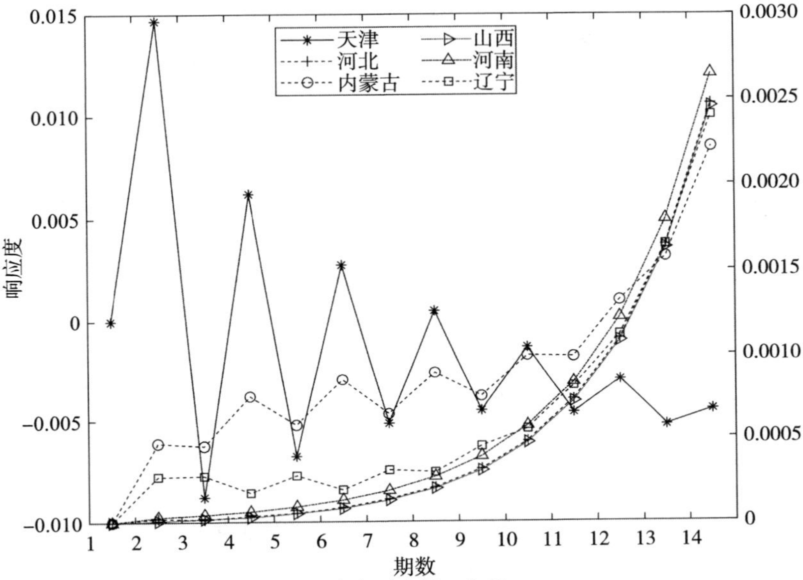


（a）冲击源：北京

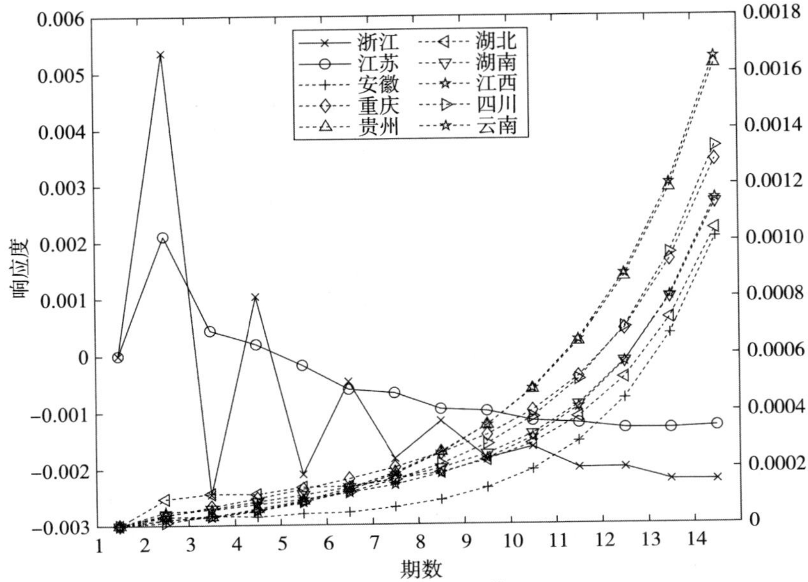


（b）冲击源：上海

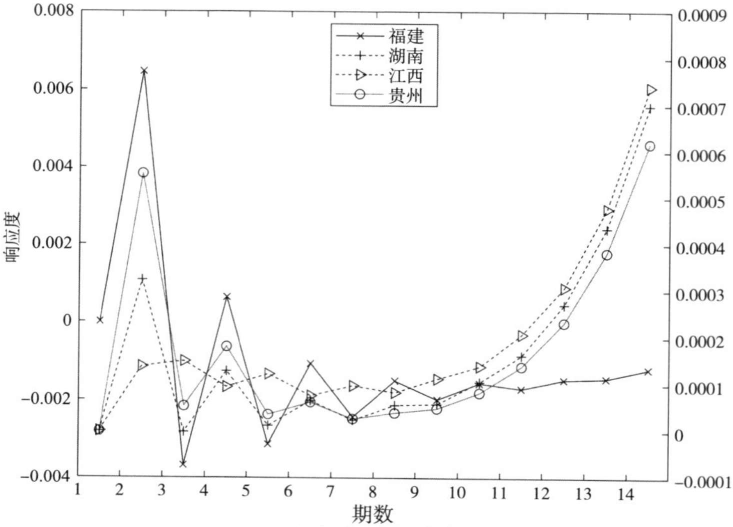


（c）冲击源：广东

**图 6-5　响应地区人力资本受冲击源地区产业结构服务化冲击的脉冲响应曲线**

图 6-6 是受冲击源地区产业结构服务化冲击后，周边地区人力资本在观察期内的总响应度。

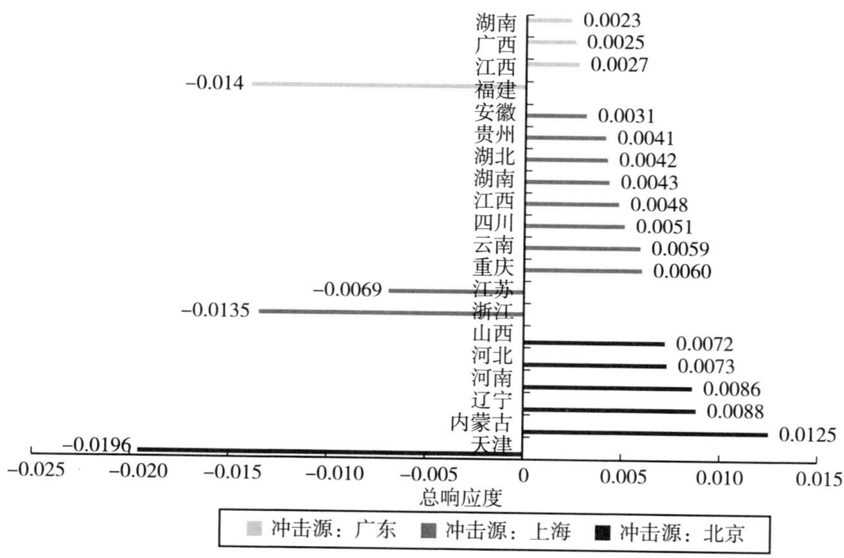


**图 6-6　响应地区人力资本受冲击源地区产业结构服务化冲击的累计脉冲响应度**

观察图6－5（a）、图6－6发现，图6－5（a）的实线对应的是面对北京产业结构服务化的正向标准差冲击，天津的响应趋势。其前期有较大幅度波动，随后波动趋于平缓并向负值收敛。五条虚线对应的是河北、内蒙古、山西、河南与辽宁的响应情况，北京产业结构服务化的冲击在前期对河北、山西、河南三省几乎无影响，随后响应度显著上升；内蒙古和辽宁两省短期内响应走势相较于其余省份表现明显，长期呈现稳定的波动上升趋势。图6－6直观地展示了在面对北京产业结构服务化冲击后，六省份人力资本的累计响应结果，其中天津总响应度为负，其余省份总响应度为正。

观察图6－5（b）、图6－6发现，上海产业结构服务化冲击对浙江、江苏产生负向响应，其中浙江短期内波动振幅大于江苏，江苏的响应度在第2期达到最高后缓慢下降，两省均在第5期开始转为持续的负向响应；其余长江经济带的7省1市在上海产业结构服务化冲击下响应曲线呈现正向增长趋势，其中云南、贵州增长幅度最为显著。

观察图6－5（c）、图6－6发现，广东产业结构服务化施加一个正向标准差冲击后，福建人力资本的响应路径与天津、浙江基本一致，只在频度上略有差别，各期响应度累计值小于0；而广西、湖南、江西人力资本的响应曲线走势前期波动幅度明显，各期响应度累计值大于0且响应度水平相近。

根据对图6－5、图6－6的分析研究发现：北京、上海、广东三省份的产业结构服务化冲击会对其周边地区的人力资本产生正、负两种类型的响应影响。考虑到收入水平能够体现地区经济发展整体水平，收入水平较高的地区经济更为发达，进一步检验两种效应与省域收入水平差距的相关性。对《中国劳动统计年鉴》公布的2018～2020年城镇非私营单位就业人员平均工资数据取均值以衡量各省份工资水平，计算冲击源地区与响应地区工资水平之比，计算结果如表6－4所示。

表 6－4　　SpVAR 方法冲击源地区和响应地区工资水平之比

| 冲击源→响应 | 总响应度 | 收入差距 | 冲击源→响应 | 总响应度 | 收入差距 |
|---|---|---|---|---|---|
| 北京→天津 | 负向 | 1.51 | 上海→浙江 | 负向 | 1.55 |
| 北京→河北 | 正向 | 2.24 | 上海→江苏 | 负向 | 1.62 |
| 北京→山西 | 正向 | 2.33 | 上海→安徽 | 正向 | 1.93 |
| 北京→内蒙古 | 正向 | 2.04 | 上海→江西 | 正向 | 2.09 |
| 北京→河南 | 正向 | 2.44 | 上海→湖北 | 正向 | 1.93 |
| 北京→辽宁 | 正向 | 2.23 | 上海→湖南 | 正向 | 2.06 |
| 广东→福建 | 负向 | 1.20 | 上海→重庆 | 正向 | 1.78 |
| 广东→江西 | 正向 | 1.34 | 上海→四川 | 正向 | 1.84 |
| 广东→湖南 | 正向 | 1.32 | 上海→贵州 | 正向 | 1.84 |
| 广东→广西 | 正向 | 1.28 | 上海→云南 | 正向 | 1.80 |

根据表6－4并结合SpVAR方法分析结果，研究发现：当北京、上海、广东作为冲击源地区，其对人力资本的空间溢出效应表现出一致性特征，即与冲击源地区工资水平接近的周边省份，其总响应度呈现负向特征；而与冲击源地区工资水平差距明显的周边省份，其总响应度呈现正向特征。具体来说：（1）对经济发展水平接近的地区，如北京对天津、上海对浙江以及江苏、广东对福建，表现为负向的空间溢出效应——虹吸效应为主，假说 H3 在中国经济现实中得到验证。（2）对经济发展差距较大的地区，如北京对河北等、上海对安徽等，广东对湖南等，表现为正向的空间溢出效应——示范效应，假说 H4 在中国经济现实中得到验证。（3）虽然部分省份脉冲总响应度整体表现为负或为正，但观察期内人力资本存在上升、下降交织的波动发展趋势。（4）从整体看，产业结构服务化对周边地区人力资本产生了虹吸或示范两种截然相反的溢出效应。

# 第三节　基于 SLX 模型构建产业结构服务化对人力资本空间溢出效应的传导机制模型

## 一、SLX 模型原理与传导机制模型构建

本章节分别采用省级数据与地级市数据，基于空间自滞后模型（Spatial Lag X Model，简称 SLX 模型）① 实证分析产业结构服务化影响人力资本空间溢出效应的传导机制，验证第三章提出的假说 H5。

### （一）SLX 模型原理

SLX 模型的矩阵形式可以表示为：

$$Y = \alpha\iota_N + X\beta + WX\theta + \varepsilon \tag{6-11}$$

其中，Y 表示被解释变量，是一个 N×1 向量，$\iota_N$ 是 N×1 截距项，截距项的系数为 α。X 为解释变量，β 为解释变量的系数，是一个 K×1 列向量，K 为解释变量个数。WX 为空间权重矩阵与解释变量的交乘项，也被称为空间滞后解释变量（spatially lagged explanatory variables）。ε 为误差向量，假定 ε 服从独立同分布。

采用 SLX 模型的原因主要有两个方面：第一，本章节主要探讨的是产业结构服务化能否通过产业转移对人力资本产生空间溢出效应，因此更加关注核心解释变量空间滞后项的显著性水平与影响方向。对于 SLX 模型，其本身的构造使得无须再进行额外计算，直接判断空间滞后解释变量系数的大小、方向与显著性即可分析自变量 $X_t$ 对 $Y_t$ 的空间溢出效应（Halleck & Elhorst，2015）。第二，OLS、IV、GMM 等均可用于 SLX 模型的实证分析研究，方便进行稳健性检验（陈柯，2019）。

① 也有研究将 SLX 模型称为空间解释变量滞后模型。

## （二）传导机制模型构建

本书对传导机制的分析设计参考卞元超等（2020）、陈诗一和陈登科（2018），将产业转移视为产业结构服务化对人力资本产生空间溢出效应的传导机制，构建三个 SLX 模型。

（1）构建关于产业结构服务化与人力资本的 SLX 模型。

$$hc_{it} = c_1 + \gamma_1 indu_{it} + \theta_1 Windu_{it} + X_{it}\beta_1 + \alpha_{1i} + \lambda_{1t} + \mu_{1it} \quad (6-12)$$

其中，i 与 t 分别表示截面数和时期数，被解释变量为人力资本（hc），核心解释变量包括产业结构服务化（indu）和产业结构服务化与空间权重矩阵交乘项（Windu），$X_{it}$代表控制变量，$\beta_1$ 为系数矩阵，列向量 $\alpha_{1i}$、$\lambda_{1t}$分别代表个体效应和时间效应。当 $\theta_1$ 显著，则认为产业结构服务化对人力资本的空间溢出效应存在。

（2）构建产业结构服务化与产业转移的 SLX 模型。

将产业转移（trans）设为机制变量，并将其设为被解释变量，核心解释变量包括产业结构服务化（indu）和产业结构服务化与空间权重矩阵的交乘项（Windu），通过构建 SLX 模型判断产业结构服务化与产业转移之间的关系，模型的具体形式如式（6－13）所示：

$$trans_{it} = c_2 + \gamma_2 indu_{it} + \theta_2 Windu_{it} + X_{it}\beta_2 + \alpha_{2i} + \lambda_{2t} + \mu_{2t} \quad (6-13)$$

若回归结果表明 $\theta_2$ 显著，则认为产业结构服务化对产业转移的空间溢出效应存在，产业结构向服务化演进对周边地区产业转移产生影响。

（3）构建人力资本与机制变量产业转移的 SLX 模型。

将人力资本设为被解释变量，核心解释变量包括产业转移（trans）、产业转移与空间权重矩阵的交乘项（Wtrans），模型的具体形式如式（6－14）所示：

$$hc_{it} = c_3 + \gamma_3 trans_{it} + \theta_3 Wtrans_{it} + X_{it}\beta_3 + \alpha_{3i} + \lambda_{3t} + \mu_{3t} \quad (6-14)$$

若回归结果显示 $\theta_3$ 显著，则根据理论论述，可以认为相邻地区的产业转移对区域人力资本提升存在空间溢出效应。

综上所述，当 $\theta_1$、$\theta_2$、$\theta_3$ 同时显著，即验证了产业转移是产业结构服务化影响周边地区人力资本，或者说本地区人力资本受周边地区产业结构服务化影响的一种传导机制。

需要注意的是，对模型（6－12）~模型（6－14）的估计需要考虑内生性问题。前面论述了模型（6－12）中产业结构服务化与人力资本可能存在双向因果关系，此处不再具体阐述。对于模型（6－13），核心解释变量产业结构服务化与机制变量产业转移可能存在双向因果关系：产业结构向更高层次的服务化演进，需要转移一部分丧失比较优势的产业至欠发达地区以"腾笼换鸟"；产业的转移有助于地区集中资源进行技术革新与产业升级，加快服务业高质量发展进程。对于模型（6－14），机制变量产业转移与被解释变量人力资本可能存在双向因果关系：产业转移激励人力资本投资；发达地区人力资本水平的提升促进地区产业结构的升级进而加快产业转移，欠发达地区人力资本提升吸引产业转入（王珊等，2022；江澜和何宜庆，2021）。

鉴于上述分析，当忽视模型可能存在的内生性问题，对解释变量的估计有偏，这将削弱实证研究的稳定性与说服力（邵帅等，2019）。本书采用 2SLS 方法对 SLX 模型（6－12）~模型（6－14）进行估计。采用 2SLS 方法需要选取工具变量，以滞后项作为工具变量具有合理性（Fölster & Henrekson，1999；Agell et al.，1999），这一处理方式也常见于产业发展研究中。例如，邓宏图等（2018）以滞后一期的重工业资本存量比重作为工具变量；曾艺等（2019）采用生产性服务业滞后一期分析服务业发展与城市经济增长质量间的关系。使用滞后项作为工具变量既能确保内生变量与工具变量的关联性，又由于滞后项是已经发生的数据，因此与当期扰动项不相关，符合外生性要求。据此，本书分别以产业结构服务化、产业转移的滞后项作为工具变量。以模型（6－12）为例做具体阐述：对于人力资本（hc）反向作用于产业结构服务化（indu）而产生的联立性问题，本书使用产业结构服务化滞后一期作为产业结构服务化的工具变量。其合理性在于，产业结构向服务化的演进表现为知识技术密集度较高产业的快速发展，这类产业发展需要较长的积累周期，因此人力资本对其产生的作用很难直接反映在当期，而更有可能在以后各期体现。本书第五章脉冲响应分析中图 5－2 也佐证了这一观点：即使是在经济发展水平较高的东部地区，面对人力资本的冲击，产业结构服务化在当期无响应。因此当分析产业结构服务化对人力资本的影响，以滞后期一期作为产业结构服务化的工具变量能够在一定程度上控制内生性问题。

## 二、基于省级数据的传导机制实证分析

### （一）变量数据选择与描述性统计

基于省级数据进行传导机制分析采用的变量有以下几项：人力资本（hc）、产业结构服务化（indu）、产业转移（trans）、技术水平（lnup）、物质资本（lnk）、生产性服务业与公共服务业协同集聚水平（xt_pg）以及城镇化水平（city）。变量描述见表6－5。

表6－5　　省级数据 SLX 模型变量描述

| 变量 | 符号 | 指标 | 具体描述 |
|---|---|---|---|
| 人力资本 | hc | 人力资本综合评价值 | 综合人均量的水平和结构的高度，测度方法参考本书第四章 |
| 产业结构服务化 | indu | 三次产业产值构成 | 向量夹角法，测度方法参考本书第四章 |
| 产业转移 | trans | 产业转移指数 | 体现产业转移方向 |
| 技术水平 | lnup | 人均专利授权量 | 取对数消除异方差影响 |
| 物质资本 | lnk | 固定资产投资 | 永续盘存法 |
| 生产性服务业与公共服务业协同集聚水平 | xt_pg | 生产性服务业与公共服务业的协同集聚指数 | 产业协同集聚指数方法，测度方法参考本书第四章 |
| 城镇化水平 | city | 城镇化率 | 城镇人口与总人口比值 |

其中，已有研究对产业转移变量的测度多基于就业人数指标和行业产值指标，通过测度指标的波动程度，衡量各地产业转移情况。本

章节参考李健和赖文杰（2021）、冯南平和杨善林（2012），以产业转移指数表征产业转移变量。产业转移指数的测度一方面考虑地区某年工业产值相较于基期的变动；另一方面考虑产值变化可能由于地区经济规模变动引致，因此在测算中加入了地区经济规模占比，以消除经济规模对产值变化造成的影响。具体测算公式如式（6－15）所示：

$$trans_{it} = \frac{ind_{it}/\sum_{i=1}^{n} ind_{it}}{Y_{it}/\sum_{i=1}^{n} Y_{it}} - \frac{ind_{i0}/\sum_{i=1}^{n} ind_{i0}}{Y_{i0}/\sum_{i=1}^{n} Y_{i0}} \tag{6-15}$$

其中，$ind_{it}$为 i 地区 t 年工业产值，$\sum_{i=1}^{n} ind_{it}$ 为 t 年全国工业总产值，$Y_{it}$为 i 地区 t 年 GDP，$\sum_{i=1}^{n} Y_{it}$ 为 t 年全国 GDP。下标 i0 代表基期。参考孙晓华等（2018）将 2004 年作为基期，原因在于自 2004 年起东部地区制造业向中西部转移规模不断扩大（张公嵬和梁琦，2010）。当 $trans_{it} > 0$，表明 i 地区 t 年工业规模相较于基期出现了转入；当 $trans_{it} < 0$，表明 i 地区 t 年工业规模相较于基期出现了转出。

本节样本涉及中国 30 个省、自治区、直辖市（不包括西藏地区和港澳台地区）2006～2019 年的数据。其中人力资本与产业结构服务化变量数据取自第四章的计算结果。剩余数据来源于国泰安 CSMAR 系列研究数据库、中经网统计数据库、《中国统计年鉴》（2007～2020 年）以及各省份历年统计年鉴。变量的描述性统计如表 6－6 所示，根据 LLC 检验结果，所有变量至少在 5% 的显著性水平下拒绝原假设，即变量不存在单位根，是平稳序列。

**表 6－6　　　　省级数据 SLX 模型变量描述性统计**

| Variable | N | Mean | SD | Min | Max | LLC |
|---|---|---|---|---|---|---|
| hc | 420 | 18.00 | 12.76 | 1.09 | 100.00 | －1.6833** (0.0462) |
| indu | 420 | 6.631 | 0.340 | 5.643 | 7.655 | －6.551*** (0.0000) |

续表

| Variable | N | Mean | SD | Min | Max | LLC |
|---|---|---|---|---|---|---|
| trans | 420 | 0.058 | 0.146 | -0.518 | 0.395 | -8.363 ***<br>(0.0000) |
| lnup | 420 | 1.299 | 1.253 | -1.732 | 4.097 | -13.204 ***<br>(0.0000) |
| lnk | 420 | 10.95 | 1.073 | 7.792 | 13.21 | -14.242 ***<br>(0.0000) |
| xt_pg | 420 | 3.045 | 0.388 | 0.275 | 0.896 | -11.104 ***<br>(0.0027) |
| city | 420 | 0.551 | 0.137 | 0.275 | 0.896 | -12.073 ***<br>(0.0000) |

注：*、** 和 *** 分别表示在 10%、5% 和 1% 水平上显著。

## （二）实证结果分析

### 1. 基准模型分析

虽然哈利克和埃尔霍斯特（Halleck & Elhorst，2015）在使用 SLX 模型时认为，解释变量的空间滞后项对被解释变量不存在内生性问题，但考虑具有内生性问题的变量其空间滞后项 Windu、Wtrans 仍有可能存在内生性问题，因此参考沈坤荣等（2017），使用在异方差的情况下同样适用的“杜宾-吴-豪斯曼检验”方法（Durbin-Wu-Hausman Test，DWH）先对变量的内生性问题进行检验。DWH 检验结果如表 6-7 所示。

**表 6-7　　　　SLX 模型的 DWH 检验结果**

| | 模型（6-12） | 模型（6-13） | 模型（6-14） |
|---|---|---|---|
| Statistic | p-value | p-value | p-value |
| Durbin（Score）chi2（1） | 0.4785 | 0.2202 | 0.1261 |
| Wu-Hausman | 0.4901 | 0.2316 | 0.1297 |

以模型（6－12）为例，将 Windu 假设为外生变量并纳入方程，参考陈强（2014）的判断标准，模型（6－12）的 p-value 大于 0.05，表明不拒绝“所有变量均为外生变量”的原假设，因此可认为模型（6－12）所有变量均为外生。同理，表 6－7 最后两列分别报告了模型（6－13）、模型（6－14）的 DWH 检验结果。结果表明，本书所构建的三个 SLX 模型所有变量均为外生变量。因此不再单独考虑空间滞后项的内生性问题。

表 6－8 报告 2SLS 第一阶段的回归结果，三个模型工具变量的系数均通过 1% 的显著性水平检验，F 值显著大于经验规则，且系数均为正值，表明选取的工具变量不存在弱工具变量问题，可以继续进行第二阶段的回归分析。

**表 6－8　　　　省级数据 SLX 模型 2SLS 第一阶段回归结果**

| | 模型（6－12） | 模型（6－13） | 模型（6－14） |
|---|---|---|---|
| | hc | trans | hc |
| 工具变量：indu_lag1 | 0.949***<br>（79.49） | 0.949***<br>（41.35） | － |
| 工具变量：trans_lag1 | － | － | 1.023***<br>（74.66） |
| p-value | 0.000 | 0.000 | 0.000 |
| F | 1892.18 | 2148.28 | 521.40 |
| 控制变量 | Yes | Yes | Yes |
| Observation | 390 | 390 | 390 |

注：*** 表示在 1% 水平上显著，括号内为 t 值。

2SLS 方法的回归结果在表 6－9 中报告。观察列（1），周边地区产业结构服务化对本地区人力资本提升的影响（Windu）显著为正，系数为 8.555 且在 1% 的水平通过显著性检验。表明样本观察期内中国产业结构服务化对人力资本整体产生了正向的空间溢出效应。这与 SpVAR 方法的实证结果呼应，从不同研究视角佐证了服务化趋势与区域人力资本提升之间的空间关联。列（2）的回归结果表明，周边地区产业结构服务化趋势推动了本地区的产业转移，Windu 的系数值为 0.187，且在 1% 的水平通过显著性检验，表明产业结构服务化对产业转移存在空间溢出效应。考虑到产业转移变量的构造特点，基于省级数据的实证结果表明，中国产业转移受周边地区产业结构服务化趋势的影响主要表现为产业承接。控制变量的估计结果也体现了这一发展特征，物质资本系数为正，代表地区资本越充足，越能吸引产业转移。列（3）显示，邻近地区产业转移对本地区人力资本的影响（Wtrans）显著为负，系数值为 -24.938 并通过 10% 的显著性检验。基于中国持续时间较久、规模较大的产业转移现象，对此可以解释为，当本地区承接了周边地区转出的产业，本地区人力资本有所提升。与模型（6-13）的回归结果类似，省级数据对产业转移空间滞后项系数的分析体现了中国产业转移的整体特征以产业转入为主。

**表 6-9　　省级数据 SLX 模型 2SLS 方法的估计结果**

| | 模型（6-12） | 模型（6-13） | 模型（6-14） |
|---|---|---|---|
| | （1） | （2） | （3） |
| | indu_lag1 | indu_lag1 | trans_lag1 |
| | 2SLS | 2SLS | 2SLS |
| indu | 8.340***<br>（5.20） | 0.021<br>（0.68） | - |
| Windu | 8.555***<br>（5.46） | 0.187***<br>（3.29） | - |
| trans | - | - | 0.244<br>（-0.04） |
| Wtrans | - | - | -24.938*<br>（-1.78） |
| lnup | 1.030***<br>（0.74） | -0.049***<br>（-2.78） | 5.946***<br>（3.61） |

续表

| | 模型（6－12） | 模型（6－13） | 模型（6－14） |
|---|---|---|---|
| | （1） | （2） | （3） |
| | indu_lag1 | indu_lag1 | trans_lag1 |
| | 2SLS | 2SLS | 2SLS |
| lnk | －0.818 *<br>（－1.66） | 0.024 ***<br>（2.26） | －0.092 **<br>（－0.08） |
| xt_pg | 0.358<br>（－0.28） | －0.038 **<br>（－1.94） | 9.873 ***<br>（3.17） |
| city | 41.083 ***<br>（11.45） | －0.557 ***<br>（－5.47） | 31.780 ***<br>（2.61） |
| 地区固定效应 | Yes | Yes | Yes |
| 时间固定效应 | Yes | Yes | Yes |
| Observation | 390 | 390 | 390 |
| $R^2$ | 0.7731 | 0.3515 | 0.8461 |

注：*、** 和 *** 分别表示在10%、5%和1%水平上显著，括号内为z值。

### 2. 稳健性检验

本书首先替换空间权重矩阵进行稳健性检验。参考曾艺等（2019），构造综合了地理距离和经济距离的新嵌套空间权重矩阵 $W^N$：

$$W^N = \varphi W_d + (1-\varphi) W_e, \ \varphi = 0.5 \qquad (6-16)$$

基于 $W^N$ 的 SLX 模型估计结果如表 6－10 所示。在新的嵌套空间权重矩阵下，F 值表明模型（6－12）~模型（6－14）不存在弱工具变量问题。三个模型的空间解释变量滞后项，$W^N$indu、$W^N$trans 的显著性水平与方向与使用空间权重矩阵 W 获得的回归结果一致，表明当变更了空间权重矩阵，基准模型分析的结论依然成立，空间视域下产业结构服务化通过产业转移对人力资本产生空间溢出效应。

表 6 - 10　省级数据 SLX 模型的稳健性检验（基于空间权重矩阵 $W^N$）

| | 模型（6 - 12） | 模型（6 - 13） | 模型（6 - 14） |
|---|---|---|---|
| 2SLS 第一阶段估计结果 | | | |
| 工具变量：indu_lag1 | 0.951***<br>(79.49) | 0.951***<br>(70.88) | |
| 工具变量：trans_lag1 | - | - | 1.020***<br>(73.72) |
| p-value | 0.0000 | 0.0000 | 0.0000 |
| F | 2176.54 | 883.25 | 1257.47 |
| 控制变量 | Yes | Yes | Yes |
| 2SLS 方法估计结果 | | | |
| | 模型（6 - 12） | 模型（6 - 13） | 模型（6 - 14） |
| indu | 7.408***<br>(4.53) | 0.041***<br>(1.18) | |
| $W^N$indu | 18.359***<br>(6.11) | 0.176***<br>(2.53) | |
| trans | - | - | -0.972<br>(-0.17) |
| $W^N$trans | - | - | -42.116*<br>(-1.81) |
| lnup | 1.746***<br>(3.20) | -0.044***<br>(-2.61) | 5.823***<br>(3.44) |
| lnk | -0.466<br>(-1.10) | 0.021*<br>(1.81) | -0.251<br>(-0.21) |
| xt_pg | 2.421***<br>(2.85) | -0.047*<br>(-1.79) | 9.237***<br>(-0.21) |
| city | 35.692***<br>(8.75) | -0.563***<br>(-5.82) | 31.299**<br>(2.56) |
| 地区固定效应 | Yes | Yes | Yes |
| 时间固定效应 | Yes | Yes | Yes |
| Observation | 390 | 390 | 390 |

注：*、** 和 *** 分别表示在 10%、5% 和 1% 水平上显著，2SLS 第一阶段估计结果括号内为 t 值，2SLS 方法估计结果括号内为 z 值。

接下来本书采用三次产业产值构成的加权平均方法测度产业结构服务化（instrc）进行稳健性检验，分别采用产业结构服务化滞后 1 期（instrc_lag1）、产业转移滞后 2 期（trans_lag2）作为工具变量。估计结果报告见表 6－11。观察表 6－11，三个 SLX 模型中产业结构服务化与空间权重矩阵交乘项（Winstrc）、产业转移与空间权重矩阵交乘项（Wtrans）的系数方向、显著性水平与基准模型分析得到的回归结果保持一致，表明根据基准模型得出的实证结论依然成立。

**表 6－11　　省级数据 SLX 模型的稳健性检验（变量替换法）**

| | 模型（6－12） | 模型（6－13） | 模型（6－14） |
|---|---|---|---|
| 2SLS 第一阶段估计结果 | | | |
| 工具变量：instrc_lag1 | 0.997 ***<br>(232.51) | 0.997 ***<br>(123.34) | |
| 工具变量：trans_lag2 | － | － | 1.331 ***<br>(25.57) |
| p-value | 0.0000 | 0.0000 | 0.0000 |
| F | 4171.51 | 2590.72 | 160.68 |
| 控制变量 | Yes | Yes | Yes |
| 2SLS 方法估计结果 | | | |
| | 模型（6－12） | 模型（6－13） | 模型（6－14） |
| instrc | 5.756 ***<br>(3.64) | －0.007<br>(－0.36) | |
| Winstrc | 8.433 ***<br>(4.63) | 0.227 ***<br>(3.97) | |
| trans | － | － | 0.639<br>(0.11) |
| Wtrans | － | － | －25.396 *<br>(－1.88) |
| lnup | 2.007 ***<br>(2.55) | －0.052 ***<br>(－3.37) | 6.671 ***<br>(3.75) |

续表

| | 模型（6-12） | 模型（6-13） | 模型（6-14） |
|---|---|---|---|
| 2SLS 方法估计结果 | | | |
| lnk | -1.142**<br>(-1.98) | 0.029***<br>(2.65) | -0.219**<br>(-0.17) |
| xt_pg | 1.231<br>(0.99) | -0.047***<br>(-2.56) | 10.241***<br>(3.04) |
| city | 51.605***<br>(10.96) | -0.397***<br>(-4.25) | 31.438***<br>(2.67) |
| 地区固定效应 | Yes | Yes | Yes |
| 时间固定效应 | Yes | Yes | Yes |
| Observation | 390 | 390 | 330 |

注：*、** 和 *** 分别表示在 10%、5% 和 1% 水平上显著，2SLS 第一阶段估计结果括号内为 t 值，2SLS 方法估计结果括号内为 z 值。

根据省级数据 SLX 模型的回归结果与稳健性检验结果，研究发现：产业结构服务化对产业转移存在空间溢出效应，产业转移对人力资本提升存在空间溢出效应，产业结构服务化对人力资本提升存在空间溢出效应，三个模型的空间滞后项均显著，产业转移可以被视为产业结构服务化对人力资本产生空间溢出效应的传导机制，假说 H5 在中国经济实践中得到验证。此外，对模型（6-12）的基准模型分析与稳健性检验均发现，当考虑了空间影响，中国产业结构服务化对区域内部人力资本的促进作用也凸显出来。

## 三、基于地级市数据的传导机制实证分析

### （一）变量数据选择与描述性统计

本章节基于地级市数据进行产业结构服务化对人力资本空间溢出效应的传导机制分析，采用的变量包括：（1）人力资本（lnedupcd），

采用每万人在校大学生数量表征。（2）产业结构服务化（indu、instrc），分别基于向量夹角法、三次产业产值构成的加权平均方法衡量。（3）产业转移（trans），以产业转移指数测度。（4）控制变量：①生产性服务业与制造业协同集聚水平（xt_pm），采用生产性服务业与制造业协同集聚指标测度；②数字基础设施（lninternetuser），以国际互联网用户数（万户）表示；③城镇化水平（city），以市辖区人口占全市人口表征；④技术水平（lnpatent），以专利申请授权数表示；⑤科学技术投入（science），以科学技术支出占地方财政一般预算类支出比重衡量；⑥对外开放度（open），以人民币汇率中间价折算的各地级市实际利用外商投资额占地区生产总值的比重衡量；⑦地理因素（rdls），以地形起伏度指标衡量；⑧地区虚拟变量（east），east =1 表示城市所属省份位于东部地区，east =0 表示城市所属省份位于中西部、东北部地区。

本章节样本涉及中国 30 个省、自治区、直辖市（不包括西藏地区和港澳台地区）276 个地级市数据。考虑到 2018 年《中国城市统计年鉴》缺失工业产值等部分关键数据，为保证样本统计口径的一致性，将样本观察期定在 2003 ~ 2016 年，对产业转移指数的测度以 2003 年为基期。全部数据来自《中国城市统计年鉴》（2004 ~ 2017 年）。变量的描述性统计见表 6 - 12。

**表 6 - 12　　地级市数据 SLX 模型变量描述性统计**

| 变量 | 符号表示 | N | Mean | SD | Min | Max |
|---|---|---|---|---|---|---|
| 人力资本 | lnedupcd | 3238 | 4.463 | 1.118 | -0.524 | 7.179 |
| 产业结构服务化 | indu | 3311 | 6.365 | 0.355 | 5.408 | 7.600 |
| 产业结构服务化 | instrc | 3311 | 2.228 | 0.144 | 1.099 | 2.797 |
| 产业转移 | trans | 3312 | 0.096 | 0.345 | -0.937 | 0.785 |
| 生产性服务业与制造业协同集聚水平 | xt_pm | 3311 | 2.386 | 0.537 | 0.537 | 4.297 |
| 数字基础设施 | lninternetuser | 3308 | 2.636 | 1.561 | 0.198 | 9.578 |
| 城镇化水平 | city | 3311 | 0.349 | 0.239 | 0.038 | 1 |

续表

| 变量 | 符号表示 | N | Mean | SD | Min | Max |
|---|---|---|---|---|---|---|
| 技术水平 | lnpatent | 3308 | 2.636 | 1.561 | 0.198 | 9.578 |
| 科学技术投入 | science | 2994 | 0.012 | 0.017 | 0 | 0.314 |
| 对外开放水平 | open | 2999 | 0.022 | 0.024 | 0 | 0.376 |
| 地区虚拟变量 | east | 3312 | 0.312 | 0.463 | 0 | 1 |
| 地理因素 | rdls | 3312 | 0.662 | 0.739 | 0.001 | 3.814 |

## （二）实证结果分析

### 1. 基准模型分析

与省级数据的传导机制实证分析一致，考虑到模型（6－12）~模型（6－14）解释变量与被解释变量之间的双向因果关系，以产业结构服务化、产业转移一阶滞后项作为工具变量，采用2SLS对模型进行估计。

2SLS第一阶段回归结果汇报在表6－13中。工具变量的系数以及F检验的结果表明，所选工具变量与内生的解释变量高度相关，且不存在弱工具变量的问题。

**表6－13　地级市数据SLX模型2SLS第一阶段回归结果**

| | 模型（6－12） | 模型（6－13） | 模型（6－14） |
|---|---|---|---|
| | lnedupcd | trans | lnedupcd |
| 工具变量：indu_lag1 | 0.958***<br>(172.39) | 0.959***<br>(175.06) | – |
| 工具变量：trans_lag1 | – | – | 0.980***<br>(42.03) |
| p-value | 0.000 | 0.000 | 0.000 |
| F | 1393.79 | 4519.98 | 178.88 |
| 控制变量 | Yes | Yes | Yes |
| Observation | 2305 | 2341 | 2179 |

注：*、**和***分别表示在10%、5%和1%水平上显著，括号内为t值。

基于地级市数据的 2SLS 方法的回归结果在表 6 – 14 中报告。表6 – 14 列（1）是模型（6 – 12）的回归结果，结果表明，人力资本受周边地区产业结构服务化（Windu）的影响显著为负，周边地区产业结构向服务化演进一个单位，本地区人力资本下降 0. 120 个单位。回归结果同时表明，体现服务化发展质量特征的生产性服务业与制造业协同集聚水平对人力资本产生显著的正向促进作用，对外开放水平、城镇化水平以及数字基础设施水平的提高推动人力资本积累与发展。地级市数据的回归结果表明产业结构服务化对人力资本产生了负向的空间溢出效应，这与基于省级数据的回归分析结论不同。与省级数据回归结果相同的是，当考虑空间关联因素，产业结构服务化呈现出对本地区人力资本的提升作用。

表6 – 14 列（2）汇报了模型（6 – 13）的回归结果，本地区产业转移受周边地区产业结构服务化（Windu）的影响显著为负，系数值为 –0. 035，并在 5% 的显著性水平上通过检验。这表明，周边地区产业结构服务化水平提升一个单位，本地区产业转移下降 0. 035 个单位。考虑到产业转移变量的构造特点，即正值代表产业承接、负值代表产业转移，表明周边地区产业结构服务化水平的提高促进了本地区产业转移现象的发生。控制变量的系数符合这一整体趋势，科学技术投入、城镇化水平、数字基础设施水平系数显著为负，表明科研扶持力度越大、基础设施越丰富充足，地区产业结构服务化质量越高，产业转型升级的迫切需求与有限资源之间的矛盾推动产业转移。地级市数据的回归结果表明产业结构服务化对产业转移产生了显著的负向空间溢出效应，与省级数据下的回归结果不同。

表6 – 14 列（3）汇报了模型（6 – 14）的回归结果，本地区人力资本受周边地区产业转移的影响显著为负，系数值为 –0. 203，在 10% 水平上通过显著性检验。对此可理解为，周边地区产业转移提升一个单位，本地区人力资本下降 0. 203 个单位。地级市数据的回归结果揭示了产业转移对人力资本产生了显著的负向空间溢出效应，当周边地区接受了产业转移，本地区人力资本外流，表现出人力资本水平的下降，如虹吸效应。地级市数据的回归结果表明产业转移对人力资本提

升产生了显著的负向空间溢出效应。

表 6－14　　地级市数据 SLX 模型 2SLS 估计结果

| | 模型（6－12） | 模型（6－13） | 模型（6－14） |
|---|---|---|---|
| | （1） | （2） | （3） |
| | lnedupcd | trans | lnedupcd |
| | indu_lag1 | indu_lag1 | trans_lag1 |
| indu | 1. 100 ***<br>（15. 01） | －0. 159 ***<br>（－4. 88） | － |
| $W^C$indu | －0. 120 ***<br>（－3. 43） | －0. 035 **<br>（－2. 23） | － |
| trans | － | － | －0. 257 ***<br>（－2. 89） |
| $W^C$trans | － | － | －0. 203 *<br>（－1. 65） |
| xt_pm | 0. 305 ***<br>（7. 29） | 0. 006<br>（0. 33） | 0. 351 ***<br>（8. 07） |
| lnpatent | 0. 012<br>（0. 41） | 0. 034<br>（2. 71） | 0. 033<br>（1. 10） |
| science | －0. 221<br>（－0. 850） | －1. 28 **<br>（－2. 45） | 0. 902<br>（0. 74） |
| open | 3. 102 ***<br>（3. 750） | 0. 448<br>（1. 21） | 4. 660 ***<br>（5. 44） |
| city | 0. 665 ***<br>（7. 63） | －0. 442 ***<br>（－11. 42） | 1. 120 ***<br>（12. 30） |
| lninternetuser | 0. 285 ***<br>（10. 85） | －0. 037 ***<br>（－3. 17） | 0. 414 ***<br>（16. 15） |
| rdls | 0. 114 ***<br>（4. 63） | 0. 070 ***<br>（6. 32） | 0. 206<br>（8. 17） |
| Observation | 2305 | 2341 | 2179 |

注：＊、＊＊和＊＊＊分别表示在 10%、5% 和 1% 水平上显著，括号内为 z 值。

综合模型（6－12）~模型（6－14）的回归结果，产业结构服务化对产业转移存在空间溢出效应、产业转移对人力资本提升存在空间溢出效应、产业结构服务化对人力资本提升存在空间溢出效应，产业转移可视为一种传导机制，使人力资本受到来自周边地区服务化进程的影响，地级市数据的回归结果验证了产业结构服务化对区域人力资本提升存在着空间溢出效应，假说 H5 在中国具体经济实践中成立。

**2. 稳健性检验**

本书通过替换变量法、补充变量法、模型替换法等分别对三个 SLX 模型进行稳健性检验。

表 6－15 报告了模型（6－12）的稳健性检验结果。首先参考黄群慧等（2019）、王家庭等（2022）、胡本田和沈晓东（2022）对工具变量的构建形式，以地形起伏与上一年全国互联网宽带接入用户的交互项作为工具变量（iv），代替工具变量 indu_lag1。一方面，地形起伏作为一种地理因素，对产业规划布局、产业发展具有不可忽视的作用（王智勇，2019），这满足工具变量相关性原则；另一方面，当期人力资本水平不可能对地貌特征产生影响，因此满足工具变量的外生性原则。由于本书使用的是面板数据，对工具变量的构造还需考虑时间变化，因此引入上年度互联网相关指标。其合理性在于，服务化特征的凸显以信息技术的应用为基础，而互联网宽带接入用户数量是体现信息化程度的一项重要指标。

**表 6－15　　　　地级市数据稳健性检验（模型 6－12）**

| | (1) | (2) | (3) |
|---|---|---|---|
| | lnedupcd | lnedupcd | lnedupcd |
| | iv | indu_lag1 | instrc_lag1 |
| indu | 1.756***<br>(7.86) | 1.158***<br>(15.33) | – |
| $W^C$indu | −0.114***<br>(−3.62) | −0.085**<br>(−2.50) | – |

续表

| | (1) | (2) | (3) |
|---|---|---|---|
| | lnedupcd | lnedupcd | lnedupcd |
| | iv | indu_lag1 | instrc_lag1 |
| instrc | – | – | 2. 772 ***<br>(6. 25) |
| $W^C$instrc | – | – | -0. 176 *<br>( -1. 73) |
| xt_pm | 0. 327 ***<br>(8. 08) | 0. 327 ***<br>(7. 74) | 0. 330 ***<br>(7. 77) |
| lnpatent | 0. 045 ***<br>(1. 80) | 0. 586 ***<br>(2. 71) | 0. 619 ***<br>(2. 53) |
| science | 2. 176 ***<br>(2. 04) | 2. 160 *<br>(2. 71) | 2. 176 *<br>(1. 82) |
| open | 2. 160 ***<br>(2. 87) | 3. 308 ***<br>(11. 17) | 3. 281 ***<br>(3. 65) |
| city | 0. 212<br>(1. 39) | 0. 601 ***<br>(5. 96) | 0. 668 ***<br>(6. 66) |
| lninternetuser | 0. 240 ***<br>(7. 06) | 0. 333 ***<br>(11. 17) | 0. 334 ***<br>(11. 04) |
| rdls | – | 0. 062 **<br>(2. 40) | 0. 064 **<br>(2. 48) |
| east | – | -0. 467 ***<br>( -11. 81) | -0. 476 ***<br>( -11. 94) |
| $lnpatent^2$ | – | -0. 050 ***<br>( -2. 72) | -0. 052 **<br>( -2. 51) |

续表

| | (1) | (2) | (3) |
|---|---|---|---|
| | lnedupcd | lnedupcd | lnedupcd |
| | iv | indu_lag1 | instrc_lag1 |
| 2SLS 第一阶段 iv | 0.009 ***<br>(13.08) | – | – |
| 2SLS 第一阶段 F | 208.92 | – | – |
| Observation | 2696 | 2305 | 2305 |

注：*、** 和 *** 分别表示在 10%、5% 和 1% 水平上显著，2SLS 第一阶段对应值的括号内为 t 值，其余括号内为 z 值。

列（1）是使用工具变量（iv）的估计结果，产业结构服务化与嵌套的空间权重矩阵 $W^C$ 交乘项为 –0.114，在 1% 的水平上通过显著性检验，表明地级市数据下产业结构服务化对人力资本的负向空间溢出效应稳健。列（2）是在基准模型基础上加入了地区虚拟变量（east）、技术水平二次项（$lnpatent^2$）后的估计结果，$W^C$indu 的系数依旧显著为负，且两业融合发展水平、科研技术投入、对外开放水平、城镇化水平以及数字化水平对人力资本提升的影响显著为正，符合理论预期；地区虚拟变量（east）的系数显著为负，表明相较于东部地区，对照组中西部、东北部地区人力资本增长显著，这与第五章相关分析一致。列（3）是使用产业结构服务化变量（instrc）进行的稳健性检验，$W^C$instrc 系数值为 –0.176，且在 10% 水平上显著，表明产业结构服务化对周边地区人力资本提升产生负向影响。

表 6 – 16 报告了模型 6 – 13 的稳健性检验结果。列（1）表明，当使用构建的 iv 变量替换 indu_lag1 作为工具变量，空间嵌套权重矩阵 $W^C$ 与 indu 交乘项的系数为 –0.124，在 1% 的水平上通过显著性检验，表明地级市数据下产业结构服务化对产业转移的负向空间溢出效应稳健。如列（2）所示，在基准模型加入了地区虚拟变量（east），以及技术水平的二次项（$lnpatent^2$），空间嵌套权重矩阵 $W^C$ 与 indu 交乘项系数为 –0.037，在 1% 的显著性水平上通过检验，表明产业结构服务

化对产业转移产生了负向空间溢出效应。列（3）表明，当使用替换变量法，以三次产业产值构成的加权平均替代向量夹角方法表征产业结构服务化，负向溢出效应依然存在，即 $W^C$instrc 系数 -0.121 通过10%的显著性检验，故可认为基准模型分析稳健有效。

**表6-16　　　　地级市数据稳健性检验（模型6-13）**

| | (1) | (2) | (3) |
|---|---|---|---|
| | trans | trans | trans |
| | iv | indu_lag1 | instrc_lag1 |
| indu | 1.287***<br>(2.76) | -0.153***<br>(-6.12) | - |
| $W^C$indu | -0.124***<br>(-3.60) | -0.037***<br>(-2.78) | - |
| instrc | - | - | -0.466***<br>(-3.35) |
| $W^C$instrc | - | - | -0.121*<br>(1.73) |
| xt_pm | -0.249***<br>(-3.36) | 0.006<br>(0.33) | 0.008<br>(0.22) |
| lnpatent | -0.064**<br>(-2.11) | -0.120***<br>(-4.05) | -0.112***<br>(-3.04) |
| science | -4.726***<br>(-3.90) | -1.340***<br>(-2.69) | -1.294<br>(-1.53) |
| open | -1.605**<br>(-2.00) | 0.436<br>(1.28) | 0.501<br>(0.84) |
| city | -1.228***<br>(-4.61) | -0.452***<br>(-11.49) | -0.435***<br>(-5.02) |

续表

| | (1) | (2) | (3) |
|---|---|---|---|
| | trans | trans | trans |
| | iv | indu_lag1 | instrc_lag1 |
| lninternetuser | 0.039***<br>(−3.37) | −0.040***<br>(−3.46) | −0.035*<br>(−1.65) |
| rdls | – | −0.069***<br>(−8.14) | 0.029<br>(0.74) |
| east | – | 0.024<br>(1.44) | 0.029<br>(0.74) |
| $lnpatent^2$ | – | 0.014***<br>(5.21) | 0.013***<br>(3.97) |
| 2SLS 第一阶段 iv | −0.036***<br>(−4.34) | – | – |
| 2SLS 第一阶段 F | 182.63 | – | – |
| Observation | 2739 | 2341 | 2341 |

注：*、**和***分别表示在10%、5%和1%水平上显著，2SLS第一阶段对应值的括号内为t值，其余括号内为z值。

表6－17报告了模型6－14的稳健性检验结果。如列（1）、列（2）所示，当在基准模型基础上依次加入了east、$lnpatent^2$变量，人力资本受到周边地区产业转移负向影响的基准模型实证结果依然稳健有效，对控制变量的估计结果与表（6－14）列（3）基本一致，系数方向符合理论预期，表明基于地级市数据的全国样本分析呈现出产业转移与人力资本的负向空间溢出效应具有一定稳健性。此外，本书在模型（6－14）中加入被解释变量人力资本（lnedupcd）的滞后一期项，构建动态空间面板数据模型，并采用系统GMM方法进行估计，估计结果如列（3）所示。其中，产业转移的空间滞后项（$W^C$trans）为－0.129，在10%的水平上通过显著性水平检验，与前文的估计结果基

本一致；AR（1）、AR（2）和 Hansen 检验值表明模型构建合理，据此得到的研究结论具有较好的稳健性。

表 6－17　地级市数据稳健性检验（模型 6－14）

| | (1) | (2) | (3) |
|---|---|---|---|
| | lnedupcd | lnedupcd | lnedupcd |
| | trans_lag1 | trans_lag1 | － |
| trans | －0.239***<br>(－3.06) | －0.204***<br>(－2.62) | －0.031*<br>(－1.91) |
| $W^C$trans | －0.275**<br>(－2.27) | －0.277**<br>(－2.32) | －0.129*<br>(－1.68) |
| xt_pm | 0.384***<br>(8.81) | 0.365***<br>(8.38) | 0.126***<br>(2.79) |
| lnpatent | 0.052<br>(1.51) | 0.840***<br>(3.43) | 0.014*<br>(1.68) |
| city | 1.081***<br>(9.93) | 1.129***<br>(10.35) | －0.010<br>(－0.10) |
| patf | 3.197***<br>(2.69) | 2.821**<br>(2.45) | － |
| open | 4.944***<br>(4.82) | 4.904***<br>(4.86) | － |
| lninternetuser | 0.465***<br>(15.90) | 0.466***<br>(15.97) | － |
| rdls | －0.471***<br>(－11.83) | 0.169***<br>(6.24) | 0.017<br>(1.42) |
| east | －0.162***<br>(－5.97) | －0.392***<br>(－9.34) | －0.420*<br>(－1.72) |
| $lnpatent^2$ | － | －0.072***<br>(－3.43) | － |

续表

| | (1) | (2) | (3) |
|---|---|---|---|
| | lnedupcd | lnedupcd | lnedupcd |
| | trans_lag1 | trans_lag1 | – |
| L. lnedupcd | – | – | 0.890***<br>(27.88) |
| AR（1） p-value | – | – | 0.000 |
| AR（2） p-value | – | – | 0.712 |
| Hansen 检验值 | – | – | 0.261 |
| Observation | 2179 | 2179 | 2672 |

注：*、**和***分别表示在10%、5%和1%水平上显著，列（1）、列（2）括号内为z值，列（3）括号内为t值。

对三个SLX模型的稳健性检验得到与基准模型一致的估计结果，即产业结构服务化对人力资本产生空间溢出效应，产业转移可视为空间溢出的一种传导机制。但值得注意的是，地级市数据呈现出的是负向的空间溢出效应，与省级数据的分析结果并不相同。对此可能的解释是，地级市数据截面维度数量丰富，当考虑了各类城市的空间关系，估计结果展现的整体空间溢出特征将冲淡以省域为单位集中表现出的产业承接现象。因此当研究对象从省改变为地级市，空间溢出效应更多表现为产业发展引致的人力资本竞争和流动的现象，这也表明，以产业承接带动人力资本提升的政策实施可以进一步向地级市层面寻找有效的落脚点。

综上所述，基于省级数据、地级市数据的SpVAR方法和SLX模型实证结果表明：两类模型的实证结果从不同角度阐释了中国产业结构服务化对人力资本的空间溢出效应。（1）SpVAR方法以省对省的动态影响作为研究单元，借助脉冲响应函数甄别了发达地区产业结构服务化对其他各省人力资本产生的不同作用，地区间的经济发展水平将影响产业结构服务化对人力资本空间溢出效应的主要特征。（2）SLX模型揭示了，人力资本会通过产业转移这一传导机制接收到周边地区产业结构服务化的影响，其中省级数据的分析结果集中体现了正向的空间溢出效应，而地级市的分析结果则集中表现为负向的空间溢出效应。

SpVAR 方法和 SLX 模型的研究结果与中国经济发展现状相吻合。当前发达地区纷纷出台人才政策，吸引高层次人才集聚，激烈的“人才争夺战”已形成马太效应，在区域内部产生“零和博弈”，加剧人力资本的结构性失衡（王世权等，2021；孙文浩和张益丰，2019）。据《中国城市人才吸引力排名：2021》报告数据显示，受北京虹吸效应影响最为明显的是天津；流入上海的人才自高向低位列第 2 ~ 第 4 位的城市分属江苏、浙江两省，江浙两省人力资本受上海负向溢出影响显著。与此同时，中国已先后设立了 11 个国家级承接产业转移示范区，惠及东北部、中西部共计十余个省份，各省也出台产业转移政策。在政策推动下，中部、西部地区已承接大量来自东部地区的劳动密集产业、资本密集产业，以产业结构服务化带动人力资本提升。

## 第四节　小　结

本章基于 2006 ~ 2019 年中国省级经济数据、2003 ~ 2016 年中国地级市经济数据，采用 SpVAR 方法、SLX 模型，实证分析产业结构服务化对人力资本的空间溢出效应并进行传导机制分析，验证了假说 H3 ~ H5。

研究结论如下：第一，基于省级数据的实证结果表明，产业结构服务化对人力资本产生两种不同的空间溢出效应。脉冲响应曲线描绘了北京产业结构服务化对天津、上海对江苏和浙江、广东对福建人力资本的影响，主要表现为负向的空间溢出效应，即虹吸效应；北京产业结构服务化对河北、内蒙古、山西、河南、辽宁，上海对除江苏、浙江以外的长江经济带 7 省 1 市，广东对江西、贵州、湖南人力资本的作用，主要表现为正向的空间溢出效应，即示范效应；假说 H3、H4 在中国经济实践中成立。第二，省级数据与地级市数据的实证结果均发现，产业结构服务化通过产业转移对人力资本产生空间溢出效应，假说 H5 得到检验；基于省级数据的回归分析表明，产业转移可视为产业结构服务化对人力资本产生正向空间溢出效应的传导机制，基于地级市数据的回归分析表明，产业转移可视为产业结构服务化对人力资本产生负向空间溢出效应的传导机制。

# 第七章　研究结论与展望

## 第一节　研究结论与政策启示

### 一、研究结论

中国产业结构服务化能否提升区域人力资本已成为研究关切。立足于既有文献与理论基础的梳理与述评，本书辨析人力资本、产业结构服务化的特征；构建产业结构服务化对区域人力资本提升影响的理论研究框架，在框架指导下进行理论分析；在理论分析基础上系统构建产业结构服务化对区域人力资本提升影响的理论模型，提出理论假说；选取产业结构服务化测度方法、改进人力资本测度方法，分别测度中国产业结构服务化、人力资本发展现状与趋势；基于省级数据和地级市数据，采用PVAR方法、动态面板数据模型、面板门槛模型、SpVAR方法、SLX模型等模型方法，开展基准模型分析、稳健性检验与异质性分析，实证研究产业结构服务化对区域内部人力资本提升的影响，以及产业结构服务化对人力资本的空间溢出效应，分别对两部分实证结果进行传导机制分析。本书主要研究结论如下。

第一，产业结构服务化通过三次产业演进或服务业内部结构调整对区域内部人力资本产生影响，通过空间溢出效应对周边地区人力资本产生影响。

理论分析提出：（1）从产业发展的长期趋势看，产业结构服务化促进了区域内部人力资本的提升。当服务业占据绝对优势，提升作用能否实现具有不确定性，取决于服务业内部结构的动态调整。当生产性服务业蓬勃发展，其规模扩张将提高对高技能劳动的需求；其发展将深化与制造业的关联程度，创造更多优质岗位；其发展还将带动公共服务业人力资本供给水平的提升。因此，以生产性服务业扩张为特征的产业结构服务化会通过生产端、消费端产生的工资溢价效应、技能偏向型技术变化效应，以及消费需求带动效应促进本地区人力资本积累，生产性服务业可视为产业结构服务化影响区域内部人力资本的传导机制。（2）从产业发展的空间关联趋势看，产业结构服务化既会对人力资本提升产生正向的空间溢出效应，也会产生负向的空间溢出效应。发达地区产业结构服务化伴随的产业转移行为会通过技术溢出促进周边地区人力资本提升，产生正向空间溢出效应，即示范效应；但产业转移也会造成周边地区发展形成路径依赖、加速人力资本折旧等，制约周边地区人力资本的积累，产生负向的空间溢出效应，即侵蚀效应。随着周边地区与发达地区经济差距趋向收敛，发达地区产业结构向服务化进一步升级形成的相对报酬差异，将驱使周边地区人力资本在逐利性等因素影响下向发达地区转移，产生负向的空间溢出效应，即虹吸效应；与此同时，发达地区服务业发展释放的红利也将激励周边地区通过创新带动人力资本发展，产生了正向空间溢出效应，这也是一种示范效应。

第二，数理推导产业结构服务化对区域人力资本提升影响的理论模型，并提出五项待检验假说。

研究发现：（1）当以生产性服务业比重提升表示产业结构向服务化演进，数理推导产业结构服务化对区域内部人力资本提升影响的理论模型，提出两项理论假说：产业结构服务化提升了人力资本水平，促进人力资本的经济增长效应发挥（H1）；产业结构服务化促进生产性服务业发展，进而提升人力资本（H2）。（2）当将该模型扩展至多区域系统中，设计的产业结构服务化对人力资本空间溢出效应的理论模型包括生产效率存在差异的两类产业，一般人力资本、特殊人力资本和物质资本三种生产要素，同时纳入了企业转移建厂成本、冰山成本、劳动力转移车票成本等要素转移参数变量。对该模型的数理推导提出三项理论假说：发达地区产业结构服务化对周边地区人力资本产生虹吸效应（H3），发达地区产业结构服务化对周边地区人力资本产生示范效应（H4），产业结构服务化通过产业转移对人力资本产生空间溢出效应（H5）。

第三，对人力资本特征的分析突出了具体经济环境对人力资本形成的影响，据此改进的人力资本测度方法纳入了区域经济发展水平变量。对产业结构服务化特征的分析强调了生产性服务业发展趋势对于甄别服务化质量的重要作用，据此以向量夹角法衡量产业结构服务化，辅之以测度生产性服务业相关指标，体现产业结构服务化发展质量。

研究发现：全国层面产业结构服务化和人力资本的发展趋势整体呈现量的积累和质的提升特征；但省域存在发展不平衡现象，部分省份产业结构服务化和人力资本发展质量仍存在较大提升空间。（1）全国层面产业结构的发展符合向服务业占优势比重顺向演进的一般规律，且生产性服务业比重不断攀升；全国层面人均人力资本稳定增长，高等教育人力资本占总人力资本比重不断提升，生产性服务业吸纳人力资本增势最为明显，公共服务业吸纳人力资本的能力最强。（2）省域产业结构服务化的差距较小，但生产性服务业与制造业协同集聚水平差距较大，表明部分省份产业结构服务化并未实现产业结构的优化升级，存在“过早去工业化”“脱实向虚”倾向。各省份人力资本呈现出稳定增长趋势，但省域人力资本差距仍然存在，经济发达、产业结构服务化水平较高的地区具有更高水平人力资本，代表省份服务业内部各行业吸纳高等教育人力资本增量的能力明显不同，人力资本在地域间和行业间存在分配不均现象。

第四，基于省级数据、地级市数据的实证结果表明，中国产业结构服务化分别通过生产性服务业、产业转移两条传导机制，对区域内部、周边地区人力资本产生影响，且影响呈现区域异质性特征，实证研究为理论假说提供经验支持与数据支持。

实证研究发现：（1）产业结构服务化对区域内部人力资本提升的

影响存在区域异质性，相较于中西部与东北部地区，东部地区产业结构服务化的人力资本积累效应更加显著。在各技术区间内，东部地区产业结构服务化均带动生产性服务业的发展；而在其他经济区域，技术进步对产业结构服务化影响生产性服务业集聚的门槛效应并不明显，区域间的分化特征显著。鉴于理论分析论证了生产性服务业的扩张与人力资本提升存在正向关联，实证研究验证了产业结构服务化→生产性服务业→区域内部人力资本提升的因果关系链条成立。假说 H1、H2 得到检验。（2）中国产业结构服务化对人力资本提升产生两种截然不同的空间溢出效应。当地区间经济发展差距较小，产业结构服务化对人力资本的空间溢出效应主要表现为吸引周边地区人力资本向其集聚的虹吸效应，如北京产业结构服务化对天津、上海对江苏和浙江、广东对福建人力资本提升的主要作用；当地区间经济发展差距较大，产业结构服务化对人力资本的空间溢出效应主要表现为促进周边地区人力资本提升的示范效应，如北京产业结构服务化对河北、内蒙古、山西、河南、辽宁，上海对除江苏、浙江以外的长江经济带 7 省 1 市，广东对江西、贵州、湖南人力资本的主要作用。实证研究结果验证假说 H3、H4 成立。鉴于产业结构服务化对产业转移产生空间溢出效应，产业转移对人力资本提升产生空间溢出效应，产业结构服务化对人力资本提升产生空间溢出效应，实证研究验证了产业结构服务化→产业转移→人力资本空间溢出效应的因果关系链条成立，假说 H5 得到检验。

第五，基于不同地区样本，省级数据、地级市数据获得的实证研究结论既有共识性观点，又存在差异，表明中国产业结构服务化对区域人力资本提升产生了多种作用效应交织的复杂影响。各类研究结论互为补充，为政策建议的制定提供参考。

研究发现：（1）基于地区样本的实证研究表明：①东部地区产业结构服务化促进人力资本提升；而在中西部、东北部地区，未见产业结构服务化对区域内部人力资本积累的正向影响；全国层面产业结构服务化对区域内部人力资本提升的影响显著，生产性服务业以及生产性服务业与制造业、公共服务业协同集聚水平是激发人力资本投资的动力，产业结构服务化的人力资本积累效应随着产业结构服务化水平的提高而放大。②东部部分省份的人力资本在受到来自周边发达地区产业结构服务化冲击时，表现出人力资本向发达地区集聚的特征；而围绕中西部、东北部地区的实证结果表明，当承接了来自东部地区转出的产业，人力资本得到提升。（2）基于省级、地级市数据的实证研究均证实，生产性服务业、产业转移作为传导机制，影响产业结构服务化人力资本积累效应的发挥；而基于两类数据开展的实证研究的不同之处在于：①基于省级数据的SpVAR方法揭示了地区产业结构服务化变动对周边地区人力资本提升的影响规律；而基于省级、地级市数据的SLX模型揭示了地区人力资本受周边地区产业结构服务化变动的影响规律；虽研究视角不同，但都证实了产业结构服务化对人力资本的空间溢出效应的存在。②由于两类数据样本横截面维度不同，实证分析所得的空间溢出效应的方向显著不同，体现省级层面、地级市层面产业结构服务化与区域人力资本关系的差异性特征。上述研究结论的异同启示了促进产业体系在空间范围的拓展、提高产业协同集聚水平等人力资本提升政策构想。

## 二、政策启示

本书的理论研究与实证研究揭示了中国产业结构服务化对区域人力资本提升产生的具体影响，综合本书研究结论，从以下三个方面提出政策启示。

### （一）因地制宜制定产业发展政策带动人力资本提升

研究发现，生产性服务业和产业转移可作为产业结构服务化提升区域人力资本的传导机制，应充分发挥生产性服务业、产业转移的传导机制作用，因地制宜制定差异化产业政策，促进人力资本提升。

对于东部地区，一是推进技术的应用：提高农业、制造业生产的智能化、专业化、现代化水平，扩大对生产性服务业的需求；加快新技术与生产性服务业的融合，创新各类服务经济活动和商业运行模式，提高生产性服务业服务效率；以技术促进生产性服务业发展，深化分工、驱动产业联动、推动东部地区产业在更高水平上协同集聚，以集聚经济优势创造更多优质就业岗位，形成对高技能劳动力的市场需求，为人力资本提升注入持续动力。二是推动地区间产业的错位发展，避免产业同构。打造差异化的生产力空间布局，实现服务业与制造业“双轮驱动”，释放就业潜能，着力提升各地人力资本的专业化程度，抑制东部地区各地人力资本无序流动与过度集聚。例如，长江三角洲地区是数字经济发展的引领区，为避免盲目竞争、浪费人力资本投资，各省产业发展侧重不同（王振等，2021）。上海是中国经济中心，生产性服务业发展强劲优势突出，应不断深化大数据与金融、交通等生产性服务业的融合，增强上海生产性服务业对周边地区的辐射带动能力。江苏是制造业大省，大力发展制造业数字化转型，截至 2023 年 2 月，全省共有超过 3 万家规上工业企业启动智改数转工作，1 万家企业完成改造任务。[①] 浙江积极促进数字科技领域的突破，根据《浙江省数字经济发展白皮书（2022 年）》，下一步浙江将建设具有全球影响力的数字科技创新中心。

对于中西部、东北部地区，虽然以发展生产性服务业为特征的产业结构服务化过程需要支付的成本会让经济增长承受下行压力，但本书的研究表明，只有当产业结构服务化与产业结构优化同步，才能够在更高水平释放人力资本红利，否则人力资本无法提升，人力资本的经济增长效应逐渐消失。本书的实证结果揭示了，中西部、东北部地区正在经历的服务化趋势存在“脱实向虚”的倾向，要将制造业高质量发展作为主攻方向，以制造业发展带动生产性服务业发展，优化服务业内部结构。要主动利用已有比较优势，承接东部地区转出的具有一定技术和附加值的产业，通过技术溢出带动本土产业发展，提高居民收入水平，发挥产业结构服务化通过生产端和消费端对人力资本提升的作用。例如，湖南作为广东产业转移的主要承接区，因地制宜承

---

① 徐兢、刘霞：《2 万家规上工业企业今年启动智改数转》，载于《扬子晚报》2023 年第 2 期。

接农产品深加工、原材料加工、现代物流等产业，创建面向广东地区的农产品基地、原材料基地、交通物流基地。内蒙古抓住北京非首都功能疏解带来的重要战略机遇，根据自身产业特色，承接能源基地建设、绿色农畜产品加工等产业。辽宁基于东北老工业基地积累形成的重工业基础和人才储备，承接风能、光伏等新能源高技术产业，2022年上半年阜新市签约京津冀项目34个、朝阳市承接项目60个、葫芦岛承接53个，产业承接精准有效，为人力资本提升注入强劲动力。此外，鉴于地区间交通的日益便捷，现代产品较高的冰山运输成本则更多体现在产品本身属性上，如不可贸易的服务业产品，因此可以设想，承接技术密集的服务业对中西部地区人力资本的提升作用将更加明显。

### （二）探索区域间人力资本共享的可行路径

研究发现，产业结构服务化对周边地区人力资本产生虹吸效应，这将加剧人力资本空间分布的不合理。地区间日益激烈的人力资本竞争亟须建立区域间人力资本共享的可行路径，应通过多种政策、技术手段，创造人力资本在多个时空并行作用的新型经济模式。

一是积极构建有利于人力资本共享的法律政策环境，消除人力资本合作与共享的障碍。要根据人力资本共享趋势下灵活就业的特征不断完善劳动法律法规，稳定劳动力市场供求机制和竞争机制；构建弹性工时制度，为柔性引进高层次人才创造条件；建立医疗、税务等服务的互联互通机制；制定区域间合作框架协议，统筹区域人才规划，促进区域内人才多向流动，以及数据协同与资源共享。例如，人社部等部门于2021年出台了《关于维护新就业形态劳动者劳动保障权益的指导意见》，保障劳动者在人力资本共享过程中的合法权益。《三省一市人才服务战略合作框架协议》《京津冀公共人才服务协同发展合作协议》等文件围绕区域间人力资本共享的平台设计、制度保障已进行了有益探索，缓解地区间“抢人大战”带来的人力资本的恶性竞争，最大限度发挥人力资本的效益。二是技术的广泛应用是实现人力资本共享的基础。应进一步推广互联网办公模式，研发视听技术条件，使人力资本能够为多地区创造价值。例如，推广在线会议、网课课程等软硬件的广泛使用，依托AR虚拟现实等设备在工业、教育、医疗领域实现不同地理空间的人力资本协作共享等。

### （三）推动多主体参与人力资本提升

研究发现，产业结构服务化对区域人力资本提升产生了多种效应交织的复杂影响，这凸显了政府、高校、企业、行业协会等多方主体共同参与人力资本建设的必要性。

政府是教育培训政策的制定者和决策者（银平均，2019）。一是要将失业人员、高校毕业生、退役军人、农民工、残疾人、零就业家庭成员等特殊群体的教育培训费用纳入各级政府规划预算中，通过购买公共服务为特殊群体提供更有针对性的教育培训、职业指导等服务。二是建立培训认证体系，制定全国统一认证的技能标准、职业资格标准，完善评估体系和证书体制，确保各类人力资本投资渠道的权威性、规范性，增加职业教育培养内容的针对性和实效性，为摆脱产业结构转型阵痛、实现先进制造业和生产性服务业齐头并进做好技能人才梯次储备。三是规定中央和地方各级政府在教育经费投入分担上应承担的具体比例，将教育费用的投入落实到位，保障地区教育事业发展的物质基础。要增加财政性教育经费支出，巩固并逐步推进财政性教育经费支出占GDP的比例，优先保障欠发达地区教育经费投入，补短板、促公平，推动区域间各类教育迈入优质均衡发展阶段。

高等院校是参与人力资本建设的重要主体（王智勇，李瑞；2021）。一是要围绕国家和区域经济社会发展需求，以当前数字经济、平台经济产业发展面临的主要矛盾为突破口与着力点建设专业、设计课程内容等，推进人才培养与市场需求之间的协同，为相关领域提供创新型、技能型人力资本。例如，在教育部发布的2021年度新增的31个专业中，智慧水利、资源环境大数据工程、智能运输工程等一半以上专业呈现出“传统专业+云计算、大数据、AI等新技术”特点，以适应新一轮技术革命和产业革命的变化。二是要及时向毕业生介绍当前劳动力市场专业化、就业创业一体化、自雇经济、零工经济的特点，以及新兴的互联网技术类、生活服务类工作岗位的权益保障、薪酬待遇、培训和职业发展等方面的新变化。针对新冠疫情对青年群体就业产生的持续压力（都阳，2022），要鼓励毕业生利用新经济形态平台实现多元就业。三是要紧密结合就业工作与大学生思想政治工作，引导毕业生到重点地区、重点行业，到中西部、基层、中小微企业就业。例如，广东考虑本省经济发展特点，设置“一带一路人才暨外语外贸类专场”就业推荐会，基于区域经济分化省情，特设“粤东西北综合类专场”，引导毕业生向省内经济发展相对落后的地区就业。上海交通大学与中国工程物理研究院、中国核工业集团等国家重点单位开展全面合作，推进就业实践活动，建立人才输送机制。

技术变革不断改变劳动力市场的需求结构，高等教育形成的人力资本折旧速度加快，企业为了掌握先进技术、提高劳动生产率，需要进行人力资本投资，主要途径包括以下两种。一是培训企业内部员工，但需承担因员工离职而可能存在的投资风险。为此，企业可以通过与员工签订长期雇佣契约、制定内部晋升制度、报酬后置等方式降低员工离职可能性；设计通用性和专用性人力资本投资组合，建立成本共担、利益共享机制，实现企业利润最大化和个人效用最大化目标。规模较大企业可自行开展上岗培训、证书培训、企业学校等，规模较小企业可委托第三方提高员工技能。二是通过直接参与办学进行人力资本投资，实现产教融合。“十四五”规划纲要明确提出，鼓励企业举办高质量职业技术教育，探索中国特色学徒制。这表明，中国实行职业教育产权多样化具有政策依据。发达国家的发展经验为中国企业参与办学提供借鉴。例如，山特维克矿山工程机械公司与澳大利亚、非洲等多国高校共同建立山特维克国际矿业学校（刘远，2017）。丹麦专设针对企业员工职业发展和技能提升的工业博士类型（Industrial PhD），学费由丹麦创新基金（Innovation Fund Denmark）提供，申请由企业、个人共同提出。法国企业教席制度实现学校与企业在教学师资、实习就业等方面的互利共赢（李敏等，2022）。国际经验启示，中国企业可以根据自身需求，将已建企业学校与职业院校合并；或者通过产权交易、购买股权等方式获取职业教育产权的主体功能（刘远和泥霓，

2018）。

行业协会补充延伸政府、科研院校以及企业的职能以推进人力资本建设。一是行业协会能够获取大量行业发展信息，既包括区域内部行业发展的人才信息、市场信息等，也包括与境外协会合作沟通获取的海外行业发展经验，应及时整合并公布，为企业发展、员工人力资本投资搭建资源共享、信息互通平台。例如，行业协会应牵头建立行业人才专家库；行业专家熟悉本行业企业人才需求现状和技术更新趋势等实际情况，应通过提供教育培训、技术难题研讨、经验交流和成果展示等服务，提升行业内部人力资本水平。二是行业协会在法律法规、政策建议、行业标准等政策参与方面发挥了积极作用，应探索建立“协会政策倡导—政府委托政策制定—协会参与政策制定—协会执行政策”等多种行业协会与政府的互动模式（沈永东，2019）。协会根据产业转型升级的外部环境，及时了解区域行业发展存在的人才缺口、人才需求并制定政策倡导；政策倡导一方面助力产业发展，另一方面促进高质量就业，契合地区经济社会发展利益需求，得到政府部门的高度重视；政府部门委托行业协会作为决策咨询顾问参与政策制定，在行业人才培养目标、职业技能培训项目内容设计等方面建言献策，提升人才培养政策的有效性、科学性；行业协会落实政府决策、组织协调企业执行政府决策，以积累行业急需的专用型人力资本。通过探索行业协会与政府共同治理模式，积极发挥行业协会促进区域人力资本提升的重要作用。例如，为满足石化化工、电力、钢铁、交通运输等企业对碳排放管理人才的迫切需求，中国石油和化学工业联合会等六大行业协会发布《加强行业碳排放管理人才队伍建设，服务国家碳达峰与碳中和战略倡议书》，倡议培育一支高水平的碳排放管理员职业技能人才队伍，为行业碳排放管理工作提供人才服务。

## 第二节　研究不足与展望

受限于时间、数据与能力，本书围绕中国产业结构服务化对区域人力资本提升影响的研究取得了一些结论，但仍存在不足和改进之处，有待今后进一步努力完善。

第一，在理论延展方面，本书使用了人力资本理论、经济增长理论、产业结构理论、服务经济理论以及产业转移理论等构建理论研究框架，但结合服务业发展的新特征，对这一问题的研究可以进一步引入技术经济理论，考虑数字技术发展对人力资本形成的新特征；引入区域经济理论，融合以城市群、都市圈为代表的区域经济一体化发展新趋势。

第二，在数据获取方面，本书采用按行业分城镇单位就业人员数据计算生产性服务业及相关指标，以保证样本数据的完整性。在条件具备时，以产值份额数据衡量产业结构服务化，更能体现生产智能化水平的提升和先进技术的广泛渗透。此外，由于生产性服务业内部各行业对人力资本的依赖程度存在差异，未来应对生产性服务业进行科学细致的分类，获取相关数据，进一步分析生产性服务业作为产业结构服务化带动人力资本提升的传导机制作用。

第三，在计量方法选取方面，由于产业结构服务化与人力资本之间存在双向因果关系，因此在使用 SLX 模型时，对于工具变量的选取可以考虑拓展至外生冲击变量或地理因素变量等进一步进行稳健性检验，增强模型的准确性和解释力。此外，本书根据空间权重矩阵严格外生的假设设计空间嵌套矩阵，而近期空间计量经济学讨论了严格外生假设在一些依托经济因素构建的空间权重矩阵中可能会被违反，因此空间权重矩阵的合理构造也是未来研究扩展的方向。

# 参考文献


[1] Acemoglu D, et al. Human capital and development. *Annual Review of Economics*, Vol. 6, No. 2, 1999, pp. 875 – 912.

[2] Agell, et al. Growth and the public sector: A reply. *European Journal of Political Economy*, Vol. 15, No. 2, 1999, pp. 359 – 366.

[3] Ahlroth, et al. The output of the Swedish education sector. *Review of Income and Wealth*, Vol. 43, No. 1, March 1997, pp. 89 – 104.

[4] Ahooja-patel K. Entering the twenty-first century: World development report 1999/2000. The World Bank, 2000.

[5] Alisjahbana A, Akita T. Economic tertiarization and regional income inequality in a decentralized Indonesia: A bi-dimensional inequality decomposition analysis. *Social Indicators Research*, 2020, Vol. 151, No. 1, pp. 51 – 80.

[6] Balsmeier B, et al. Skilled human capital and high-growth entrepreneurship: Evidence from inventor inflows. *National Bureau of Economic Research*, 2020.

[7] Barro R J. Economic growth in a cross section of countries. *The Quarterly Journal of Economics*, 1991, Vol. 106, No. 2, pp. 407 – 443.

[8] Baumol W J. Macroeconomics of unbalanced growth: The anatomy of urban crisis. *The American economic review*, 1967, Vol. 57, No. 3, pp. 415 – 426.

[9] Becker G S, et al. Human capital, fertility, and economic growth. *Journal of Political Economy*, 1990, Vol. 98, No. 5, pp. S12 – S37.

[10] Becker G. *Human capital: A theoretical and empirical analysis with special reference to education (3rd Edition)*. Chicago: The University of Chicago Press, 1993.

[11] Beenstock M, Felsenstein D. Spatial vector autoregressions. *Spatial Economic Analysis*, 2007, Vol. 2, No. 2, pp. 167 - 196.

[12] Benhabib J, Spiegel M M. The role of human capital in economic development evidence from aggregate cross-country data. *Journal of Monetary Economics*, 1994, Vol. 34, No. 2, pp. 143 - 173.

[13] Bils M, Klenow P J. Does schooling cause growth or the other way around? . *NBER Working Paper*, No. 6393, 1998.

[14] Bluestone B, Bennett H. *The great American job machine: The proliferation of low-wage employment in the US economy*. Washington: Joint Economic Committee, 1987.

[15] Bottone G, Sena V. Human capital: Theoretical and empirical insights. *American Journal of Economics and Sociology*, 2011, Vol. 70, No. 2, pp. 401 - 423.

[16] Brady R R. Measuring the diffusion of housing prices across space and over time. *Journal of Applied Econometrics*, 2011, Vol. 26, No. 2, pp. 213 - 231.

[17] Browning H L, Singelman J. *The emergence of a service society: Demographic and sociological aspects of the sectoral transformation of the labor force in the USA*. Springfield: National Technical Information Service, 1975.

[18] Bryson J R, Daniels P W. Introduction: Understanding the rise and role of service activities and employment in the global economy: An introduction to the academic literature. *Service Industries in the Global Economy*, 1998, Vol. 12, No. 1, pp. 3 - 27.

[19] Bucek M, Pastor R. Regional restructuring in a transition economy: The process of tertiarization in Slovakia. 42nd Congress of the European Regional Science Association: "From Industry to Advanced Services - Perspectives of European Metropolitan Regions", 2002.

[20] Čadil J, et al. Human capital, economic structure and growth. *Procedia Economics and Finance*, 2014, Vol. 12, pp. 85 – 92.

[21] Checchi D, et al. Skilled migration, FDI and human capital investment. *IZA Discussion Papers*, No. 2795, 2007.

[22] Chen X, et al. Tertiarization like China. *NBER Working Paper*, No. 30272, 2022.

[23] Chen Y, et al. Arrival of young talent: The send-down movement and rural education in China. *American Economic Review*, 2020, Vol. 110, No. 11, pp. 3393 – 3430.

[24] Chenery H B, Syrquin M. *Patterns of development*, 1950 – 1970. New York: Oxford University Press for the World Bank, 1975.

[25] Conley T G, Dupor B. A spatial analysis of sectoral complementarity. *Journal of Political Economy*, 2003, Vol. 111, No. 2, pp. 311 – 352.

[26] De la Fuente A, Doménech R. Human capital in growth regressions: How much difference does data quality make? . *Journal of the European Economic Association*, 2006, Vol. 4, No. 1, pp. 1 – 36.

[27] De Souza K B, et al. Multiple trends of tertiarization: A comparative input-output analysis of the service sector expansion between Brazil and United States. *Economia*, 2016, Vol. 17, No. 2, pp. 141 – 158.

[28] Deleidi M, et al. Tertiarization, productivity and aggregate demand: Evidence-based policies for European countries. *Journal of Evolutionary Economics*, 2020, Vol. 30, No. 5, pp. 1429 – 1465.

[29] Di Maria C, Stryszowski P. Migration, human capital accumulation and economic development. *Journal of Development Economics*, 2009, Vol. 90, No. 2, pp. 306 – 313.

[30] Dutta M. Chapter eight human capital fostering service sector as an element in economic growth. Masaeli M. and Prabhakar M. (eds.). *India as a model for global development*. Newcastle: Cambridge Scholars Publishing, 2018, p. 113.

[31] Eschenbach F, Hoekman B. Services policy reform and economic growth in transition economies. CEPR Discussion Papers, No. 5625, 2006.

[32] Eurofound. European foundation for the improvement of living and working conditions, 2009.

[33] Fisher A G B. *Clash of progress and security*. London: Macmillan and Co. Limited, 1935.

[34] Fisher I. *The nature of capital an income*. London: The Macmillan & Co, 1906.

[35] Fölster S, Henrekson M. Growth and the public sector: A critique of the critics. *European Journal of Political Economy*, 1999, Vol. 15, No. 2, pp. 337 – 358.

[36] Forslid R, Ottaviano G I P. An analytically solvable core-periphery model. *Journal of Economic Geography*, 2003, Vol. 3, No. 3, pp. 229 – 240.

[37] Galbraith J K, et al. Economics and the public purpose. *Journal of Economic Issues*, 1975, Vol. 9, No. 1, pp. 87 – 100.

[38] Gaspar J M, et al. The footloose entrepreneur model with a finite number of equidistant regions. *International Journal of Economic Theory*, 2020, Vol. 16, No. 4, pp. 420 – 446.

[39] Gibson J, Oxley L. Measuring the stock of human capital in New Zealand. *Mathematics and Computers in Simulation*, 2005, Vol. 68, No. 5 – 6, pp. 484 – 497.

[40] Halleck Vega S, Elhorst J P. The SLX model. *Journal of Regional Science*, 2015, Vol. 55, No3, pp. 339 – 363.

[41] Hansen B E. Threshold effects in non-dynamic panels: Estimation, testing and inference. *Journal of Econometrics*, 1999, Vol. 93, No. 2, pp. 345 – 368.

[42] Heckman J J, et al. The effects of cognitive and noncognitive abilities on labor market outcomes and social behavior. *Journal of Labor economics*, 2006, Vol. 24, No. 3, pp. 411 – 482.

[43] Helpman E. *The mystery of economic growth*. Harvard University Press, Cambridge: Harvard University Press, 2009.

[44] Holtz – Eakin D, et al. Estimating vector autoregressions with panel data. *Econometrica: Journal of the Econometric Society*, 1988, Vol. 56, No. 6, pp. 1371 – 1395.

[45] Humphries J E, Kosse F. On the interpretation of non-cognitive skills—What is being measured and why it matters. *Journal of Economic Behavior & Organization*, 2017, Vol. 136, pp. 174 – 185.

[46] Iamsiraroj S, Ulubaşoğlu M A. Foreign direct investment and economic growth: A real relationship or wishful thinking? . *Economic Modelling*, 2015, Vol. 51, pp. 200 – 213.

[47] Jeong B. Measurement of human capital input across countries: A method based on the laborer's income. *Journal of Development Economics*, 2002, Vol. 67, No. 2, pp. 333 – 349.

[48] Jorgenson D W, Pachon A. *The accumulation of human and non-human capital, the Determinants of National Saving and Wealth*. London: Palgrave Macmillan, 1983.

[49] Kaminski J. Lessons from the French structural transformation and early economic tertiarization for economic development in Africa. *HDI* 2020, Vol. 3, No. 1, pp. 1 – 18.

[50] Kooiman N, et al. Human capital migration: A longitudinal perspective. *Tijdschrift Voor Economische en Sociale Geografie*, 2018, Vol. 109, No. 5, pp. 644 – 660.

[51] Krugman P. Increasing returns and economic geography. *Journal of Political Economy*, 1991, Vol. 99, No. 3, pp. 483 – 499.

[52] Lanaspa L, et al. The (strong) interdependence between intermediate producer services' attributes and manufacturing location. *Economic Modelling*, 2016, Vol. 57, pp. 1 – 12.

[53] Liu G. Measuring the stock of human capital for comparative analysis: An application of the lifetime income approach to selected countries.

*OECD Statistics Working Papers*, 2011.

[54] Lucas R E. *Lectures on economic growth*. London: Harvard University Press, 2002.

[55] Lütkepohl H. *Introduction to multiple time series analysis*. Berlin: Springer Science & Business Media, 2013.

[56] Ma H, et al. Advanced human capital structure, industrial intelligence and service industry structure upgrade—experience from China's developments. *Emerging Markets Finance and Trade*, 2022, Vol. 59, No. 5, pp. 1372 –1389.

[57] Mankiw N, et al. A contribution to the empirics of economic growth. *The Quarterly Journal of Economics*, 1992, Vol. 107, No. 2, pp. 407 –437.

[58] Miyamoto K. Human capital formation and foreign direct investment in developing countries. *Organisation for Economic Co-operation and Development (OECD) Paper*, No. 211, 2003.

[59] Mohanty S, Sethi N. Outward FDI, human capital and economic growth in BRICS countries: An empirical insight. *Transnational Corporations Review*, 2019, Vol. 11, No. 3, pp 235 –249.

[60] Monteiro J A. Pollution havens: A spatial panel var approach, 2009.

[61] Mulligan C B, Sala – i – Martin X. A labor income-based measure of the value of human capital: An application to the states of the United States. *Japan and the World Economy*, 1997, Vol. 9, No. 2, pp. 159 – 191.

[62] Mutl J. Panel var models with spatial dependence. *IHS Economics Series*, No. 237, 2009.

[63] Naroş M S, Simionescu M. The role of education in ensuring skilled human capital for companies. *Theoretical and Empirical Researches in Urban Management*, 2019, Vol. 14, No. 1, pp. 75 –84.

[64] Neusser K. Interdependencies of US manufacturing sectoral TFPs: A spatial VAR approach. *Journal of Macroeconomics*, 2008, Vol. 30, No. 3,

pp. 991 – 1004.

[65] North D C, Thomas R P. *The rise of the western world: A new economic history*. New York: Cambridge University Press, 1973.

[66] OECD. Structure and trade in international trade in service, 2003c.

[67] Ogundari K, Awokuse T. Human capital contribution to economic growth in Sub-saharan Africa: Does health status matter more than education? . *Economic Analysis and Policy*, 2018, Vol. 58, pp. 131 – 140.

[68] Pandit K, Casetti E. The shifting patterns of sectoral labor allocation during development: Developed versus developing countries. *Annals of the Association of American Geographers*, 1989, Vol. 79, No. 3, pp. 329 – 344.

[69] Pugno M. The service paradox and endogenous economic growth. *Structural Change and Economic Dynamics*, 2002, Vol. 17, No. 1, pp. 99 – 115.

[70] Read J. A genealogy of homo-economicus: Neoliberalism and the production of subjectivity. *Foucault Studies*, 2009, No. 6, pp. 2 – 15.

[71] Romer P. Increasing returns and long-run growth. *Journal of Political Economy*, 1986, Vol. 94, No. 5, pp. 1002 – 1037.

[72] Romer P. Endogenous technological change. *NBER Working paper*, No. 3210, 1989.

[73] Romer P. Human capital and growth: theory and evidence. *Carnegie – Rochester Conference Series on Public Policy*, 1990, Vol. 32, pp. 251 – 286.

[74] Rostow W W. *Politics and the stages of growth*. New York: Cambridge University Press, 1971.

[75] Schultz T W. Investment in human capital. *The American Economic Review*, 1961, Vol. 51, No. 1, pp. 1 – 17.

[76] Schultz T W. *Investment in human capital. The role of education and of research*. New York: The Free Press, 1971.

[77] Sen K. The determinants of structural transformation in Asia: A review of the literature. *Asian Development Bank Economics Working Paper Series*, No. 478, 2016.

[78] Shi X, et al. Effects of the talent war on urban innovation in China: A difference-in-differences analysis. *Land*, 2022, Vol. 11, No. 9, 1485.

[79] Smith A. *The wealth of nations*. Australia: Pelican Books, 1970.

[80] Soete L, Miozzo M. Trade and development in services: A technological perspective. *Report for UNCTAD*, 1989.

[81] Sun H. The US – China tech war: Impacts and prospects. *China Quarterly of International Strategic Studies*, 2019, Vol. 5, No. 2, pp. 197 – 212.

[82] Szalavetz A. "Tertiarization" of manufacturing industry in the new economy-experiences in Hungarian companies. *World Economics Hungarian Academy of Sciences Working Papers*, No. 134, 2003.

[83] Ten Raa T, Schettkat R. *The growth of service industries*. Edward Elgar Publishing, 2001.

[84] Tian Y, et al. Regional industrial transfer in the Jingjinji urban agglomeration, China: An analysis based on a new "transferring area-undertaking area-dynamic process" model. *Journal of Cleaner Production*, 2019, Vol. 235, pp. 751 – 766.

[85] United Nations. *Economic commission for Europe: Guide on measuring human capital*. New York: United Nations, 2016.

[86] Van Zon A, Muysken J. Health as determinant of economic growth. *Research Memorandum*, No. 21, 2003.

[87] Vandermerwe S, Rada J. Servitization of business: Adding value by adding services. *European Management Journal*, 1988, Vol. 6, No. 4, pp. 314 – 324.

[88] Vernon R. International investment and international trade in the product cycle. *Academic Press*, 1992, pp. 415 – 435.

[89] Wang L, et al. Macroeconomic determinants of high-tech migra-

tion in China: The case of Yangtze River Delta Urban Agglomeration. *Cities*, 2020, Vol. 107, pp. 1 – 14.

[90] Wei H. Measuring human capital flows for Australia: A lifetime labour income approach. *ABS Research Paper*, 2008.

[91] Weller J. El empleo terciario en América Latina: Entre la modernidad y la sobrevivencia. *Revista de la CEPAL*, 2004, Vol. 84, pp. 159 – 176.

[92] Yang Z, et al. Human capital and international capital flows: Evidence from China. *International Regional Science Review*, 2022, Vol. 45, No. 1, pp. 74 – 107.

[93] Yang Z S, Pan Y H. Are cities losing their vitality? Exploring human capital in Chinese cities. *Habitat International*, 2020, Vol. 96, pp. 1 – 14.

[94] Yao L, et al. Urban innovation and intercity patent collaboration: A network analysis of China's national innovation system. *Technological Forecasting and Social Change*, 2020, Vol. 160, pp. 1 – 16.

[95] Zhao J, et al. Can agglomeration of producer services reduce urban-rural income inequality? The case of China. *Australian Economic Papers*, 2021, Vol. 60, No. 4, pp. 736 – 762.

[96] Zhuang L, Ye C. Changing imbalance: Spatial production of national high-tech industrial development zones in China (1988 – 2018). *Land Use Policy*, 2020, Vol. 94, pp. 1 – 8.

[97] Ziegler M, et al. *New perspectives on faking in personality assessment*. New York: Oxford University Press, 2012.

[98] [英] 阿尔弗雷德·马歇尔:《经济学原理》, 朱志泰译, 商务印书馆 1964 年版。

[99] [美] 阿瑟·刘易斯:《国际经济秩序的演变》, 乔依德译, 商务印书馆 2017 年版。

[100] 安虎森, 等:《新经济地理学原理》, 经济科学出版社 2015 年版。

［101］白雪洁、宋培、李琳：《数字经济发展助推产业结构转型》，载于《上海经济研究》2022 年第 5 期。

［102］白彦、吴言林：《人力资本的双重外部效应对产业转移的影响分析——为什么大规模产业转移没有出现》，载于《江淮论坛》2010 年第 6 期。

［103］卞元超、吴利华、周敏，等：《国内市场分割与雾霾污染——基于空间自滞后模型的实证研究》，载于《产业经济研究》2020 年第 2 期。

［104］蔡昉、张车伟：《劳动经济学》，中国社会科学出版社 2015 年版。

［105］常明：《产业结构服务化对空气质量的影响研究——基于我国 74 个城市的经验证据》，载于《调研世界》2021 年第 1 期。

［106］车维汉：《“雁行形态”理论及实证研究综述》，载于《经济学动态》2004 年第 11 期。

［107］陈广汉、任晓丽：《产业结构服务化、生产率调整与经济增长》，载于《经济问题探索》2021 年第 2 期。

［108］陈加旭、何尧、詹惠丹：《人力资本结构高级化对产业结构变迁影响的测算》，载于《统计与决策》2021 年第 2 期。

［109］陈建军、刘月、邹苗苗：《产业协同集聚下的城市生产效率增进——基于融合创新与发展动力转换背景》，载于《浙江大学学报（人文社会科学版）》2016 年第 3 期。

［110］陈柯：《基于内生 SLX 模型的中国省级地区间经济相互作用研究》，上海社会科学院 2019 年博士学位论文。

［111］陈丽娴：《生产性服务业空间布局优化是否改善了人力资本配置》，载于《山西财经大学学报》2021 年第 8 期。

［112］陈强：《高级计量经济学及 Stata 应用（第二版）》，高等教育出版社 2014 年版。

［113］陈诗一、陈登科：《雾霾污染、政府治理与经济高质量发展》，载于《经济研究》2018 年第 2 期。

［114］陈晓峰：《生产性服务业与制造业协同集聚的机理及效应研

究：以长三角城市群为例》，经济科学出版社 2020 年版。

［115］陈晓峰、周晶晶：《生产性服务业集聚、空间溢出与城市绿色全要素生产率——来自长三角城市群的经验证据》，载于《经济经纬》2020 年第 4 期。

［116］陈甬军、李环环：《房价、产业结构升级和人力资本结构——基于 PVAR 模型的动态分析》，载于《工业技术经济》2019 年第 8 期。

［117］陈占明、陈子豪、马健洪：《工业行业 FDI 技术溢出效应分析——基于中国时间序列投入产出表的实证研究》，载于《上海经济研究》2022 年第 8 期。

［118］成祖松：《中国高技术产业转移趋势时空分析——基于 1995－2015 年中国高技术产业相关数据》，载于《科技进步与对策》2018 年第 2 期。

［119］程大中、汪蕊：《服务消费偏好、人力资本积累与“服务业之谜”破解：Pugno 模型拓展及基于中国的数值模拟》，载于《世界经济》2006 年第 10 期。

［120］［美］丹尼尔·贝尔：《后工业社会的来临》，高铦、王宏周、魏章玲译，江西人民出版社 2018 年版。

［121］邓宏图、徐宝亮、邹洋：《中国工业化的经济逻辑：从重工业优先到比较优势战略》，载于《经济研究》2018 年第 11 期。

［122］邓仲良：《如何促进人力资本的空间再平衡：基于中国 275 个地级市研究》，载于《湖北大学学报（哲学社会科学版）》2021 年第 4 期。

［123］丁志国、李泊祎：《农产品价格波动对政策性农业保险的影响研究——基于主体博弈模型》，载于《中国农村经济》2020 年第 6 期。

［124］董会忠、闫梓昱、辛佼：《环境规制对工业生态效率的影响机理研究——人力资本与科技研发的双重调节》，载于《华东经济管理》2022 年第 3 期。

［125］杜涛：《我国产业结构服务化转型研究》，西北大学 2014 年

博士学位论文。

［126］都阳、贾朋：《在高质量发展中扩大中等收入群体》，载于《财经智库》2022 年第 1 期。

［127］都阳：《大学生就业的趋势性变化及对策建议》，载于《人民论坛》2022 年第 17 期。

［128］杜育红、赵冉：《教育对经济增长的贡献——理论与方法的演变及其启示》，载于《北京师范大学学报（社会科学版）》2020 年第 4 期。

［129］方雯：《人口老龄化对未来我国经济服务化的影响——基于中日两国经验的比较研究》，载于《西南交通大学学报（社会科学版）》2022 年第 2 期。

［130］［美］菲利普·阿吉翁、彼得·霍伊特：《内生增长理论》，陶然、倪彬华、汪柏林译，北京大学出版社 2004 年版。

［131］冯南平、杨善林：《产业转移对区域自主创新能力的影响分析——来自中国的经验证据》，载于《经济学动态》2012 年第 8 期。

［132］冯子标：《人力资本运营论》，经济科学出版社 2000 年版。

［133］高春亮、李善同：《人力资本流动、公共服务需求与公共服务均等化》，载于《南开管理评论》2021 年第 2 期。

［134］高文书、谢倩芸：《中国产业结构升级的人力资本需求研究》，载于《华中师范大学学报（人文社会科学版）》2017 年第 2 期。

［135］高文书：《数字经济的人力资本需求特征研究》，载于《贵州社会科学》2021 年第 3 期。

［136］郭国强：《空间计量模型的理论和应用研究》，华中科技大学 2013 年博士学位论文。

［137］国务院发展研究中心市场经济研究所课题组、王微、邓郁松，等：《新一轮技术革命与中国城市化 2020 ~ 2050——影响、前景与战略》，载于《管理世界》2022 年第 11 期。

［138］郭丽燕、黄建忠、庄惠明：《人力资本流动、高新技术产业集聚与经济增长》，载于《南开经济研究》2020 年第 6 期。

［139］［美］H. G. 格鲁伯、M. A. 沃克：《服务业的增长：原因与

影响》，陈彪如译，上海三联书店出版社 1993 年版。

［140］［美］H. 钱纳里、S. 鲁宾逊、M. 赛尔奎因：《工业化和经济增长的比较研究》，吴奇、王松宝等译，三联书店上海分店出版社 1989 年版。

［141］韩峰、阳立高：《生产性服务业集聚如何影响制造业结构升级？——一个集聚经济与熊彼特内生增长理论的综合框架》，载于《管理世界》2020 年第 2 期。

［142］韩莹、孙丽文：《基于 Super – NSBM 模型区域绿色创新效率及影响因素研究》，载于《软科学》2022 年第 5 期。

［143］郝凤霞、吴赟：《“抢人大战”会扩大地区间人力资本结构差距吗?》，载于《经济与管理评论》2022 年第 2 期。

［144］何雄浪、姚雨霜：《人力资本流动、技术溢出与产业空间均衡——基于新经济地理学 OTT 分析框架的模型拓展》，载于《经济学报》2022 年第 1 期。

［145］胡本田、沈晓东：《数字经济对产业结构优化升级的影响研究——以长三角地区为例》，载于《大连大学学报》2022 年第 3 期。

［146］胡凤霞、叶仁荪：《农民工与城镇职工的工资差距及其趋同——基于 CHIP 数据的实证分析》，载于《人口与经济》2019 年第 1 期。

［147］胡海洋、姚晨：《数字经济、技术创新与产业结构高级化——基于省级面板数据的实证分析》，载于《技术经济与管理研究》2023 年第 2 期。

［148］黄春景：《制造业“倒闭潮”是危机也是商机》，载于《联合日报》2015 年 11 月 13 日。

［149］黄蕙萍、缪子菊、袁野，等：《生产性服务业的全球价值链及其中国参与度》，载于《管理世界》2020 年第 9 期。

［150］黄静、祝梦迪：《流动人口与本地劳动力高等教育回报率差异研究》，载于《中国人口科学》2021 年第 5 期。

［151］黄群慧：《“新常态”、工业化后期与工业增长新动力》，载于《中国工业经济》2014 年第 10 期。

［152］黄群慧、余泳泽、张松林：《互联网发展与制造业生产率提升：内在机制与中国经验》，载于《中国工业经济》2019年第8期。

［153］黄群慧、杨虎涛：《中国制造业比重"内外差"现象及其"去工业化"涵义》，载于《社会科学文摘》2022年第8期。

［154］黄新飞、杨丹：《产业转移促进区域经济协调发展了吗——基于广东省县域数据的断点回归分析》，载于《国际经贸探索》2017年第2期。

［155］［美］加里·S. 贝克尔：《人力资本》，陈耿宣等译，机械工业出版社2018年版。

［156］江澜、何宜庆：《产业转移、多元资本配置与区域经济差距调整——基于东、中、西部省市面板数据分析》，载于《南昌大学学报（理科版）》2021年第5期。

［157］江三良、赵梦婵、程永生：《异质性人力资本集聚与产业结构升级：基于知识溢出匹配视角》，载于《经济经纬》2020年第5期。

［158］江小涓：《服务业增长：真实含义、多重影响和发展趋势》，载于《经济研究》2011年第4期。

［159］江小涓，等：《服务经济：理论演进与产业分析》，人民出版社2014年版。

［160］蒋雪梅、白斌：《制造业服务化与我国的全球价值链升级——基于参与度与分工地位的再分解》，载于《计量经济学报》2023年第1期。

［161］江永红、陈奡楠：《产业结构服务化对全要素生产率增速的影响机理》，载于《改革》2018年第5期。

［162］姜长云：《中国农业生产性服务业的形成发展及其趋势、模式》，载于《宏观经济研究》2020年第7期。

［163］焦斌龙、焦志明：《中国人力资本存量估算：1978—2007》，载于《经济学家》2010年第9期。

［164］焦青霞：《生产性服务业优化产业结构效应测度》，中国财政经济出版社2017年版。

［165］科林·克拉克：《经济进步的条件》，张旭昆、夏晴等译，

中国人民大学出版社 2020 年版。

[166] [美] 克利斯拖夫・帕斯、布赖恩・洛斯、艾斯利・戴维斯:《柯林斯经济学词典》, 罗汉等译, 上海财经大学出版社 2008 年版。

[167] 匡远凤:《中国人力资本区域分布不均等的实证研究及经济学分析》, 经济科学出版社 2014 年版。

[168] 莱昂・瓦尔拉斯:《纯粹经济学要义》, 蔡受百译, 商务印书馆 2016 年版。

[169] 莱昂内尔・罗宾斯:《经济科学的性质和意义》, 朱泱译, 商务印书馆 2000 年版。

[170] 赖德胜、苏丽锋:《人力资本理论对中国劳动力市场研究的贡献》, 载于《北京大学教育评论》2020 年第 1 期。

[171] 李本庆、周清香、岳宏志:《生产性服务业集聚能否助推黄河流域城市高质量发展?》, 载于《经济经纬》2022 年第 2 期。

[172] 李长安、李艳:《我国劳动力结构的演变及其影响研究》, 载于《中国劳动关系学院学报》2021 年第 5 期。

[173] 李海峥、梁赟玲、Barbara Fraumeni, 等:《中国人力资本测度与指数构建》, 载于《中国经济学》2010 年第 8 期。

[174] 李海峥、李波、裘越芳, 等:《中国人力资本的度量: 方法、结果及应用》, 载于《中央财经大学学报》2014 年第 5 期。

[175] 李海峥、苏妍、熊咸芳, 等:《基于工资的人力资本度量: 从微观个体到宏观总量》, 载于《计量经济学报》2021 年第 3 期。

[176] 李忠怡:《经济服务化背景下电商客服人员素质培养及提升路径探索》, 载于《经济师》2021 年第 4 期。

[177] 李健、赖文杰:《高技术产业转移的定量测度及效应分析》, 载于《科技进步与对策》2021 年第 20 期。

[178] 李敏、征琪、张炜:《高等工程教育产教融合实现路径探析——法国工程师大学校"企业教席"案例》, 载于《高等工程教育研究》2022 年第 4 期。

[179] 李尚骜、陈继勇、李卓:《干中学, 过度投资和 R&D 对人

力资本积累的“侵蚀效应”》，载于《经济研究》2011 年第 6 期。

[180] 李双成：《产业结构优化理论与实证研究》，冶金工业出版社 2013 年版。

[181] 李亚玲、汪戎：《人力资本分布结构与区域经济差距——一项基于中国各地区人力资本基尼系数的实证研究》，载于《管理世界》2006 年第 12 期。

[182] 李言：《中国生产要素价格扭曲的变迁：2000 - 2016 年》，载于《经济学动态》2020 年第 1 期。

[183] 李勇、马芬芬：《人力资本错配如何扭曲了产业结构升级》，载于《经济经纬》2021 年第 2 期。

[184] 李勇刚、罗海艳：《地方政府供地策略与产业结构服务化——来自中国 35 个大中城市的经验证据》，载于《华中科技大学学报（社会科学版）》2017 年第 6 期。

[185] 李勇坚、夏杰长：《我国经济服务化的演变与判断——基于相关国际经验的分析》，载于《财贸经济》2009 年第 11 期。

[186] 李泽众、沈开艳：《环境规制对中国新型城镇化水平的空间溢出效应研究》，载于《上海经济研究》2019 年第 2 期。

[187] 林毅夫：《新结构经济学：反思经济发展与政策的理论框架》，北京大学出版社 2012 年版。

[188] 凌继全、毛雁冰：《行业垄断、异质性人力资本与服务业工资差距：14 个行业样本》，载于《改革》2012 年第 11 期。

[189] 刘翠霞：《面板数据向量自回归模型研究述评》，载于《统计与决策》2021 年第 2 期。

[190] 刘丹鹭：《经济服务化与劳动收入份额的改善》，载于《东南学术》2018 年第 6 期。

[191] 刘俊勇、蒋凯、杨超：《多主体利益诉求下中国产业转移驱动因素分析》，载于《经济问题探索》2021 年第 4 期。

[192] 刘伟：《工业化进程中的产业结构研究》，知识产权出版社 2019 年版。

[193] 刘晓红：《长三角地区人力资本存量对经济增长的影响研

究》，吉林大学2014年博士学位论文。

［194］刘肖、金浩：《京津冀城市群制造业与生产性服务业协调发展研究——基于生产性服务业细分产业视角》，载于《河北工业大学学报（社会科学版）》2021年第4期。

［195］刘新争：《农民工与城镇职工工资的动态趋同及其结构差异》，载于《财经科学》2017年第6期。

［196］刘远：《煤炭高等教育资源配置评价体系研究》，山东科技大学2017年博士学位论文。

［197］刘远、泥霓：《行业高等教育产权多元化的必要性、特殊性和可行性——行业高等教育资源优化配置与教育产权制度创新》，载于《继续教育研究》2018年第4期。

［198］刘志彪、赵伟、徐宁：《巩固壮大实体经济根基应强调稳定和提升“制造业+生产性服务业”占比》，载于《科技与金融》2021年第12期。

［199］刘智勇、李海峥、胡永远，等：《人力资本结构高级化与经济增长——兼论东中西部地区差距的形成和缩小》，载于《经济研究》2018年第3期。

［200］柳卸林、王宁、吉晓慧，等：《中心城市的虹吸效应与区域协调发展》，载于《中国软科学》2022年第4期。

［201］鲁欣、宋慧晶：《旅游发展、经济增长与生活水平的相互关系——基于山西省面板数据的实证研究》，载于《经济问题》2021年第3期。

［202］罗军：《FDI影响区域创新能力的人力资本门槛效应研究》，载于《国际商务（对外经济贸易大学学报）》2016年第6期。

［203］［美］罗纳德·G. 伊兰伯格、罗伯特·S. 史密斯：《现代劳动经济学理论与公共政策（第十版）》，刘昕译，中国人民大学出版社2011年版。

［204］吕荣杰、杨蕾、张义明：《人工智能、产业升级与人力资本的关系研究——基于省际面板的PVAR模型分析》，载于《管理现代化》2021年第1期。

［205］吕一清、邹洪、匡贤明：《人力资本差异化影响区域经济增长的实证研究——基于新结构经济学视角》，载于《工业技术经济》2020年第5期。

［206］马红旗、王韧：《对人力资本形成理论的新认识》，载于《经济学家》2014年第12期。

［207］［英］马克·布劳格：《经济学方法论》，石士钧译，商务印书馆1992年版。

［208］楠玉、袁富华：《服务业高端化与增长效率模式重塑——兼论人力资本梯度升级与知识生产消费一体化过程》，载于《北京工业大学学报（社会科学版）》2021年第4期。

［209］楠玉：《中国人口红利源泉：教育、健康和人口年龄结构》，载于《经济与管理评论》2022年第2期。

［210］倪超、孟大虎：《人力资本、经济增长与空间溢出效应——基于我国1978—2015年省级面板数据的实证研究》，载于《北京工商大学学报（社会科学版）》2017年第6期。

［211］聂永有、姚清宇、周子博：《产业协同集聚与长三角地区经济高质量发展》，载于《华东经济管理》2022年第10期。

［212］欧阳秋珍、蔡紫霞：《国内外产业转移对中国技术溢出效应的研究》，载于《商业经济》2022年第12期。

［213］潘桔：《中国区域经济发展不平衡测度及影响因素分析》，辽宁大学2020年博士学位论文。

［214］朴英爱、于鸿、周鑫红：《中国对外直接投资逆向技术溢出效应及其影响因素——基于吸收能力视角的研究》，载于《经济经纬》2022年第5期。

［215］祁占勇、何佑石：《我国中等职业教育城乡个体回报率变动研究——基于2008-2017年CGSS的实证分析》，载于《西南大学学报（社会科学版）》2022年第2期。

［216］祁占勇、谢金辰、强力华：《农村职业教育对个体收入回报率的动态变迁——基于中国家庭追踪调查（CFPS）的实证分析》，载于《教育发展研究》2022年第19期。

［217］钱雪亚、王秋实、刘辉：《中国人力资本水平再估算：1995－2005》，载于《统计研究》2008 年第 12 期。

［218］乔红芳、沈利生：《中国人力资本存量的再估算：1978－2011 年》，载于《上海经济研究》2015 年第 7 期。

［219］乔晓楠、杨成林：《去工业化的发生机制与经济绩效：一个分类比较研究》，载于《中国工业经济》2013 年第 6 期。

［220］曲玥：《考虑教育异质性的人力资本配置效率测算——基于“企业—员工”匹配调查数据》，载于《中国工业经济》2020 年第 8 期。

［221］阮荣平、刘力、郑风田：《人口流动对输出地人力资本影响研究》，载于《中国人口科学》2011 年第 1 期。

［222］桑百川、王绍逾：《美国制造业回流政策对竞争力的影响——基于显示性比较优势指数的分析》，载于《社会科学研究》2022 年第 5 期。

［223］［日］森川正之：《服务立国论》，魏海波、谭冰、关玲译，广西师范大学出版社 2021 年版。

［224］单豪杰：《中国资本存量 K 的再估算：1952～2006 年》，载于《数量经济技术经济研究》2008 年第 10 期。

［225］邵帅、张可、豆建民：《经济集聚的节能减排效应：理论与中国经验》，载于《管理世界》2019 年第 1 期。

［226］沈家文：《生产性服务业与中国产业结构演变关系的量化研究》，经济管理出版社 2012 年版。

［227］沈坤荣、金刚、方娴：《环境规制引起了污染就近转移吗?》，载于《经济研究》2017 年第 5 期。

［228］沈永东：《中国行业协会商会政策参与：国家与社会关系视角的考察》，浙江大学出版社 2019 年版。

［229］师修繁：《财政支持、技术获取与高技术产业发展——基于我国 30 个省份面板数据的实证分析》，载于《科技管理研究》2022 第 22 期。

［230］施震凯、邵军、王美昌：《外商直接投资对雾霾污染的时空

传导效应——基于 SpVAR 模型的实证分析》，载于《国际贸易问题》2017 年第 9 期。

[231] 宋泽明、宁凌：《海洋创新驱动、海洋产业结构升级与海洋经济高质量发展——基于面板门槛回归模型的实证分析》，载于《生态经济》2021 年第 1 期。

[232] 孙博文、雷明：《市场分割、降成本与高质量发展：一个拓展新经济地理模型分析》，载于《改革》2018 年第 7 期。

[233] 孙传旺、罗源、姚昕：《交通基础设施与城市空气污染——来自中国的经验证据》，载于《经济研究》2019 年第 8 期。

[234] 孙文浩、张益丰：《城市抢“人”大战有利于地区新旧动能转换吗?》，载于《科学学研究》2019 年第 7 期。

[235] 孙晓华、郭旭、王昀：《产业转移，要素集聚与地区经济发展》，载于《管理世界》2018 年第 5 期。

[236] 孙旭、杜屏、张言平：《非认知技能在劳动力市场的需求及其对高等教育供给的启示——以计算机程序员岗位为例》，载于《教育经济评论》2021 年第 6 期。

[237] 孙早、侯玉琳：《工业智能化如何重塑劳动力就业结构》，载于《中国工业经济》2019 年第 5 期。

[238] 孙早、侯玉琳：《工业智能化与产业梯度转移：对“雁阵理论”的再检验》，载于《世界经济》2021 年第 7 期。

[239] 汤希、任志江：《“民工荒”与我国“刘易斯拐点”问题》，载于《西北农林科技大学学报（社会科学版）》2018 年第 2 期。

[240] ［英］唐纳德·A. R. 乔治、［新西兰］莱斯·奥克斯利、［新西兰］肯尼斯·L. 卡劳：《经济增长研究综述》，马春文、李敬国、杨丽欣译，长春出版社 2009 年版。

[241] 唐晓华、张欣珏、李阳：《中国制造业与生产性服务业动态协调发展实证研究》，载于《经济研究》2018 年第 3 期。

[242] 唐永、蒋永穆：《产业结构服务化会导致中国劳动力市场极化吗?》，载于《经济评论》2022 年第 2 期。

[243] ［荷］腾·拉加、［德］罗纳德·谢科特：《服务业的增长

成本激增与持久需求之间的悖论》，李永坚译，格致出版社2011年版。

［244］［美］W. W. 罗斯托：《经济增长的阶段 非共产党宣言》，郭熙保、王松茂译，中国社会科学出版社2001年版。

［245］王传荣、付婷婷：《空间溢出视角下经济文化变迁对农民投资行为的影响研究》，载于《农业经济问题》2018年第2期。

［246］王冠祎、刘丰硕：《房价对城市全要素生产率的影响机制及其空间效应》，载于《统计与决策》2022年第17期。

［247］王家庭、袁春来、马宁：《数字经济发展对产业结构、产业效率的影响：来自省级层面的经验证据》，载于《中国科技论坛》2022年第12期。

［248］王金营、郑书朋：《人力资本在经济增长中作用的东部与西部比较》，载于《人口与经济》2010年第4期。

［249］王鹏、王玲：《制造业服务化、创新集聚与高技术产业创新质量》，载于《工业技术经济》2022年第11期。

［250］王珊、陈新保、龙欣悦，等：《豫皖鄂湘赣承接国际产业转移的影响因素及其空间效应》，载于《地理与地理信息科学》2022年第6期。

［251］王世权、张伯瑞、姚钧瀚：《经济劣势下人才竞争如何破局高端人才困境？——基于副省级城市的政策评价研究》，载于《软科学》2021年第3期。

［252］王帅龙、李豫新、曹梦渊：《空间溢出视角下创新型人力资本与经济高质量发展》，载于《调研世界》2022年第8期。

［253］王松茂、何昭丽、郭英之，等：《旅游减贫具有空间溢出效应吗?》，载于《经济管理》2020年第5期。

［254］王文成、隋苑：《生产性服务业和高技术产业协同集聚对区域创新效率的空间效应研究》，载于《管理学报》2022年第5期。

［255］王燕武、李文溥、郑建清：《经济服务化、人力资本积累与高质量增长》，载于《东南学术》2021年第2期。

［256］王义：《职业教育扶贫与产业转移的联动机制》，载于《高教发展与评估》2019年第4期。

[257] 王韵含：《中国人力资本直接测量及其含义研究》，中国社会科学院 2019 年博士学位论文。

[258] 王增文、陈玉成、胡国恒，等：《服务业结构优化与服务型经济建构》，载于《中国软科学》2021 年第 8 期。

[259] 王展昭、唐朝阳：《基于全局熵值法的区域创新系统绩效动态评价研究》，载于《技术经济》2020 年第 3 期。

[260] 王振，等：《长江经济带发展报告（2019～2020）》，社会科学文献出版社 2021 年版。

[261] 王智勇：《地形起伏对县域经济增长的影响研究——以云南省为例》，载于《云南财经大学学报》2019 年第 7 期。

[262] 王智勇：《当前人口流动的主要特征及对城市化的影响》，载于《人民论坛》2021 年第 17 期。

[263] 王智勇、李瑞：《人力资本、技术创新与地区经济增长》，载于《上海经济研究》2021 年第 7 期。

[264] 王智勇：《财政资源、产业效率与东北问题——基于 2001—2016 年地级市面板数据的 PSM－DID 分析》，载于《当代经济科学》2022 年第 1 期。

[265] 王周伟，等：《空间计量经济学现代模型与方法》，北京大学出版社 2015 年版。

[266] ［英］威廉·配第：《政治算术》，陈东野译，商务出版社 1978 年版。

[267] ［美］维克托·R. 富克斯：《服务经济学》，许微云、万慧芬、孙光德译，商务印书馆 1987 年版。

[268] 魏后凯、王颂吉：《中国“过度去工业化”现象剖析与理论反思》，载于《中国工业经济》2019 年第 1 期。

[269] 魏君英、侯佳卉：《产业结构变动对我国城乡居民收入的影响》，载于《农业技术经济》2015 年第 8 期。

[270] 吴宣恭：《“人力资本”概念悖论分析》，载于《经济学动态》2005 年第 10 期。

[271] 吴燕：《空间计量经济学模型及其应用》，华中科技大学

2017 年博士学位论文。

［272］吴要武、宋映泉：《非认知技能及干预措施研究》，载于《劳动经济研究》2019 年第 6 期。

［273］［美］西奥多·W. 舒尔茨：《人力资本投资——教育和研究的作用》，蒋斌、张蘅译，商务印书馆 1990 年版。

［274］［美］西奥多·W. 舒尔茨：《报酬递增的源泉》，李海明、赵波译，中国人民大学出版社 2016 年版。

［275］［美］西蒙·库兹涅茨：《各国的经济增长》，常勋译，商务印书馆 1985 年版。

［276］夏怡然、张龠、周小刚：《空间的力量：在集聚中积累的人力资本》，上海人民出版社 2020 年版。

［277］小岛清：《对外贸易论》，周宝廉译，南开大学出版社 1987 年版。

［278］谢丹阳：《我的导师罗默教授》，载于《比较》2018 年 10 月 10 日。

［279］谢倩芸：《中国劳动年龄人口的人力资本变动研究——基于教育型和技能型人力资本双重维度的考察》，载于《北京师范大学学报（社会科学版）》2021 年第 3 期。

［280］谢汝宗、蒙利婷、谢妮：《高职教育投入与产业结构升级的动态关系》，载于《重庆高教研究》2022 年第 6 期。

［281］谢周亮、李志影：《科技创新、产业结构升级与区域经济增长关系研究——基于面板门槛模型与分位数回归的实证分析》，载于《价格理论与实践》2020 年第 3 期。

［282］徐德云：《产业结构升级形态决定、测度的一个理论解释及验证》，载于《财政研究》2008 年第 1 期。

［283］徐光伟、乔婉容、惠慧：《“虹吸效应”还是“扩散效应”?：区域一体化对企业异地投资区位选择的影响》，载于《区域金融研究》2021 年第 10 期。

［284］宣烨：《要素价格扭曲、制造业产能过剩与生产性服务业发展滞后》，载于《经济学动态》2019 年第 3 期。

［285］薛领、张晓林、张天骄：《区域一体化、地方品质对产品质量的影响——引入质量的新经济地理学模型》，载于《经济问题探索》2021 年第 7 期。

［286］薛阳、秦金山、李曼竹，等：《人力资本、高技术产业集聚与城镇化质量提升》，载于《科学学研究》2022 年第 6 期。

［287］［美］雅各布·明赛尔：《人力资本研究》，张凤林译，中国经济出版社 2001 年版。

［288］闫晗、乔均、邱玉琢：《生产性服务业发展能促进粮食生产综合技术效率提升吗？——基于 2008—2019 年中国省级面板数据的实证分析》，载于《南京社会科学》2022 年第 2 期。

［289］闫昊生、孙久文：《京津冀协同发展的理论解释——基于"新"新经济地理学的视角》，载于《经济与管理研究》2018 年第 1 期。

［290］颜银根、王光丽：《劳动力回流、产业承接与中西部地区城镇化》，载于《财经研究》2020 年第 2 期。

［291］杨飞虎、晏朝飞、熊毅：《政府投资、人力资本提升与产业结构升级——基于面板 VAR 模型的实证分析》，载于《经济问题探索》2016 年第 12 期。

［292］杨红丽、陈钊：《外商直接投资水平溢出的间接机制：基于上游供应商的研究》，载于《世界经济》2015 年第 3 期。

［293］杨开忠、顾芸、董亚宁：《空间品质、人才区位与人力资本增长——基于新空间经济学》，载于《系统工程理论与实践》2021 年第 12 期。

［294］杨尧均、章和杰：《基于可持续发展约束宏观税负视角的税制结构优化研究——以经济欠发达省份为例》，载于《科技与经济》2020 年第 4 期。

［295］姚德文、孙国锋：《产业专业化对城镇化的影响——基于长三角地区 1986 - 2012 年的面板数据分析》，载于《山西财经大学学报》2016 年第 2 期。

［296］叶阿忠、吴相波、郑万吉，等：《向量自回归模型及其应

用》，经济科学出版社2017年版。

[297] 银平均：《新生代农民工的教育培训》，社会科学文献出版社2019年版。

[298] 俞伯阳、丛屹：《数字经济、人力资本红利与产业结构高级化》，载于《财经理论与实践》2021年第3期。

[299] 余贵玲，等：《生产性服务业内生化对西部制造业转型升级的作用研究》，中国经济出版社2017年版。

[300] [英] 约翰·伊特韦尔、默里·米尔盖特、彼得·纽曼：《新帕尔格雷夫大辞典第二卷：E－J》，陈岱孙译，经济科学出版社1992年版。

[301] 曾凡：《上海近代崛起的人力资本因素分析——1933年上海人力资本的估算及与全国的比较》，载于《财经研究》2011年第2期。

[302] 曾岚婷、叶阿忠：《ICT效应下外商直接投资、经济增长与能源消耗——基于半参数空间向量自回归模型的研究》，载于《技术经济》2020年第11期。

[303] 曾瑶：《人口老龄化对产业结构升级的作用机理及区域差异研究》，载于《上海大学学报（社会科学版）》2022年第3期。

[304] 曾艺、韩峰、刘俊峰：《生产性服务业集聚提升城市经济增长质量了吗?》，载于《数量经济技术经济研究》2019年第5期。

[305] 詹新宇、市场化：《人力资本与经济增长效应——来自中国省际面板数据的证据》，载于《中国软科学》2012年第8期。

[306] 詹新宇、刘文彬：《中国式财政分权与地方经济增长目标管理——来自省、市政府工作报告的经验证据》，载于《管理世界》2020年第3期。

[307] 张车伟、高文书：《中国产业结构升级与人力资本提升》，载于《China Economist》2016年第4期。

[308] 张车伟、蔡翼飞：《人口与劳动绿皮书：中国人口与劳动问题报告No. 21》，社会科学文献出版社2020年版。

[309] 张桂文、孙亚南：《人力资本与产业结构演进耦合关系的实

证研究》，载于《中国人口科学》2014 年第 6 期。

［310］张公嵬、梁琦：《产业转移与资源的空间配置效应研究》，载于《产业经济评论》2010 年第 3 期。

［311］张建华、程文：《服务业供给侧结构性改革与跨越中等收入陷阱》，载于《中国社会科学》2019 年第 3 期。

［312］张杰：《首都高精尖产业体系与减量发展》，载于《北京工商大学学报（社会科学版）》2018 年第 6 期。

［313］张卿：《服务业结构性增长研究》，经济科学出版社 2015 年版。

［314］张天顶、彭颖、龙鑫：《全球流动性动态演化对新兴市场经济体的溢出效应》，载于《世界经济研究》2019 年第 11 期。

［315］张晓飞、肖阳：《技术创新对高新企业自主品牌价值的影响——基于区域产业结构优化的调节作用》，载于《中国石油大学学报（社会科学版）》2022 年第 3 期。

［316］张月友、董启昌、倪敏：《服务业发展与“结构性减速”辨析——兼论建设高质量发展的现代化经济体系》，载于《经济学动态》2018 年第 2 期。

［317］张桅、胡艳：《长三角地区创新型人力资本对绿色全要素生产率的影响——基于空间杜宾模型的实证分析》，载于《中国人口·资源与环境》2020 年第 9 期。

［318］赵博宇：《区际产业转移的承接机制分析——基于动力系统视角》，载于《学术交流》2020 年第 11 期。

［319］赵瑞芬、王小娜：《基于全局熵值法的京津冀区域创新能力比较》，载于《中国流通经济》2017 年第 4 期。

［320］赵莎莎：《R&D 资本、异质型人力资本与全要素生产率——基于空间相关性和区域异质性的实证分析》，载于《现代经济探讨》2019 年第 3 期。

［321］赵伟：《“十四五”期间中国经济发展不宜设定制造业占比指标》，载于《探索与争鸣》2021 年第 1 期。

［322］赵晓军、余爽：《改革开放以来中国经济发展阶段与人力资

本结构研究》，载于《经济科学》2020 年第 1 期。

[323] 郑小强、蒲泱竹:《成渝双城经济圈产业结构升级与环境效率——基于非动态面板门槛模型》，载于《软科学》2021 年第 11 期。

[324] 郑筱婷、孙志颖、汪鲸:《选择普通高中教育还是中等职业教育——高中阶段不同类型教育期望回报率的实证分析》，载于《教育研究》2023 年第 1 期。

[325] 周金燕:《非认知技能的概念及测量进展》，载于《全球教育展望》2020 年第 5 期。

[326] 周茂、陆毅、李雨浓:《地区产业升级与劳动收入份额：基于合成工具变量的估计》，载于《经济研究》2018 年第 11 期。

[327] 周少甫、王伟、董登新:《人力资本与产业结构转化对经济增长的效应分析——来自中国省级面板数据的经验证据》，载于《数量经济技术经济研究》2013 年第 8 期。

[328] 周五七、陶靓:《空间溢出效应视角下环境规制的就业效应研究》，载于《人口与经济》2021 年第 2 期。

[329] 朱冬元:《居民消费结构变迁对产业服务化转型的动态影响》，载于《商业经济研究》2022 年第 9 期。

[330] 朱平芳、徐大丰:《中国城市人力资本的估算》，载于《经济研究》2007 年第 9 期。